中文社会科学引文索引（CSSCI）来源集刊

珞珈管理评论

LUOJIA MANAGEMENT REVIEW

2018年卷 第1辑（总第24辑）

武汉大学经济与管理学院主办

WUHAN UNIVERSITY PRESS

武汉大学出版社

图书在版编目（CIP）数据

珞珈管理评论.2018年卷.第1辑：总第24辑/武汉大学经济与管理学院主办.—武汉：武汉大学出版社，2018.3
ISBN 978-7-307-20068-5

Ⅰ.珞⋯　Ⅱ.武⋯　Ⅲ.企业管理—文集　Ⅳ.F272-53

中国版本图书馆 CIP 数据核字（2018）第 054600 号

责任编辑：陈　红　　　责任校对：李孟潇　　　版式设计：韩闻锦

出版发行：**武汉大学出版社**　　（430072　武昌　珞珈山）
（电子邮件：cbs22@whu.edu.cn　网址：www.wdp.com.cn）
印刷：武汉中科兴业印务有限公司
开本：787×1092　1/16　印张：14　字数：328 千字
版次：2018 年 3 月第 1 版　　2018 年 3 月第 1 次印刷
ISBN 978-7-307-20068-5　　定价：28.00 元

目　　录

CONTENTS

创业战略类型学：框架建构与实证测量*

● 徐二明[1,2]　谢广营[2,3]

（1 汕头大学商学院　汕头　515063；2 中国人民大学商学院　北京　100872；
3 约翰·霍普金斯大学凯瑞商学院　巴尔的摩　21210）

【摘　要】创业战略属于创业研究与战略管理的交叉领域，以往单独从创业或战略视角提出的战略选择框架未能在实证研究中被广泛采用。然而，创业战略选择属于创业战略模型的核心部分，绕过了创业战略类型学的创业战略研究无疑在实操方面形成了战略选择黑箱。文章基于大量理论和实证文献，将创业战略定义为创业精神指导下的战略与新创企业战略的集合体，从创新性和前瞻性角度区分出强入、利基、升级、辟土四种战略类型，并重点回顾和探讨了创业战略的测量题项问题，提出了一个包括概念界定、选择框架、实证测量的创业战略类型学框架。

【关键词】创业战略　创业导向　创业态势　战略选择　类型学
中国分类号：C93　　　　文献标识码：A

1. 引言

创业研究近年来得到较多关注，其与传统战略管理的交互形成了一个新的研究领域：创业战略①。创业研究者和战略研究者从不同视角出发，探讨创业战略制定和实施过程中各主要构念及其相互关系，并尝试总结出一个创业战略制定的整合模型，但至少在创业战略类型学这一核心内容方面，似乎并不成功。过去的 30 年里，一些学者曾先后从创业和战略的角度提出过一些创业战略的分类模型，如 Murray（1984）的模型，McDougall 和 Robinson（1990）的模型，Carter、Stearns 和 Reynolds 等（1994）的模型，Sonfield 和 Lussier（1997）的模型，Park 和 Bae（2004）的模型等，却未能像 Porter（1980）、Miles 和 Snow

---

* 基金项目：国家自然科学基金面上项目"中国企业创业中制度缺失与战略反应的研究"（批准号 71372157）；国家自然科学基金重点项目"中国转型经济背景下企业创业机会与资源开发行为研究"（批准号 71232011）。通讯作者：谢广营，E-mail：gmxie00514@ ruc. edu. cn。

① Eisenhardt，K. M.，Brown，S. L.，Neck，H. M. Competing on the entrepreneurial edge［A］. // Meyer，G. D.，Heppard，K. A. *Entrepreneurship as Strategy.* Thousand Oaks，CA：SAGE Publications，2000：49-62.

（1978）、Gupta 和 Govindarajan（1984）等战略管理领域的经典模型一样被广泛使用和不断拓展。21 世纪以来，研究者的主要关注点转移到创业战略的整合模型，热衷于探讨创业战略制定过程及其前因变量和结果变量，相关成果中比较具有代表性的为 Ireland 等（2009）的模型，Shepherd 等（2015）的模型等，但创业战略选择由于缩微成模型中的一个部分而未能得到深入研究。实际上，现有文献中的绝大部分实证研究均选择回避这一问题，以创业导向①、创业态势②、创业战略制定③等概念替代创业战略，绕开了创业战略的类型学划分。然而，无论是创业研究还是企业战略研究，创业战略选择均是一个无法回避的问题。在量化分析成为主流研究方法的背景下，没有一个明确的创业战略选择框架，谈何测量具体的创业战略，这严重制约了创业战略的研究进展。

从实践意义方面来看，21 世纪的一个典型特征为技术更新换代加快与互联网的迅速普及、发展，产业边界与制度壁垒也逐渐弱化。在此背景下，环境中的机遇与挑战并存，对企业和创业者来说是一把双刃剑。诺基亚、摩托罗拉等传统手机制造巨头的倒下，微软、百度等国际国内互联网巨头逐渐被谷歌、阿里、腾讯等超越或拉大差距，以及小米、今日头条、滴滴打车等的迅速崛起，无一不表明，企业在过去所辛苦积累的资源和能力对于其在未来市场中竞争的作用不再像 20 世纪一样至关重要，取而代之的是一种战略性思维与应变反应，比如，动态能力、动态竞争、制度创业等。创业精神强调创新、前瞻和承担风险，在谋取高收益和超额回报的同时，必然也面临着较大的风险。当前，我国鼓励大众创业、万众创新，但对于企业和创业者而言，政策上的支持引导仅能起到辅助作用，创新创业能否取得成功，更为关键的还是自身的资源、能力与战略选择，尤其是如何战略性地发现和挖掘机会、评估机会、抓住机会并采取恰当的决策和行动，对企业和创业者占取先机、超越竞争对手至关重要。也就是说，创业战略的正确选择与实施，在企业和创业者的创业实践中具有重要的指引作用并且不可替代，研究创业战略类型学具备较强的实践价值。而从当下来讲，最为急迫的课题之一无疑为如何设计明确的创业战略类型学框架，使企业和创业者在制定战略选择决策时能够有一个全面而又简明的划分框架可以依循。

本文认为，无论是从理论应用还是实践指引方面考虑，创业战略选择的黑箱终须打破。以往创业战略类型学研究模糊不清和应用匮乏的主要原因在于其交叉领域特点，创业和战略两派学者在创业战略的概念界定、战略选择框架、实证测量等方面认知不同，虽然他们也曾参考彼此领域的主流理论，但未能深入，基本上仍以各自领域理论为基础开展独立研究。本文致力于对这一难题进行初步探讨，综合两派的研究界定创业战略的概念内涵、选择框架和实证测量方法，为创业战略类型学黑箱研究略尽绵薄之力。

---

① Lumpkin, G. T., Dess, G. G. Clarifying the entrepreneurial orientation construct and linking it to performance[J]. *Academy of Management Review*, 1996, 21(1): 135-172.

② Covin, J. G., Slevin, D. P. Strategic management of small firms in hostile and benign environments[J]. *Strategic Management Journal*, 1989, 10(1): 75-87.

③ Dess, G. G., Lumpkin, G. T., Covin, J. G. Entrepreneurial strategy making and firm performance: Tests of contingency and configurational models[J]. *Strategic Management Journal*, 1997, 18(9): 677-695.

2. 创业战略的概念界定

创业战略的概念界定是一个基础但至关重要的问题。对于创业战略的认识，大体上有两种看法：一种认为创业战略是指新创企业所采取的战略①②，另一种则认为创业战略是指具有创业风格的企业战略。两种观点存在差别的根源在于对创业概念的界定上。何谓创业，是创建新企业还是创业精神？Shapero（1975）、Ronstadt（1984）等认为，创业是一个采取主动行动、组织社会资源创造财富的过程，其提供的产品在新颖和独特方面没有特别要求。这也就意味着，组织资源创建企业应该归属于创业行为，即使它仅仅是按部就班地创办一个普通的企业或公司，出售市场已有的大众化商品和服务。这种观点映射到战略研究方面，尤其是对于创业了解不深的战略学者，则会倾向于将新创企业的战略制定作为创业战略加以研究。比如，Li（2001）聚焦于四种新创企业战略：产品研发、市场差异化、市场广度和市场联盟；林嵩等（2006）认为，为新创企业指明方向的成长规划即为创业战略；Tsai 和 Li（2007）认为，新创企业战略是指新创企业为避免与大企业直接竞争而选取利基的程度；叶明海等（2011）在其创业过程模型中将创业战略分为市场战略和产品战略；梁强等（2011）则认为创业者采用社会网络战略开发发现型机会、采用内部资源积累战略开发创造型机会；Fisher 等（2017）总结出了三种新创企业的合法性战略：身份机制、关系机制和组织机制，并建立了一个针对各相关公众的具体战略的整合框架。此外，Miller（1983）、Zahra 和 Garvis（2000）等则认为创业组织的典型特征为高管团队具有创业管理风格，创业活动可以遍布于组织运营的方方面面。以此为基础，该派学者认为创业战略是创业精神在组织战略中的体现，是具有创业导向、创业态势、创业管理风格的企业战略。创业战略不仅存在于新创企业和业务单元中，还广泛存在于组织的各项战略管理活动中，尤其是一些具有创业导向的高新技术企业和富有创业精神的管理团队，其战略活动多可以被称为创业战略。比如，Dess（1997）等认为，创业战略制定是一种独特的战略制定模式，它融合了命令模式的大胆、直接、机会搜寻风格以及生产模式的风险承担和实验等方面；徐二明（2004）认为，如果把创业精神作为一种战略进行发展，对它的简单定义就是指怎样抓住机会的一种方式，若进一步分析公司型创业的战略选择问题，必须考虑到组织创新过程的三个要素：一是远见或远景，二是组织结构，三是行为；Ireland 等（2009）认为，公司创业战略是对愿景主导的、组织范围的创业行为的信赖，该创业行为通过识别和利用创业机会有目的地和持续地更新组织并塑造经营范围；Williams 和 Lee（2011）认为，创业战略是指通过风险承担、创新和前瞻性创造价值；Urban（2012）认为，公司创业战略可以被视为一种具体的战略类型，它与小企业紧密相关，必须明显表现出如下三个基本维度：创业战略愿景、支持创业的组织架构、创业过程和行为；Crawford 和 Kreiser（2015）认为，公

① Sandberg, W. R., Hofer, C. W. Improving new venture performance：The role of strategy, industry structure, and the entrepreneur[J]. *Journal of Business Venturing*, 1987, 2(1)：5-28.

② Symeonidou, N., Bruneel, J., Autio, E. Commercialization strategy and internationalization outcomes in technology-based new ventures[J]. *Journal of Business Venturing*, 2017, 32(3)：302-317.

司创业战略有三个核心要素：对创业价值、哲学、信念的强组织承诺、支持创业的架构以及组织对创业过程和行为的信赖。

对于创业乃至于创业战略概念的理解，上面两个流派各成一家，并均有着较长的研究历史和丰富的研究成果。新创企业流派注重从实体上去考察创业和创业战略，而创业精神学派则更加注重创业的内涵与哲学，二者共同构成了创业战略研究的统一体。实际上，二者在研究过程中也存在着一定程度的融合，比如，创业精神在初创企业中体现得更为明显，富有创业精神的企业和高管团队也更有可能通过公司创业的形式创办新的企业或业务单元。故而，本文对创业战略的概念作出如下界定：创业战略产生于创业精神与组织战略的交互，它不仅包括新创企业的战略过程，而且包括创业精神指导下的所有组织战略活动。

3. 创业战略选择框架

组织科学中，类型学对于建构理论十分重要①。在战略管理领域，一些成功的战略类型学划分也极大地推动了战略管理理论的发展。一般来讲，一个好的类型学划分需要满足如下四个标准：构念界定清晰且可以量化，构念间关系表达清晰，其中的预测可以被证实或证伪，概念和方法论上简单化。此前的一些创业战略类型学划分，如 Murray（1984）的模型，McDougall 和 Robinson（1990）的模型，Carter、Stearns 和 Reynolds 等（1994）的模型，Sonfield 和 Lussier（1997）的模型，Park 和 Bae（2004）的模型等，则在这四个方面或多或少存在一定程度的欠缺，未能被广泛接受。考虑到当前创业战略领域的实证研究已经不少，在创业战略类型学框架的建构上，除了要考虑上述四个标准，还需要与实证研究中的创业战略概念与测量相契合。从创业导向出发的创新性、前瞻性和风险承担在创业战略实证中有着最为广泛的应用，且理念和哲学层次的创业精神相比于一些公司层战略和竞争战略在创业战略维度设计上涵盖范围更广。故而，本文决定从中选取创业战略类型的主轴维度。然而，正如 Miller（2011）所言，创业导向的概念中除了含有行为成分外，还包含一定的态度成分，两种成分相互增强并可能拥有不同的前因变量。而 Miller、Covin 和 Slevin 等对创业导向概念的反映性测量又将其界定为创新性、前瞻性和风险承担的交集或者共同方差，假定其具有共同的前因变量。这种矛盾在划分创业战略类型时也应适当回避。Sonfield 和 Lussier（1997）的模型中曾尝试过选取创新性和风险性作为矩阵的两个维度标准，但结果并不理想。其失败与未能明确地为四种创新和风险组合战略命名密不可分，此外，选择风险性而非前瞻性作为划分标准也是重要原因之一。风险性作为一种态度成分，其在影响创业战略决策方面不如创新性和前瞻性具体和容易区分。杜运周等的研究也表明，创新与风险承担在中国情境下聚合成了新的创新维度，而前瞻性则保留原来的维度。此外，既然战略是用来发展核心竞争力、获得竞争优势的一系列综合的、协调性的约定和行动，那么创业战略作为一种同时具备机会搜寻和优势搜寻特征的组织活动，必然需要具有前瞻性以谋求

① Delbridge, R., Fiss, P. C. Editors' comments：Styles of theorizing and the social organization of knowledge[J]. *Academy of Management Review*，2013，38(3)：325-331.

长期竞争优势，前瞻性比风险承担更为重要，也更能概括创业战略的特点。最后，创新性和前瞻性均与风险存在着一定的关联，创新性和前瞻性强的战略，其所包含的不确定性和风险(尤其是短期风险)更高，风险特征在创新性和前瞻性维度中也能够得以反映。Miller(1983)在界定风险承担维度时就曾指出，风险承担一定要与产品市场或技术创新相关，单纯的财务风险不能用于衡量创业导向。故而，本文决定采用创新性和前瞻性作为创业战略类型的主要维度，并结合 Porter(1980)、Miles 和 Snow(1978)、Gupta 和 Govindarajan(1984)等经典战略类型学划分，构造创业战略选择框架，结果如图1所示。

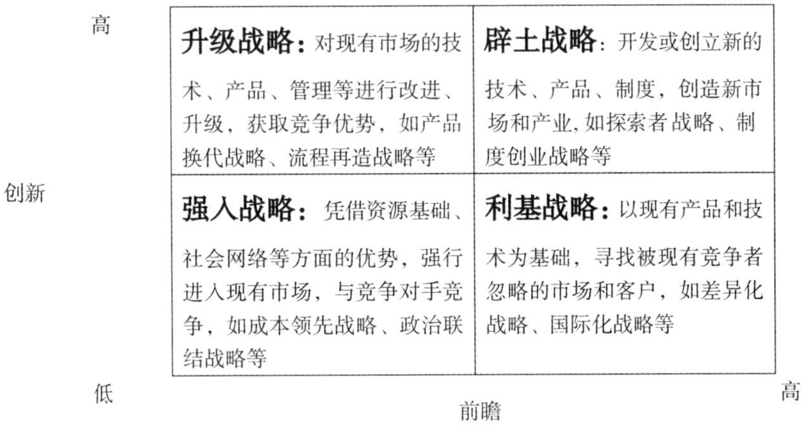

图 1 创业战略类型划分

3.1 强入战略

这种创业战略以资源基础观、社会网络理论等为基础，多发生于具有强大资源优势或网络优势的大型企业集团所进行的公司创业与投机活动中。当发现市场机会后，大型企业可以凭借其所拥有的强大的资源、能力、社会网络、政治联结等优势，无视现有市场中的中小企业，强行进入市场并与对手开展竞争，本文称之为强入战略。这种战略的采取不需要过多的前瞻与创新性，而只是复制和重复现有的市场生产和销售活动，实施较为容易，但门槛也相应较高，如成本领先战略、政治联结战略、投资并购战略等。近三年的学术文献中，Jarrar 和 Smith(2014)/Block 等(2015)研究中的成本领先战略，Brouthers 等(2015)研究中的市场战略联盟，White 和 Vila(2017)研究中的全球化(标准)品牌战略等，均在一定程度上属于此战略范畴。

3.2 利基战略

如果创业企业和创业者不具备雄厚的资源基础和网络能力，又不愿或不能在技术和产品创新上投入过多资源，则利基战略不失为一种好的创业选择，它常常被一些个人创业者和对创业投入较为谨慎的企业所采用。这种战略强调前瞻性与未来导向、利基搜寻，以现有产品和技术为基础，寻找被现有竞争者忽略的市场利基并为之服务，从中赚取价值，比较常见的战略有市场补缺战略、差异化战略、国际化战略等。相比于强入战略，此战略的进入风险较小，不会受到现有竞争者的激进性对抗，新创企业与市场上的现有企业共同促进市场需求的全面满足，但也存在着利基选择与变化风险较高、市场进入速度慢与占有率低等缺点。在近三年的学术文献中，还有一些学者所研究的战略选择可以归类为本战略。例如，Jarrar 和 Smith（2014）/Block 等（2015）研究中的差异化战略；Mohelska 和 Sokolová（2016）认为当出现新产品系统或设计新产品系统的系统时，在公司范围内至少会出现两种战略选择，一是扩张进入相关产品或新产品系统的系统的其他部分，二是提供一个平台以连接相关产品和信息；White 和 Vila（2017）所提出的本地化（定制）品牌战略。

3.3　升级战略

在预测未来趋势的前瞻性维度进行投入可能意味着较大风险，故而一些创业企业和个人倾向于基于当前发展和过往经验进行稳健创新，针对现有市场的技术、产品、管理等及其近期发展趋势进行投入，通过产品技术的改进、升级、换代等获取竞争优势，如技术创新战略、产品换代战略、流程再造战略等。在当前互联网思维盛行的环境下，产品更新换代速率明显加快，无论是技术、产品还是管理、流程，均需不断改进和升级以适应时代发展，创新已经成为常态。近三年的学术文献中，Brouthers 等（2015）研究中的研发战略联盟，Judge 等（2015）研究中的一般性技术创业战略，Gurses 和 Ozcan（2015）提出的采用现有企业熟悉或与之互补的创新进入管制市场并保持与现有管制框架一致的框架战略，杨林等（2016）研究中的内部研发型创业战略导向，White 和 Vila（2017）研究中的非传统产品销售技术战略等，均基本上属于此战略范畴。

3.4　辟土战略

这种战略在前瞻性和创新性方面的要求都很高，属于一种高风险-高收益的创业战略，其所提供的产品或服务的市场以前从未产生，甚至与现有产品和市场关联不大，如同原子弹的突然出现一样，将开辟新的市场并引领行业发展，且有可能从根本上取代现有市场的技术和产品。这种开辟也有可能发生在对现有制度环境的变革上，创业者通过较大程度地变革旧制度或创建新制度开辟前所未有的新市场，从中赚取超额利润。一些比较常见的战略有探索者战略、破坏性创新战略、制度创业战略等。近三年来的学术文献中，Schultz等（2014）研究中为新市场获取合法性的媒体覆盖战略，徐二明和肖坚石（2016）提出的规制性战略、规范性战略、文化—认知战略三种制度创业战略，Kahl 和 Grodal（2016）提出的话语策略，蔡宁等（2017）提出的滴滴打车平台在面临制度压力时的能动战略，White 和 Vila（2017）提出的催生需求市场战略，均大致可以归为此战略范畴。

4.　创业战略的实证测量

一个好的类型学框架必然是可以清晰测量的，创业战略类型学也不例外。以往的实证研究虽然基本回避了创业战略选择框架，却不乏通过各种直接或间接的方式对创业战略进行测量的文献。比如，有学者直接用创新（innovation）替代创业战略并对其进行测量，如

Miller 和 Friesen、Russell 和 Russell 等；也有学者从创业导向（entrepreneurial orientation）角度进行测量，如 Williams 和 Lee、Jarrar 和 Smith 等；有学者从创业态势（entrepreneurial posture）角度进行测量，如 Covin 和 Slevin、马鸿佳等；也有学者从创业决策制定（entrepreneurial decision-making）角度进行测量，如 Dess 等、Su 等；还有学者从具体执行的创业战略（entrepreneurial strategy）角度进行了测量，如戚振江和王重鸣、Jarrar 和 Smith 等。这些研究为如何对上一部分所提出的创业战略选择框架进行实证测量提供了大量理论依据。归结起来，过往的创业战略测量大体可以分为两类，一种是战略视角的直接测量方法，即直接测量各项具体的创业战略的执行程度，比如成本领先战略、差异化战略及其他一些细化的创业战略策略；另一种是创业视角的特征测量方法，通过测量实施创业战略企业的特征，比如创业导向、创业态势、创业决策制定过程特点等，间接对创业战略进行测量。

从主轴维度来看，本文提出的创业战略类型学框架主要基于创新性和前瞻性两个维度，在测量上采用基于创业精神的战略特征测量方法进行初步的战略测量和识别更为适宜。然而，实证研究中，有时仅仅区别出强入、利基、升级、辟土这四种战略并不能深入描绘企业所采用并实施的具体创业战略和策略。在进一步的测量中，需要依据各企业的具体情境对所实施的二级创业子战略加以评估。考虑到二级创业子战略众多，本文暂且先不对其提出具体的测量指标，读者若有需要可以参考战略管理领域的相关研究成果，各二级创业子战略基本上为一些公司层战略和竞争战略，相关的经典文献和测量并不少见。故而，本文将重心置于创业战略类型的框架建构和矩阵内各一级创业战略的测量上，以使后续研究者在创业战略选择及实证中能够有一个科学可行且统一的划分标准。实证研究中，在创新性和前瞻性的测量方面，一些常见的题项如表 1 和表 2 所示。

表 1　　　　　　　　　　　　　　创新性的测量题项回顾

测量题项	来源文献
公司高层强调研发、技术领先和营销创新	Covin 和 Slevin（1989）；Lumpkin 和 Dess（2001）；Messeghem（2003）；Covin 等（2006）；张映红（2008）；Alegre 和 Chiva（2013）；Anderson 等（2015）；White 和 Vila（2017）
企业高度重视研发活动、追求技术或服务的领先与创新	Miller 和 Friesen（1982）；李雪灵等（2011）；Su 等（2011）；胡望斌和张玉利（2012）；安舜禹等（2014）[3]；祝振铎（2015）；蔡俊亚和党兴华（2015）；尹苗苗等（2015）
企业投入的研发人员与企业员工总数的比值	李华晶和邢晓东（2007）
年度研究开发支出占销售收入比例	杨林（2013/2014）
与短期研发项目相比，在长期项目（大于三年）上投入更多	马鸿佳等（2015）；于晓宇和陶向明（2015）
内部研发和外部购买技术费用总和占销售额比重的五年移动平均值	Bhaumik 等（2017）

测量题项	来源文献
聚焦于运营卓越还是产品/服务创新	Neil 和 York（2012）
公司强调产品创新，新产品开发的力度大	蔡俊亚和党兴华（2015）
企业支持采用实验和原创方法解决问题的程度	Li 和 Li（2009）
公司高管支持采用实验和原创方法解决问题	Li 等（2005）
解决问题时，更注重用新的创造性方法而非传统智慧	White 和 Vila（2017）
公司高管倾向于在部署资源解决问题前先将问题研究透彻	Li 等（2005）
我们经常尝试新的思想，寻求新的做事方式	李泓桥（2013）
团队通常实施那些新颖独特的方法、系统或流程	马鸿佳等（2015）
研发团队具有新观念和技术领先	White 和 Vila（2017）
设计独特的生产流程和方法的程度	Li 和 Li（2009）
生产中使用最新技术	Jarrar 和 Smith（2014）
应用现有专业知识和技能/培育新的专业知识技能	Neil 和 York（2012）
我们关注于新技术机会的发展	李泓桥（2013）
在新设备和机器方面的资本投入	Jarrar 和 Smith（2014）
工厂和设备的自动化程度	Jarrar 和 Smith（2014）
企业成立后，上马了很多新产品或新服务	胡望斌和张玉利（2012）；祝振铎（2015）
在过去 3 年里，企业上马了很多新产品或服务	李雪灵等（2011）；安舜禹等（2014）；Anderson 等（2015）；尹苗苗等（2015）
过去 5 年中在市场上销售过许多新产品或服务	Miller 和 Friesen（1982）；Covin 和 Slevin（1989）；Lumpkin 和 Dess（2001）；Messeghem（2003）；Covin 等（2006）；张映红（2008）；Alegre 和 Chiva（2013）
新产品在现有产品组合中的比重	Jarrar 和 Smith（2014）
我们非常关注对新业务领域的开拓	李泓桥（2013）
新产品推出速度	Jarrar 和 Smith（2014）

测量题项	来源文献
率先在市场推出新产品	Jarrar 和 Smith(2014)；马鸿佳等（2015）；于晓宇和陶向明（2015）；White 和 Vila(2017)
公司产品线或服务的变化非常大	Miller 和 Friesen(1982)；Covin 和 Slevin(1989)；Lumpkin 和 Dess(2001)；Messeghem(2003)；Covin 等(2006)；张映红（2008）；Su 等(2011)；Alegre 和 Chiva(2013)；安舜禹等（2014）；Anderson 等(2015)；尹苗苗等（2015）；Eshima 和 Anderson(2017)
在过去 3 年里，企业对当前产品或服务组合进行了大幅度变更	李雪灵等（2011）
对现有产品的改进	Jarrar 和 Smith(2014)
企业对当前产品或服务组合进行了大幅度变更	胡望斌和张玉利（2012）；祝振铎（2015）

表2　　　　　　　　　　　　　前瞻性的测量题项回顾

测量题项	文献来源
公司往往首先发起一种竞争行动让竞争对手响应	Covin 和 Slevin(1989)；Lumpkin 和 Dess(2001)；Messeghem(2003)；Covin 等(2006)；张映红（2008）；Su 等(2011)；李雪灵等（2011）；胡望斌和张玉利（2012）；Alegre 和 Chiva(2013)；安舜禹等（2014）；Anderson 等(2015)；尹苗苗等（2015）；祝振铎（2015）；于晓宇和陶向明（2015）；尹苗苗和刘玉国（2016）；Eshima 和 Anderson(2017)
公司常常第一个引入新产品/服务、新管理技术与运营技术等	Covin 和 Slevin(1989)；Lumpkin 和 Dess(2001)；Messeghem(2003)；Covin 等(2006)；张映红（2008）；Su 等(2011)；Alegre 和 Chiva(2013)；Anderson 等(2015)；安舜禹等（2014）；尹苗苗等（2015）；尹苗苗和刘玉国（2016）；Eshima 和 Anderson(2017)
公司高管在引入新构想或新产品方面有很强的领先竞争对手的倾向	Lumpkin 和 Dess(2001)
公司在引入新构想或新产品方面有很强的领先竞争对手的倾向	张映红（2008）
率先将品牌或产品引入市场	Escribá-Esteve 等(2008)
不断地寻求新产品和市场	Escribá-Esteve 等(2008)
企业是市场中的率先行动者	Li 和 Li(2009)
与竞争对手相比，我们能够提前预测市场变化趋势	李泓桥（2013）

测量题项	文献来源
与竞争对手相比，我们能够及时响应市场需求	李泓桥（2013）
总体上，企业非常强调先于竞争者引入新产品或创意	李雪灵等（2011）；胡望斌和张玉利（2012）；祝振铎（2015）
企业常在业内率先引入新产品、管理技巧和生产技术	李雪灵等（2011）；胡望斌和张玉利（2012）；祝振铎（2015）；蔡俊亚和党兴华（2015）
以采用一种竞争性的、破坏竞争对手的姿态为典型特点	Covin 和 Slevin（1989）；Messeghem（2003）；Covin 等（2006）；Alegre 和 Chiva（2013）
企业可以迅速抓住其认为对自己有利的机会	Li 等（2005）
企业能够迅速抓住机会的程度	Li 和 Li（2009）
改进战略或实验新战略时，是投资现有资源、当前市场、现有技术还是投资新资源、新兴市场、新技术	Neil 和 York（2012）
基于维持现有市场在产品、价格、质量、服务、运营效率等方面开展竞争还是强调机会搜寻和灵活适应与响应快速变化的外部环境	Jarrar 和 Smith（2014）
企业经常审视产业发展趋势，率先掌握机会，提早行动应对变化	安舜禹等（2014）；尹苗苗等（2015）；尹苗苗和刘玉国（2016）
管理层经常审视行业发展趋势，并采取行动应对	蔡俊亚和党兴华（2015）
通常采取大胆的战略行动，而不是细微的战略调整	马鸿佳等（2015）；于晓宇和陶向明（2015）
寻求负债（反向）	White 和 Vila（2017）
不确定性不是首选（反向）	White 和 Vila（2017）
企业过去五年保留利润（可用于再投资）的移动平均值	Bhaumik 等（2017）

表1和表2表明，Miller 和 Friesen（1982）、Covin 和 Slevin（1989）所提出的6个测量题项作为后续研究的基础，有着广泛的应用。但同时，也存在着一些不同的测量方法，如 Jarrar 和 Smith（2014）、Bhaumik 等（2017）等。即使是在采用 Covin 和 Slevin（1989）系列测量方法的研究中，在测量题项的具体描述方面也存在着差异，比如有些研究将考察强调研发、技术领先和营销创新的主体对象设置为企业整体，而有些研究则限制为企业高管；有

些研究将回顾企业在市场上推出新产品数量的时间范围设置为三年，而有些研究则认为五年比较适宜。本文认为，既然 Miller 和 Friesen(1982)、Covin 和 Slevin(1989)的系列测量方法已经在实践中被证实具有基本可靠的信度和效度，在创业战略的测量上创新性和前瞻性这两个维度也可以采用其测量题项。对于其考察对象是企业整体还是高管团队这一问题，考虑到创新战略决策更多地决定于高层管理者和创业管理团队，本文认为，将考察主体限定为企业高管更为适宜。而在考察的时间范围上，由于进入 21 世纪以来，环境和技术的变化加快，Covin 和 Slevin(1989)当年提出的五年周期已经稍显过长。从近年来的研究来看，研究者多倾向于将时间范围限定为三年之内，本文对此持赞同观点。另外需要注意的是，Covin 和 Slevin(1989)系列测量题项中创新性和前瞻性维度均只有三个测量题项，而实证研究中有时会出现测量题项在本维度载荷不够或在其他维度显著的情况，若删除该题项，则会造成某一维度仅剩两个甚至更少题项的情况，影响解释和可靠性。为降低此类情况发生的概率，顺利实施创业战略测量，考虑到反映性测量特点，将其从内容上丰富至各四个题项是可行的。此外，从 Covin 和 Slevin(1989)系列测量题项的描述内容上来看，尽管很多学者认为前瞻性维度主要包括机会搜寻和率先行动两个方面，但后续学者在使用时仍然照搬原始量表，遗漏了对机会搜寻的测量，本文通过增加一个机会搜寻题项予以补充。创新性维度方面，其构成题项中有两个直接衡量企业过去三年的产品和服务情况，另外一个则较为主观，测量公司高层强调研发、技术和服务创新的程度。反观其他一些测量方法，多强调研发支出占比、设备自动化程度、在新设备和技术方面的投入等客观内容。故而本文决定增加一个测量生产中使用最新技术、设备和流程等情况的题项。最终，得到如表 3 所示的创业战略测量量表。具体的测量过程中，可以采用李克特 7 级量表。尽管 Miller 和 Friesen(1982)认为，低于 3.5 分属于保守型，而高于 4.5 分属于创业型，但其在界定创业战略上对 3.5~4.5 分的灰色地带有所模糊。对此，本文建议以 4 分为分界，创新性低于 4 分属于强入战略或利基战略，大于或等于 4 分为升级战略或辟土战略。同样，前瞻性低于 4 分属于强入战略或升级战略，大于或等于 4 分为利基战略或辟土战略。

表3　　　　　　　　　　　　　　　创业战略测量量表

维度	题　　项
创新性	1. 过去 3 年中公司高层强调研发、技术领先和营销创新
	2. 过去 3 年中在市场上销售过许多新产品或服务
	3. 过去 3 年中公司产品线或服务的变化非常大
	4. 过去 3 年在生产中使用最新的技术、设备和流程
前瞻性	1. 过去 3 年中公司往往首先发起一种竞争行动，而让竞争对手响应
	2. 过去 3 年中公司常常是第一个引入新产品/服务、新管理技术与运营技术等
	3. 过去 3 年以采用一种竞争性的、破坏竞争对手的姿态为典型特点
	4. 过去 3 年中管理层经常审视产业发展趋势，率先掌握机会，提早行动应对变化

5. 结论

在 Miller(1983) 的界定中，创业企业是指参与产品市场创新、进行一些风险投机活动，率先通过前瞻性创新向竞争者发起攻击的企业。这一概念构成了创业视角下创业战略研究的基础，创业战略也被称为创业企业和勘探者所追求的战略。新创企业在资源、能力和合法性等方面存在劣势，战略视角的研究者常常把新创企业和创业者所实施的战略活动也归为创业战略范畴。综合这两方面的研究，本文将创业战略定义为创业精神导向下的组织战略活动与新创企业的生存和成长战略两方面的集合体，为创业战略的概念提供了一个综合的、全面的界定。文章所探讨的第二个问题为创业战略的选择框架，虽然所用篇幅不多，对理论发展和实证研究却至关重要。对于此前的一些创业战略类型学划分，如 Murray (1984) 的模型，McDougall 和 Robinson (1990) 的模型，Carter、Stearns 和 Reynolds 等 (1994) 的模型，Sonfield 和 Lussier(1997) 的模型，Park 和 Bae(2004) 的模型等，国内不乏一些相应的述评文献①②，故而本文未进行赘述，而是从类型学框架评判标准的角度指出了其未能被后续实证研究所广泛采用的原因，并重点结合以往研究从创业战略的精神内涵角度提出了新的创业战略选择框架，依据创新性和前瞻性高低将创业战略分为强入、利基、升级、辟土四种。为增强文章所提创业战略选择框架的易用性和实证导向，本文花费较大篇幅回顾了过往研究中对创新性和前瞻性两个维度的具体测量题项，并发现了以往学者在测量创新性和前瞻性时存在的一些细节问题，如考察的题项是针对企业高管还是企业整体，评价的时间范围是三年还是五年等。这些问题看似不大，却直接影响创业战略测量的可操作性和结果。在创业战略的测量上，不仅要保证主轴维度的一致性，具体测量题项的一致对于稳健的创业战略类型评估也十分重要。本文在所提出的创业战略选择框架基础上，对应通过哪些题项测量进行了详细探讨，从而建构了完整的创业战略类型学框架。文章的不足之处在于本文属于纯理论研究，虽然所提出的创业战略类型学框架参考了大量理论研究和实证文献，实践效果如何还有待后续检验。

本文的研究仅仅是一个初步探讨，希望能够起到抛砖引玉的作用，引起诸多学者对创业战略类型学的注意与兴趣。在未来研究方向方面，首先，本文鼓励继续对创业战略类型学进行深入研究与挖掘，包括理论研究和实证研究，或是对上文所提的创业战略类型学框架进行检验和论证，或是从其他视角或划分标准提出新的科学划分方法。其次，对于强入、利基、升级、辟土四种创业战略类型，以往的研究虽有提及，但多集中于竞争战略视角，如何将创业背景融入其中，分析创业者及企业创业战略决策制定与执行的全过程及其对创业绩效的影响，包括这四种战略的适用情境、内部机理等，需要做进一步研究。再次，强入、利基、升级、辟土四种创业战略类型的划分只是从创业精神的创新性和前瞻性

① 林嵩，张帏，姜彦福. 创业战略的选择：维度、影响因素和研究框架[J]. 科学学研究，2006 (1)：79-84.
② 谢广营，周洋，徐二明. 创业战略类型研究：一般创业与制度创业的整合[J]. 当代经济管理，2016(11)：11-17.

角度进行了一阶维度的探讨,每种创业战略实际上均包含众多的二级子战略,在创业背景下对这些二级子战略进行具体的研究与分析,对于完善整体的创业战略类型学框架也是十分必要的。最后,需要指出的是,近年来,一些新的创业形式和研究热点不断涌现,比如生存创业、持续创业、制度创业等,其在创业战略选择决策上与一般创业行为有何异同,创业战略类型学框架如何对其进行指导,还需要不断加以关注。

◎ 参考文献

[1]安舜禹,蔡莉,单标安. 新企业创业导向、关系利用及绩效关系研究[J]. 科研管理,2014(3).

[2]蔡俊亚,党兴华. 创业导向与创新绩效:高管团队特征和市场动态性的影响[J]. 管理科学,2015(5).

[3]蔡宁,贺锦江,王节祥. "互联网+"背景下的制度压力与企业创业战略选择——基于滴滴出行平台的案例研究[J]. 中国工业经济,2017(3).

[4]杜运周,任兵,陈忠卫,等. 先动性、合法化与中小企业成长——一个中介模型及其启示[J]. 管理世界,2008(12).

[5]胡望斌,张玉利. 新企业创业导向的测量与功效:基于中国经验的实证研究[J]. 管理评论,2012(3).

[6]李泓桥. 创业导向对企业突破性创新的影响研究:互补资产的调节作用[J]. 科学学与科学技术管理,2013(3).

[7]李华晶,邢晓东. 高管团队与公司创业战略:基于高阶理论和代理理论融合的实证研究[J]. 科学学与科学技术管理,2007(9).

[8]李雪灵,马文杰,刘钊,等. 合法性视角下的创业导向与企业成长:基于中国新企业的实证检验[J]. 中国工业经济,2011(8).

[9]梁强,张书军,李新春. 基于创业机会的新创劣势和应对策略分析与启示[J]. 外国经济与管理,2011(1).

[10]马鸿佳,侯美玲,宋春华,等. 创业战略态势、国际学习与国际创业绩效的关系研究[J]. 科学学研究,2015(8).

[11]戚振江,王重鸣. 公司创业战略、人力资源结构与人力资源策略研究[J]. 科研管理,2010(4).

[12]迈克尔·A. 希特,R. 杜安·爱尔兰,罗伯特·E. 霍斯基森. 战略管理:概念与案例. 10版[M]. 刘刚,吕文静,雷云,等,译. 北京:中国人民大学出版社,2012.

[13]徐二明,肖坚石. 中国企业制度创业战略选择探析[J]. 科学学与科学技术管理,2016(2).

[14]徐二明. 公司型创业战略[J]. 南开学报(哲学社会科学版),2004(1).

[15]杨林,张世超,季丹. 公司创业战略导向、高管团队垂直对差异与创业绩效关系研究[J]. 科研管理,2016(12).

[16]杨林. 高管团队异质性、企业所有制与创业战略导向——基于中国中小企业板上市公

司的经验证据[J]. 科学学与科学技术管理, 2013(9).

[17] 杨林. 公司股权结构、高管团队认知多样性与创业战略导向关系研究[J]. 科研管理, 2014(5).

[18] 叶明海, 王吟吟, 张玉臣. 基于系统理论的创业过程模型[J]. 科研管理, 2011(11).

[19] 尹苗苗, 毕新华, 王亚茹. 新企业创业导向、机会导向对绩效的影响研究——基于中国情境的实证分析[J]. 管理科学学报, 2015(11).

[20] 尹苗苗, 刘玉国. 新企业战略倾向对创业学习的影响研究[J]. 科学学研究, 2016(8).

[21] 于晓宇, 陶向明. 创业失败经验与新产品开发绩效的倒 U 形关系：创业导向的多重中介作用[J]. 管理科学, 2015(5).

[22] 张映红. 动态环境对公司创业战略与绩效关系的调节效应研究[J]. 中国工业经济, 2008(1).

[23] 祝振铎. 创业导向、创业拼凑与新企业绩效：一个调节效应模型的实证研究[J]. 管理评论, 2015(11).

[24] Alegre, J., Chiva, R. Linking entrepreneurial orientation and firm performance：The role of organizational learning capability and innovation performance[J]. *Journal of Small Business Management*, 2013, 51(4).

[25] Anderson, B. S., Kreiser, P. M., Kuratko, D. F., et al. Reconceptualizing entrepreneurial orientation[J]. *Strategic Management Journal*, 2015, 36(10).

[26] Bhaumik, S. K., Estrin, S., Mickiewicz, T. Ownership identity, strategy and performance：Business group affiliates versus independent firms in India[J]. *Asia Pacific Journal of Management*, 2017, 34(2).

[27] Brouthers, K. D., Nakos, G., Dimitratos, P. SME entrepreneurial orientation, international performance, and the moderating role of strategic alliances[J]. *Entrepreneurship Theory and Practice*, 2015, 39(5).

[28] Block J. H., Kohn K., Miller D., et al. Necessity entrepreneurship and competitive strategy[J]. *Small Business Economics*, 2015, 44(1).

[29] Covin, J. G., Green, K. M., Slevin, D. P. Strategic process effects on the entrepreneurial orientation-sales growth rate relationship[J]. *Entrepreneurship Theory and Practice*, 2006, 30(1).

[30] Carter, N. M., Stearns, T. M., Reynolds, P. D., et al. New venture strategies：Theory development with an empirical base[J]. *Strategic Management Journal*, 1994, 15(1).

[31] Crawford, G. C., Kreiser, P. M. Corporate entrepreneurship strategy：Extending the integrative framework through the lens of complexity science[J]. *Small Business Economics*, 2015, 45(2).

[32] Doty, D. H., Glick, W. H. Typologies as a unique form of theory building：Toward improved understanding and modeling[J]. *Academy of Management Review*, 1994, 19(2).

[33] Eshima, Y., Anderson, B. S. Firm growth, adaptive capability, and entrepreneurial orientation[J]. *Strategic Management Journal*, 2017, 38(3).

[34] Escribá-Esteve, A., Sánchez-Peinado, L., Sánchez-Peinado, E. Moderating influences on the firm's strategic orientation-performance relationship[J]. *International Small Business Journal*, 2008, 26(4).

[35] Fisher, G., Kuratko, D. F., Bloodgood J. M., et al. Legitimate to whom? The challenge of audience diversity and new venture legitimacy [J]. *Journal of Business Venturing*, 2017, 32(1).

[36] Fiss, P. C. Building better causal theories: A fuzzy set approach to typologies in organizational research[J]. *Academy of Management Journal*, 2011, 54(2).

[37] Gurses, K., Ozcan, P. Entrepreneurship in regulated markets: Framing contests and collective action to introduce pay TV in the US. [J]. *Academy of Management Journal*, 2015, 58(6).

[38] Gupta, A. K., Govindarajan, V. Business unit strategy, managerial characteristics, and business unit effectiveness at strategy implementation[J]. *Academy of Management Journal*, 1984, 27(1).

[39] Ireland, R. D., Covin, J. G, Kuratko, D. F. Conceptualizing corporate entrepreneurship strategy[J]. *Entrepreneurship Theory & Practice*, 2009, 33(1).

[40] Jarrar, N. S., Smith, M. Innovation in entrepreneurial organisations: A platform for contemporary management change and a value creator [J]. *Small Business Economics*, 2014, 46(1).

[41] Judge, W. Q., Liu-Thompkins, Y., Brown, J. L., et al. The impact of home country institutions on corporate technological entrepreneurship via R&D investments and virtual world presence[J]. *Entrepreneurship Theory and Practice*, 2015, 39(2).

[42] Kahl, S. J, Grodal, S. Discursive strategies and radical technological change: Multilevel discourse analysis of the early computer (1947—1958)[J]. *Strategic Management Journal*, 2016, 37(1).

[43] Koslowsky, M., Sagie, A., Krausz, M., et al. Correlates of employee lateness: Some theoretical considerations[J]. *Journal of Applied Psychology*, 1997, 82(1).

[44] Li, H., Li, J. Top management team conflict and entrepreneurial strategy making in China[J]. *Asia Pacific Journal of Management*, 2009, 26(2).

[45] Li, H. How does new venture strategy matter in the environment-performance relationship[J]. *Journal of High Technology Management Research*, 2001, 12(2).

[46] Li, H., Zhang, Y., Chan, T. Entrepreneurial strategy making and performance in China's new technology ventures—The contingency effect of environments and firm competences[J]. *Journal of High Technology Management Research*, 2005, 16(1).

[47] Lumpkin, G. T., Dess, G. G. Linking two dimensions of entrepreneurial orientation to firm performance: The moderating role of environment and industry life cycle[J]. *Journal of*

Business Venturing, 2001, 16(5).

[48]Messeghem, K. Strategic entrepreneurship and managerial activities in SMEs [J]. *International Small Business Journal*, 2003, 21(2).

[49]Miller, D. A reflection on EO research and some suggestions for the future [J]. *Entrepreneurship: Theory and Practice*, 2011, 35(5).

[50]Miller, D. The correlates of entrepreneurship in three types of firms [J]. *Management Science*, 1983, 29(7).

[51] Miles, R., Snow, C. *Organizational Strategy, Structure and Process* [M]. New York: McGraw Hill, 1978.

[52]Miller, D., Friesen, P. H. Innovation in conservative and entrepreneurial firms: Two models of strategic momentum[J]. *Strategic Management Journal*, 1982, 3(1).

[53]Mohelska, H., Sokolová, M. Smart, connected products change a company's business strategy orientation[J]. *Applied Economics*, 2016, 48(47).

[54]Murray, J. A. A concept of entrepreneurial strategy[J]. *Strategic Management Journal*, 1984, 5(1).

[55]Mcdougall, P., Robinson, J. R. B. New venture strategies: An empirical identification of eight "Archetypes" of competitive strategies for entry[J]. *Strategic Management Journal*, 1990, 11(6).

[56]Neil, S., York, J. L. The entrepreneurial perceptions of strategy makers: Constructing an exploratory path in the pursuit of radical growth[J]. *Journal of Business Research*, 2012, 65(7).

[57]Park, S., Bae, Z. T. New venture strategies in adeveloping country: Identifying a typology and examining growth patterns through case studies [J]. *Journal of Business Venturing*, 2004, 19(1).

[58]Porter, M. E. *Competitive Strategy*[M]. New York: The Free Press, 1980.

[59] Russell, R. D., Russell, C. J. An examination of the effects of organizational norms, organizational structure, and environmental uncertainty on entrepreneurial strategy [J]. *Journal of Management*, 1992, 18(4).

[60]Ronstadt, R. C. *Entrepreneurship*[M]. Dover, MA: Lord Publishing, 1984.

[61]Schultz, P. L., Marin, A., Boal, K. B. The impact of media on the legitimacy of new market categories: The case of broadband internet [J]. *Journal of Business Venturing*, 2014, 29(1).

[62]Shapero, A. *Entrepreneurship and Economic Development* [M]. Milwaukee, WI: Project ISEED, Ltd, 1975.

[63]Shepherd, D. A., Williams, T. A., Patzelt, H. Thinking about entrepreneurial decision making: Review and research agenda[J]. *Journal of Management*, 2015, 41(1).

[64]Sonfield, M. C., Lussier, R. N. The entrepreneurial strategy matrix: A model for new and ongoing ventures[J]. *Business Horizons*, 1997, 40(3).

［65］Su, Z., Xie, E., Wang, D., et al. Entrepreneurial strategy making, resources, and firm performance: evidence from China［J］. *Small Business Economics*, 2011, 36(2).

［66］Tsai,M., Li, Y. Knowledge creation process in new venture strategy and performance［J］. *Journal of Business Research*, 2007, 60(4).

［67］Urban, B. The effect of pro-entrepreneurship architecture on organisational outcomes［J］. *Journal of Business Economics and Management*, 2012, 13(3).

［68］White, G., Vila, N. Entrepreneurial orientation's effect on marketing strategies and success: implications for US firms entering Cuba［J］. *International Entrepreneurship and Management Journal*, 2017, 13(2).

［69］Williams, C., Lee, S. H. Political heterarchy and dispersed entrepreneurship in the MNC［J］. *Journal of Management Studies*, 2011, 48(6).

［70］Zahra, S. A., Garvis, D. M. International corporate entrepreneurship and firm performance: The moderating effect of international environmental hostility［J］. *Journal of Business Venturing*, 2000, 15(5-6).

Typology of entrepreneurial strategy: Framework building and empirical measurement

Xu Erming [1,2] Xie Guangying [2,3]

(1 Business School of Shantou University, Shantou, 515063;

2 Business School of Renmin University of China, Beijing, 100872;

3 Carey Business School of Johns Hopkins University, Baltimore, USA, 21210)

Abstract: Entrepreneurial strategy is a cross domain of entrepreneurship and strategic management. Literature shows that extant strategic choice frameworks proposed from entrepreneurship or strategic perspective are not widely adopted by empirical studies. However, bypassing entrepreneurial strategy typology in entrepreneurial strategy researches would form a black box of how did entrepreneurs select a specific strategy type during entrepreneurship. Based on masses of theoretical and empirical literature, this paper puts forward an entrepreneurial strategy typology framework including concept definition, type choice and empirical measurement by defining entrepreneurial strategy as an aggregation which combines the strategic activities of both entrepreneurship and new ventures and distinguishing four types of strategies (entry by force, niche, upgrade, and open up new market) from the dimension of innovation and proactiveness as well as a thorough literature review and discussion of their measuring items.

Key words: Entrepreneurial Strategy; Entrepreneurial Orientation; Entrepreneurial Posture; Strategy Choice; Typology

专业主编：陈立敏

17

海外并购异质性、吸收能力与企业研发投入 [*]

● 吴先明[1]　高厚宾[2]

（1，2　武汉大学经济与管理学院　武汉　430072）

【摘　要】近年来，中国企业海外并购风生水起，成为学术界普遍关注的焦点。本文采用 2011—2015 年 193 家中国上市公司的海外并购数据，从交易的异质性视角研究了海外并购对企业研发投入的影响，并检验了吸收能力的调节效应。实证结果显示：以技术获取为动因的海外并购能够激励企业增加研发投入，海外并购规模与企业研发投入显著负相关，海外并购股权与研发投入显著正相关。进一步研究表明，吸收能力强化了技术获取型海外并购对研发投入的促进作用，同时增强了海外并购股权对研发投入的积极影响，但对并购规模与研发投入的调节作用不显著。本文的研究有利于填补现有的理论缺口，同时研究结论对企业海外并购实践具有一定的参考意义。

【关键词】海外并购　异质性　吸收能力　研发投入

中图分类号：F276　　　　文献标识码：A

1. 引言

当前，中国企业海外并购正处于高峰期，普华永道发布的《2016 年中国企业并购市场回顾与 2017 年展望》显示，2016 年中国大陆企业海外并购交易量同比增加 142%，交易金额达到了 2210 亿美元，超过前四年(2012—2015 年)的总和。如此活跃的海外并购为加强管理理论的本土化研究、拓展现有国际商务理论提供了重要的机遇。以中国企业为代表的新兴市场企业之所以热衷于海外并购，其中一个重要的动机就是获取技术、知识、研发能力等创造性资产，进而快速构建高水平的创新能力。遵循这一逻辑，国内学者(陈菲琼，2015；吴先明，2016)主要研究了海外并购对企业创新绩效的影响。但这些研究关注的是创新产出，在某种程度上忽视了创新投入。事实上，研发投入是创新绩效的重要源泉，对

────────────────

* 基金项目：国家社会科学基金重点项目"创造性资产寻求型跨国并购的主要影响因素和运作推进机制研究"（12AZD034）；国家社会科学基金项目"我国企业跨国并购中的逆向知识转移研究"（11BGL044）。

通讯作者：高厚宾，E-mail：gaohoubin@ whu. edu. cn。

海外并购与研发投入的研究有利于更深入地认识海外并购的创新效应，具有较大的理论价值（Stiebale，2013）。因此，本文将研究的核心聚焦于海外并购对企业研发投入的影响。

现有研究从不同的角度分析了并购对企业研发投入的影响，但研究结论之间存在诸多分歧。有学者从行业组织视角出发，认为并购会增加行业集中度，强化单个企业的垄断势力，减弱技术市场的竞争效应，从而降低企业研发动机（Stiebale & Reize，2011）。而经济效率视角的观点倾向于认为，企业通过并购能够获取范围经济或规模经济，并购所产生的协同效应提高了研发效率，进而激励企业增加研发投入（Cassiman 等，2002；Bertrand，2009）。也有学者持折中的观点，认为尽管存在多种可能的效应，但无论是从理论还是从实证的角度来看，并购对研发投入的净效应都是模糊的（Bertrand & Zuniga，2006）。这些观点之间的分歧削弱了研究结论的推广价值。

进一步分析发现，上述研究存在如下缺点：（1）研究情景上，样本大多取自发达国家，所得结论可能难以很好地解释中国企业的实践；（2）研究内容上，没有明确区分国内并购与海外并购，而海外并购与国内并购对企业创新的影响存在很大差异（Shimizu 和 Hitt，2004），有必要针对海外并购进行研究；（3）操作层面上，现有研究倾向于从整体出发，将海外并购作为虚拟变量来处理，忽视了可能的异质性因素。实际上，在相关研究中，学者们指出了并购动因（Boateng 等，2008；Deng & Yang，2015）、并购规模（朱勤和刘垚，2013）、并购股权（Sunny 等，2012；Liou 等，2016）的重要性，这些维度抓取了并购交易的关键特征，但在研究中却忽视了它们对研发投入的影响，这一研究缺口需要填补。

现有研究之间的分歧固然与研究视角、方法设计、样本选取等因素有关，但是更为本质的原因在于研究所关注的焦点不同。基于此，本文聚焦于海外并购本身的异质性对企业研发投入的影响，试图从异质性的视角回答"海外并购如何影响企业研发投入"这一重要问题。另外，考虑到吸收能力在企业外部知识利用过程中的关键作用（它可能会对海外并购与研发决策产生重要影响），因此本文进一步考察吸收能力的调节作用。本文的研究不仅能够推进对海外并购创新效应的认知深度，而且为澄清已有研究之间的分歧提供了新的视角，同时对于中国企业海外并购实践也具有较强的启发意义。

2. 理论分析与研究假设

2.1 海外并购动因与研发投入

企业海外并购的动因是多元化的，有些是为了技术获取，有的是为了进入目标市场或其他动因（孙华鹏等，2014）。由于本文关心的是并购对企业研发的影响，涉及技术元素，因此仅区分技术驱动和非技术驱动两种动因，技术驱动型海外并购是一种以获得先进技术或研发能力为主要动机的并购，除此之外的海外并购为非技术驱动型。海外并购动因对研发投入具有重要影响，相对于非技术驱动的海外并购而言，技术驱动型海外并购更能激励企业增加研发投入。这是因为：第一，根据资源基础理论，企业所拥有的特定资源是竞争优势的重要来源。后发企业通过海外并购可以获取国际市场上优质的异质性资源，有利于丰富企业的知识基础，快速提升技术创新能力。在技术驱动型海外并购中，目标企业往往拥有并购方所不具备的创新资源和能力，对这些技术资源的直接获取将会激励企业加大研发投入，以便在较短时间内实现与目标企业技术的对接和融合。第二，从经济效率视角看，并购能够增进研发效率，提升企业增加研发投入的积极性。在技术驱动型海外并购中，企业的核心目标是获取被并购方特有的技术资源或研发能力，并购后通过对双方资源的整合有可能实现研发的规模经济或范围经济，强化企业研发动机。此外，对先进研发力量的获取使企业能够更好地识别自身研发活动，重新定义研发项目，并在某些技术领域实现专业化，从而提高研发效率（Bertrand，2009），这将对企业创新产生积极影响（Cefis 和 Marsili，2015）。第三，从学习视角来看，技术学习是塑造和维持企业竞争优势的关键，而技术学习的前提是拥有可资学习的知识。技术驱动型并购中对目标方已有技术资源的获取为组织学习提供了机会，一方面，目标企业所拥有的知识、技术、专利等创造性资产扩充了企业现有的知识基础，为显性知识或编码化知识的学习创造了条件；另一方面，通过与目标企业研发团队的合作和交流能够提高学习效率，实现隐性知识的转移。这些潜在的组织学习效应能够激励企业增加研发投入（Ahuja 和 Katila，2001）。

然而，并非所有的海外并购都是出于技术获取，有些可能是为了获得短期利润增长或进入国际市场，并购中所涉及的技术元素微乎其微，不大可能为企业提供技术知识，因而难以对企业研发产生积极影响（Cloodt 等，2006）。在某些情况下，非技术驱动型海外并购增加了组织复杂性，可能会破坏企业已经建立起来的创新路径，从而对研发决策和创新活动带来消极影响（DeMan 和 Duysters，2005）。此外，海外并购也可能是管理者为了追求个人效用最大化而发起的，这将过多地占用有限的管理资源，转移管理者的研发注意力，使企业更多地关注短期利益，降低了研发承诺。本文据此提出：

假设 1：相对于非技术驱动动因，技术驱动型海外并购更能促进企业研发投入。

2.2 海外并购规模与研发投入

海外并购规模作为并购交易的最基本特征之一，是不可忽视的重要维度。然而，在海外并购与企业创新的研究中，并购规模因素并没有引起研究者的足够重视。事实上，不同并购交易在规模方面存在较大的异质性，作为衡量海外并购的一个关键维度，并购规模对企业研发投入的影响不容忽视。海外并购规模对企业研发投入的影响主要体现在以下几个方面：首先，战略管理领域的观点认为企业资源和能力是有限的，这决定了企业只能有选择性地进行战略决策。有研究认为，并购在某种程度上是对内部创新的一种替代，虽然并购与内部创新都可以促进企业成长，但由于资源的有限性企业往往只选择其中之一。一旦采取海外并购，企业有限的资源就会被占用，且海外并购规模越大，并购所需的资源投入越多，可用于研发活动的资源就越少。

其次，从管理者注意力的视角分析，并购过程往往占用了大量的管理精力和管理时间，管理者的注意力将不得不从其他重要事项上（包括研发活动）转移，从而降低了企业的研发注意力，这种影响在大规模的海外并购中更加显著。企业实践及已有研究均表明，对于某一特定的并购事件来说，并购之前需要进行大量的调查、评估工作。当有多个竞争者参与收购时，企业还需关注对手的行动。进而，并购过程中需要进行谈判、签约等复杂程序(Hitt 等，1990)。在整个并购期间，并购双方高层管理者的注意力都会被大量占用，海外并购的规模越大，对研发的不利影响越明显。相应地，较小规模的海外并购则不大可能对企业战略和经营产生重大干扰，管理者的研发注意力转移程度较低，对研发投入的消极影响也相对较弱。

最后，从研发投入动机来讲，海外并购本身的不确定就增加了管理者的风险意识，降低了将资源分配到开发新产品、技术或流程上的意愿(Hitt 等，1990)。在其他条件一定的情况下，海外并购规模越大，资源投入越多，所产生的机会成本也越高。而且并购规模越大，操作和管理的复杂性越高，相应的失败可能性及由此带来的投资损失越大，这将强化管理者风险感知，造成管理短视(Managerial myopia)，导致管理者加强风险控制，进而削减研发投资。此外，我国企业海外并购通常采用现金作为支付手段，有时还需要进行债务融资，这可能会抬高企业财务杠杆、增加经营风险，使企业在决策中追求短期的财务目标，更倾向于投资那些能够快速产生现金的业务，从而降低研发投入(Bertrand，2009)。因此本文提出：

假设 2：海外并购规模越大，对研发投入的抑制作用越强。

2.3 海外并购股权选择与研发投入

股权选择是决定企业并购风险和收益的重要因素，企业可以根据实际情况进行全资并购或部分并购。并购股权水平代表了对目标企业的所有权，同时在一定程度上反映了对企业的控制程度(二者并不对等)，这种控制体现在对目标企业的系统、方法和决策等方面所拥有的权力(Guardo 等，2016)。海外并购股权可以通过以下途径对研发投入产生影响：第一，从资源基础理论视角，海外并购是企业获取外部创新资源的重要手段，但究竟能获取多少资源还要考虑并购股权。一般情况下，海外并购取得的股权越多，对目标企业的所有权或控制权就相对越高，越容易获取被并购方的异质性资源。再者，多数股权赋予企业更大的权力对双方资源和能力进行深度整合以发挥协同效应，提高研发的积极性。第二，海外并购中，组织学习效应的发挥是有前提的，在获取目标企业多数控制权或全资并购的情况下，企业有更大的自由度对目标方的组织结构、研发资源进行调整。同时，统一的所有权使企业能够更好地管理文化或制度差异，降低妨碍组织学习的有形和无形障碍，从而有利于企业在较短时间内提升技术创新能力，这将激励企业增加研发投入。第三，全资并购或多数控股情况下，企业能够充分利用目标方在国外的网络资源获取东道国技术外溢的好处。更关键的是，由于技术创新存在一定的外溢风险，而较高的所有权使企业能够更好地控制专有资产的使用，并尽可能地规避潜在的机会主义行为(Guardo 等，2016)，降低专有技术外溢的风险，使企业乐于进行研发投入。因此本文提出：

假设 3：海外并购股权越多，企业研发投入水平越高。

2.4 吸收能力的调节效应

Cohen 和 Levinthal(1990)将吸收能力定义为"企业识别外部新知识的价值，并将其吸收和应用于商业终端的能力"。已有实证研究表明，吸收能力对企业创新绩效具有积极影响，可以推动知识转化为新产品、服务或流程，从而为创新提供支撑(Cepeda-Carrion 等，

2016）。Zahra 和 George（2002）将吸收能力划分为潜在吸收能力和现实吸收能力，潜在吸收能力包括知识的获取和吸纳能力，现实吸收能力包括知识的转化和利用能力。其中，现实吸收能力有助于企业并购后对新的外部知识与已有的内部知识进行有效整合，从而产生新的想法、开发新的知识，并将其转移至商业用途，这对企业塑造和保持国际竞争力至关重要。潜在吸收能力不仅有利于企业识别并获取被并购方的互补性资源，而且能够帮助企业更好地分析和理解具有内隐性、专业性和复杂性的高阶知识，进而推动企业更新知识基础，克服路径依赖和能力陷阱（Atuahene-Gima，2003）。

吸收能力较好地解释了不同企业在外部知识利用过程中表现出的绩效差异（Huang 等 2015），在其他条件既定的情况下，企业吸收能力越强，从目标方获取的知识相对越多，速度也越快，并购企业的技术绩效提升越显著（王诗翔等，2014）。吸收能力提升创新绩效的事实能够增强企业研发投入的动力，Abdelkader（2004）的研究也支持这一逻辑推理。对于海外并购动因而言，吸收能力越强，可以预期企业通过技术驱动型海外并购所获得的创新增益越大，有利于增强企业研发投入的积极性。不仅如此，吸收能力可以弱化非技术动因对企业研发投入的潜在干扰。同时，较强的吸收能力在某种程度上能够部分抵消由于大规模海外并购带来的不确定性，维持企业研发的信心，减弱海外并购规模对企业研发投入的消极作用。对于海外并购股权来说，更高的股权水平赋予企业更多的技术获取和组织学习机会，进而激励企业增加研发投入，但这一过程会受到吸收能力的制约。当企业有较强的吸收能力时，取得目标方多数股权对技术获取来说更有价值，从而激励企业增加研发投入以快速实现知识的逆向转移。因此，本文提出：

假设 4a：吸收能力正向调节海外并购动因与企业研发投入之间的关系。

假设 4b：吸收能力正向调节海外并购规模与企业研发投入之间的关系。

假设 4c：吸收能力正向调节海外并购股权与企业研发投入之间的关系。

综上所述，本文的理论模型见图 1。

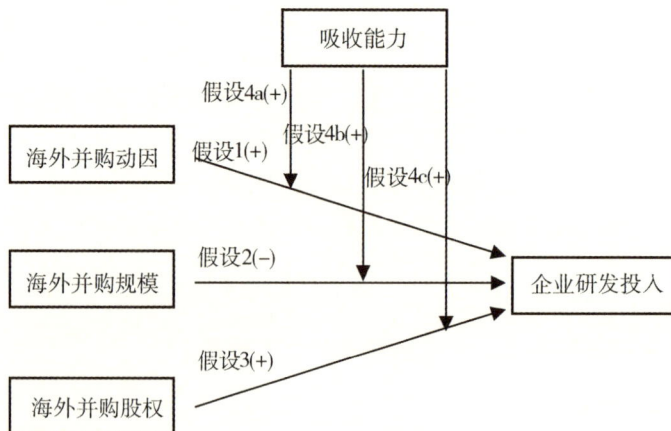

图 1　理论模型

3. 研究设计

3.1 样本与数据

本文选取 2011—2015 年中国深沪两市 A 股上市公司的海外并购事件为研究对象。首先整合了 Zephyr-全球并购交易分析库、Wind 数据库中的中国并购库以及清科研究中心发布的海外并购资讯，初步确定海外并购事件及相关交易数据。不同数据来源相互补充和印证，增加了数据的可靠性。在此基础上，按照以下原则进行筛选：（1）收购方属于中国内地沪深两市 A 股上市公司；（2）剔除 ST 和 PT 上市公司及金融类、房地产等很少涉及技术创新的行业；（3）剔除并购股权低于 10% 及存在关联交易的并购事件；（4）对于同一年内发生多次并购的企业，只保留规模最大的交易；（5）剔除研究数据存在缺失的企业，最终得到 193 个有效样本。研究所需的企业特征数据源于 Wind 数据库，专利数据来源于知识产权局专利信息检索平台。

3.2 变量测量

（1）被解释变量。本文的被解释变量为企业研发投入，借鉴 Stiebale（2013）的研究，采用企业研发投入占营业收入的比例来测量，记为 R&D。

（2）解释变量。第一，并购规模，本文用并购交易额的自然对数来度量海外并购规模。第二，海外并购动因，已有研究（Ahuja 和 Katila，2001）给出了技术并购的认定标准，如果企业是以获取某种技术为目标，则认为是技术并购。本文借鉴这种做法，手工搜集各上市公司关于收购事件的公告，如果明确提到海外并购是为了获取目标企业的某种技术、新产品或希望通过并购提升创新能力，就认为是技术驱动型海外并购，设置虚拟变量，并赋值为 1，否则为非技术驱动型海外并购，虚拟变量赋值为 0。第三，海外并购股权，用企业在海外并购交易中取得的目标企业股权比例度量。

（3）调节变量。本文的调节变量是吸收能力。借鉴 Huang 等（2015）和王诗翔等（2014）的研究，采用技术/研发人员比作为吸收能力的代理变量。事实上，技术人才是企业潜在吸收能力和现实吸收能力的核心，技艺精湛的技术人员对外部知识（特别是隐性知识）具有更高的获取和吸纳能力，并通过知识共享和"干中学"促进知识的转化和利用（Huang 等，2015）。

（4）控制变量。借鉴以往的研究，本文引入了企业规模、所有权性质、企业年龄、资产负债率等企业方面的控制变量。除此之外，还控制了母国与东道国之间的文化距离（CD），采用 Kogut 和 Singh（1988）提出的方法来计算文化距离：

$$CD_j = \sum_1^4 \left[(D_{ij} - D_{iCH})/V_i^2 \right]/4 \tag{1}$$

其中 CD_j 是指中国与投资国 j 之间的文化距离，D_{ij}、D_{iCH} 分别表示东道国、中国的文化维度 i 的分值，V_i 是指文化维度 i 的方差。相关变量的定义及度量方式见表 1。

表 1 变量定义

变量类型	变量名称	符号	变量度量
被解释变量	研发投入	R&D	研发投入占营业收入的百分比
解释变量	并购动因	M_moti	虚拟变量，如果并购公告中明确提及是以获取技术资源为目标，赋值为 1，否则为 0
	并购规模	M_scal	并购交易额的自然对数
	并购股权	M_equi	海外并购股权比例
调节变量	吸收能力	AC	技术/研发人员比
控制变量	企业规模	Size	员工总数的自然对数
	企业年龄	Age	观测年份与企业成立年份之差的自然对数
	企业性质	State	虚拟变量，国有企业为 1，非国有企业为 0
	资产负债率	Debt	负债合计与资产总计之比
	文化距离	CD	东道国与母国之间的文化距离，采用 Kogut 和 Singh（1988）提出的方法计算

3.3 模型设定

本文的计量模型如下：

$$R\&D = \beta_0 + \beta_1 M\_moti + \beta_2 M\_scal + \beta_3 M\_equi + \lambda_i \sum Control_i + \varepsilon \qquad (2)$$

$$R\&D = \beta_0 + \beta_1 M\_moti + \beta_2 M\_scal + \beta_3 M\_equi + \beta_4 AC +$$
$$\beta_5 AC \times M\_moti + \beta_6 AC \times M\_scal + \beta_7 AC \times M\_equi + \lambda_i \sum Control_i + \varepsilon \qquad (3)$$

其中，模型（2）用于检验主效应，模型（3）是在模型（2）的基础上，引入调节变量及其与 3 个核心解释变量的交互项，用来验证吸收能力的调节效应。在上述两个计量模型中，β_0 为截距，β_i 为各项系数，$Control_i$ 为各控制变量，λ_i 为相应控制变量的系数，ε 为残差。

4. 实证结果与分析

4.1 描述性统计

表 2 列出了各个变量的描述性统计及变量间的 Pearson 相关系数。从描述性统计结果来看，被解释变量企业研发强度均值为 4.342，而国际上普遍认为，研发强度在 5% 以上的企业才具有竞争力。可见，样本企业的研发投入有待提升，且不同企业间的研发水平有较大的差异（标准差为 3.890）。核心解释变量中，并购动因的均值为 0.472，表明样本企业中技术驱动型海外并购的比例约为 47%。并购交易规模均值为 9.228，标准差为 1.805，

说明企业海外并购交易规模有一定的差异。海外并购的股权均值为74.73，表明样本企业普遍取得了对目标企业的控制权，标准差为27.07。吸收能力的均值为22.82，标准差为17.69，表明不同企业吸收能力之间存在较大的差异。此外，表2还列出了各变量之间的相关系数，企业研发投入与技术获取动因正相关，与并购交易规模显著负相关，与并购股权正相关，与吸收能力显著正相关。相关性分析的结果与本文预期基本相符，但仍需要通过多元回归分析进一步验证。另外，为了消除多重共线性带来的干扰，本文还计算了各变量的方差膨胀因子（VIF），表2显示，VIF值均小于5，说明模型不存在严重的共线性问题。

表2 变量描述性统计和相关系数

变量	Mean	S. D.	R&D	M_moti	M_scal	M_equi	AC	Size	State	Age	Debt	CD	VIF
R&D	4. 342	3. 890	1										—
M_moti	0. 472	0. 501	0. 167	1									1. 07
M_scal	9. 228	1. 805	−0. 213*	−0. 033	1								1. 24
M_equi	74. 73	27. 07	0. 113	0. 015	0. 097	1							1. 03
AC	22. 82	17. 69	0. 369*	−0. 017	−0. 053	−0. 018	1						1. 10
Size	8. 086	1. 341	−0. 151	0. 063	0. 348*	0. 0081	−0. 227*	1					1. 48
State	0. 181	0. 386	−0. 119	−0. 148	0. 258*	−0. 081	−0. 170	0. 388*	1				1. 34
Age	2. 751	0. 2693	−0. 172	−0. 053	0. 229*	0. 096	−0. 075	0. 167	0. 089	1			1. 13
Debt	43. 67	20. 03	−0. 412*	0. 035	0. 312*	−0. 0024	−0. 252*	0. 448*	0. 333*	0. 256*	1		1. 39
CD	3. 261	1. 599	0. 062	0. 129	0. 037	−0. 034	−0. 036	0. 032	0. 137	−0. 043	−0. 023	1	1. 05

注：＊表示10%的显著性水平。

4.2 回归分析结果

在进行OLS回归时，为防止异方差问题导致的估计偏误，本文根据Stock和Watson（2011）的建议，使用"OLS+稳健标准误"进行稳健回归。首先在模型中加入控制变量，分析其对被解释变量的影响。在此基础上，将核心解释变量放入模型，检验前文提出的基本假设。随后，在模型中依次引入调节变量以及调节变量与3个核心解释变量的交互项，从而检验吸收能力的调节效应。具体的回归结果见表3。

表3 模型回归结果

变量	模型1	模型2	模型3	模型4	模型5	模型6	模型7
M_moti		2. 4632***	2. 1794***	2. 0898***	2. 1676***	2. 0443***	1. 9625***
		（0. 6562）	（0. 5952）	（0. 5546）	（0. 5987）	（0. 5541）	（0. 5212）

变量	模型 1	模型 2	模型 3	模型 4	模型 5	模型 6	模型 7
M_scale		−0.2891***	−0.2847***	−0.3262***	−0.2704**	−0.2576***	−0.2934**
		(0.1108)	(0.1007)	(0.1024)	(0.1132)	(0.0973)	(0.1147)
M_Equi		0.0207**	0.0223***	0.0200**	0.0221***	0.0204***	0.0183**
		(0.0084)	(0.0083)	(0.0078)	(0.0083)	(0.0077)	(0.0074)
AC			0.0630***	0.0756***	0.0636***	0.0650***	0.0771***
			(0.0190)	(0.0218)	(0.0190)	(0.0204)	(0.0224)
AC ×M_moti				0.0827**			0.0785**
				(0.0399)			(0.0392)
AC×M_scal					0.0031		0.0011
					(0.0072)		(0.0077)
AC×M_Equi						0.0014**	0.0014**
						(0.0007)	(0.0007)
Size	0.1414	0.0910	0.2586*	0.3084**	0.2616*	0.1408	0.1956
	(0.1777)	(0.1662)	(0.1473)	(0.1505)	(0.1479)	(0.1619)	(0.1558)
State	−0.5208	0.6450	0.7710	0.4881	0.7691	0.6822	0.4180
	(1.0649)	(1.2007)	(1.1663)	(1.0312)	(1.1707)	(1.0951)	(0.9834)
Age	−0.7970	−0.2311	−0.7363	−0.5207	−0.7183	−1.1002	−0.8692
	(0.8999)	(0.8398)	(0.8936)	(0.8348)	(0.9049)	(0.9783)	(0.9262)
Debt	−0.0708***	−0.0732***	−0.0643***	−0.0585***	−0.0645***	−0.0574***	−0.0523***
	(0.0220)	(0.0217)	(0.0196)	(0.0177)	(0.0197)	(0.0175)	(0.0161)
CD	0.0885	0.00380	0.0276	−0.0227	0.0284	0.0194	−0.0276
	(0.1833)	(0.1582)	(0.1500)	(0.1343)	(0.1503)	(0.1489)	(0.1341)
行业/年份	Yes	Yes	Yes	Yes	Yes	Yes	Yes
_cons	10.7516**	9.4767**	6.6496**	5.8373**	6.4888**	8.2320**	7.3168**
	(4.3887)	(3.7423)	(3.1322)	(2.8310)	(3.2526)	(3.5429)	(3.3638)
N	193	193	193	193	193	193	193
Adj−R^2	0.137	0.251	0.311	0.338	0.308	0.337	0.358
F 值	4.0255	5.2981	7.1321	7.4212	6.6398	6.9467	6.3924

注：*、**、***分别表示10%、5%、1%的显著性水平，回归系数下方括号内的数值为标准误。

模型1是对控制变量的分析，可以看出资产负债率与研发投入显著负相关，说明资本结构对研发活动有重要影响，过高的负债水平可能会抑制企业研发投入。其他控制变量对研发投入也具有一定的影响，但并不显著。

模型 2 是对核心解释变量的回归。对于海外并购动因来说，技术获取动因与研发投入正相关($\beta = 2.4632$)，且在 1% 的显著性水平上高度显著，表明以技术为动因的海外并购对企业研发投入具有显著的提升效应，从而支持了假设 1。就海外并购规模而言，它的回归系数为-0.2891，达到了 1% 的显著性水平，显示海外并购规模与企业研发投入显著负相关，意味着海外并购规模越大，对企业研发投入的抑制作用越强，假设 2 获得了实证支持。与此同时，海外并购股权与研发投入呈现出正相关关系($\beta = 0.0207$)，且在 5% 的水平上显著，说明获取目标企业更多的股权，有利于激发企业创新的积极性，从而增加研发投入，假设 3 得到支持。

模型 3 加入了调节变量吸收能力，回归结果显示，吸收能力与企业研发投入在 1% 的显著性水平上正相关($\beta = 0.0630$，$p < 0.01$)，说明吸收能力越强，越能激励企业增加研发投入。同时，在加入了吸收能力的情况下，3 个核心解释变量与研发投入之间的关系依然稳健，这进一步支持了假设 1、假设 2 和假设 3。

模型 4 到模型 6 是对调节效应的检验。模型 4 显示，吸收能力和并购动因的交互项在 5% 的显著性水平上显著正相关($\beta = 0.0827$，$p < 0.05$)，表明企业吸收能力越强，技术驱动型海外并购对研发投入的促进作用越大，从而假设 4a 获得支持。此外，加入交互项之后，调整 R^2 增加了 0.027，模型解释力更强。模型 5 显示，吸收能力对海外并购规模与企业研发投入之间的关系有正向的调节作用($\beta = 0.0031$)，但并不显著，因此假设 4b 仅获得部分支持。一种可能的解释是吸收能力的作用被并购规模的抑制效应所掩盖，也有可能是海外并购本身的复杂性所致，未来需要进一步验证。模型 6 表明，吸收能力与并购股权的交互项系数显著正相关($\beta = 0.0014$，$p < 0.05$)，说明吸收能力正向调节海外并购股权与研发投入之间的关系，吸收能力强化了并购股权对研发投入的促进作用，从而假设 4c 得到了实证支持。

模型 7 是全部变量的回归结果，可以看出，控制变量中的资产负债率与研发投入显著负相关。核心解释变量、调节变量均保持显著，调节效应的显著性水平也未发生改变，这些结果进一步支持了假设 1、假设 2、假设 3，以及假设 4a 和假设 4c。

4.3 稳健性检验

为了确保研究结论的可靠性，本文设计两种方案进行稳健性检验，一是改变全部核心变量的度量方式，排除变量度量造成的估计偏误；二是考察滞后效应，降低时期选择带来的结果不稳健问题。

首先，采用不同的方式度量被解释变量、解释变量和调节变量，用一整套替代性的数据进行回归分析。具体地：(1)被解释变量，借鉴杨柳青等(2016)的做法，前文采用研发投入占营业收入的比重度量，这里以企业研发投入与总资产之比来表示。(2)解释变量，一是海外并购动因，前文基于并购是否涉及技术元素来界定技术并购，此处从被并购企业的角度考虑，如果被并购方所在行业为技术密集型行业，则认为是技术动因的海外并购，虚拟变量赋值为 1，否则为 0。相关数据来源于并购公告及 BVD 系列数据库。二是海外并购规模，前文以交易金额的自然对数度量，这里用交易金额占总资产的比例度量。三是海外并购股权，前文直接采用收购股权比例，此处借鉴 Demirbag 等（2007）的研究，进一步按照股权比例分为三组：小于50%的为少数股权收购，50%到90%的为分享股权，大于90%的为完全收购，并分别赋值1、2、3。（3）吸收能力，采用企业员工的学历水平来测度吸收能力，以具有本科及以上学历的员工比例表示。

通过上述处理，得到一套替代性的数据，并对此进行回归分析，结果见表4中的模型1至模型5。其中模型1是主效应检验，结果显示，海外并购动因的回归系数在5%的水平上显著为正（$\beta = 0.6973$，$p < 0.05$），海外并购规模的系数在1%的水平上显著为负（$\beta = -0.006$，$p < 0.01$），海外并购股权的系数在1%的水平上显著为正（$\beta = 0.4239$，$p < 0.01$），这与前文的结果基本一致，说明主效应是稳健的，从而支持了假设1、假设2和假设3。模型2到模型4是对调节效应的稳健性分析，可以看出，模型2中海外并购动因与吸收能力的交互项系数为0.0303，且在5%的水平上显著，这与假设4a一致。模型3中海外并购规模与吸收能力的交互项系数为负，符号发生了变化，但是该交互项的系数均不显著。结合前文的回归结果，这说明吸收能力对海外并购规模与研发投入的调节作用并不明确。模型4显示，吸收能力与海外并购股权的交互项系数在1%的水平上显著为正，虽然显著性水平有所下降，但仍然支持假设4c。总的来说，改变核心变量度量方式的回归结果与前文基本一致，并没有实质性地改变前文结论。

其次，本文还考察了滞后效应。研发投入是一项条件敏感性很强的管理决策，因此在前文的研究中，考虑到海外并购从尽职调查、谈判到产权交接往往需要一定的时间，在这一过程中，并购事件对研发投入的影响可能已经发生。为了减少其他因素的干扰，前文采用并购当年的研发数据。但相关研究显示，海外并购的效应具有一定的滞后性，因此这里选用海外并购滞后一期的研发投入数据进行稳健性检验。结果列示在表4的模型6到模型10中。模型6是对主效应的检验结果，可以看到，3个核心解释变量的作用方向和显著性水平与前文保持了较高的一致性，这进一步印证了主效应的稳健性，从而支持了假设1、假设2和假设3。模型7、模型8、模型9是对吸收能力调节作用的检验，很明显，各模型的回归结果与前文基本一致，说明前文所得结论依然成立。

表4　　　　　　　　　　　　　　　　　稳健性检验结果

变量	(1)替换全部核心变量的稳健性检验					(2)考虑滞后效应的稳健性检验				
	模型1	模型2	模型3	模型4	模型5	模型6	模型7	模型8	模型9	模型10
M_moti	0.6973**	0.6766**	0.6705**	0.6672**	0.6272**	2.2148***	2.0741***	2.2334***	1.9577***	1.8218***
	(0.2951)	(0.2928)	(0.2834)	(0.2854)	(0.2736)	(0.8063)	(0.7562)	(0.8122)	(0.6936)	(0.6655)
M_scale	-0.0060***	-0.0058***	-0.0117**	-0.0056***	-0.0106**	-0.3451***	-0.3503***	-0.3259***	-0.3760***	-0.3651***
	(0.0020)	(0.0018)	(0.0055)	(0.0019)	(0.0052)	(0.1075)	(0.1048)	(0.1119)	(0.1097)	(0.1097)
M_Equi	0.4239***	0.3849**	0.4368***	0.4238***	0.4023**	0.0235**	0.0225**	0.0224**	0.0233**	0.0213**
	(0.1597)	(0.1600)	(0.1639)	(0.1594)	(0.1627)	(0.0112)	(0.0110)	(0.0108)	(0.0109)	(0.0107)

变量	(1)替换全部核心变量的稳健性检验					(2)考虑滞后效应的稳健性检验				
	模型1	模型2	模型3	模型4	模型5	模型6	模型7	模型8	模型9	模型10
AC	0.0251***	0.0236***	0.0249***	0.0231***	0.0217***	0.0766***	0.0801***	0.0799***	0.0966***	0.1028***
	(0.0081)	(0.0076)	(0.0080)	(0.0078)	(0.0075)	(0.0229)	(0.0246)	(0.0233)	(0.0292)	(0.*0304)
AC×M_moti		0.0303**			0.0258**		0.0950*			0.1051**
		(0.0125)			(0.0111)		(0.0538)			(0.0499)
AC×M_scal			−0.0007		−0.0006			0.0124		0.0104
			(0.0006)		(0.0006)			(0.0108)		(0.0102)
AC×M_Equi				0.0198*	0.0187*				0.0031**	0.0030*
				(0.0103)	(0.0100)				(0.0015)	(0.0015)
Size	0.2973***	0.2714***	0.2874***	0.2789***	0.2490**	0.3029	0.3503*	0.3344	0.3243	0.4027*
	(0.1033)	(0.1029)	(0.1063)	(0.1006)	(0.1036)	(0.2062)	(0.2115)	(0.2035)	(0.2142)	(0.2210)
State	−0.3670	−0.4606	−0.3384	−0.4286	−0.4789	0.5252	0.3354	0.5015	0.2309	0.0059
	(0.4484)	(0.4440)	(0.4578)	(0.4300)	(0.4401)	(1.3914)	(1.3225)	(1.3785)	(1.2033)	(1.1389)
Age	0.1759	0.1956	0.1477	0.0520	0.0506	−0.3225	−0.2921	−0.1986	−0.9233	−0.7759
	(0.4253)	(0.4145)	(0.4293)	(0.4379)	(0.4406)	(1.0564)	(1.0417)	(1.0319)	(1.1863)	(1.1524)
Debt	−0.0171**	−0.0133*	−0.0170**	−0.0137**	−0.0106*	−0.0917***	−0.0814**	−0.0934***	−0.0843***	−0.0744***
	(0.0076)	(0.0068)	(0.0076)	(0.0067)	(0.0062)	(0.0293)	(0.0269)	(0.0301)	(0.0253)	(0.0238)
CD	0.0435	0.0265	0.0474	0.0380	0.0275	0.2011	0.1822	0.2036	0.2598	0.2399
	(0.0741)	(0.0735)	(0.0755)	(0.0739)	(0.0751)	(0.1804)	(0.1750)	(0.1809)	(0.1923)	(0.1866)
行业/年份	Yes	Yes	Yes	Yes	Yes	Yes	Yes	Yes	Yes	Yes
_cons	−1.6519	−1.4743	−1.5192	−1.1457	−0.9044	8.8007**	7.7394*	8.1971**	9.9096**	8.2117**
	(1.6885)	(1.6571)	(1.7171)	(1.7468)	(1.7651)	(4.3431)	(4.0036)	(4.1211)	(4.5092)	(4.0425)
N	193	193	193	193	193	193	193	193	193	193
Adj-R^2	0.2026	0.2236	0.2030	0.2177	0.2340	0.2941	0.3052	0.2931	0.3395	0.3506
F值	4.0435	4.1219	3.6576	3.9502	3.5992	4.8485	4.8203	4.5865	5.3397	4.8019

注：*、**、***分别表示10%、5%、1%的显著性水平，回归系数下方括号内的数值为标准误。

5 结论与启示

本文选取2011—2015年中国上市公司海外并购的微观数据，实证研究了海外并购的异质性对企业研发投入的影响，并分析了吸收能力的调节效应。研究发现，在其他条件不变的前提下：（1）相比非技术动因的海外并购，以技术获取为动因的海外并购更能促进研发投入；（2）海外并购规模与企业研发投入显著负相关，表明并购规模越大，对企业研发投入的抑制作用越强；（3）海外并购股权与研发投入正相关，说明在海外并购中取得的股权越多，对企业研发投入的激励作用越强；（4）调节作用的检验结果显示，吸收能力正向调节海外并购动因与研发投入之间的关系，意味着吸收能力增强了技术驱动型海外并购对研发投入的促进作用；吸收能力对海外并购股权与研发投入的关系也具有正向的调节效应，表明吸收能力可以强化并购股权对研发投入的正向影响。然而由于种种原因，吸收能力对海外并购规模与研发投入之间关系的调节效应并不明确。

本文从交易的异质性视角考察了海外并购对企业研发投入的作用机制，其理论贡献在于：第一，以中国企业为研究对象，丰富了新兴市场情境下的跨国并购理论，对已有理论体系形成了有益的补充。第二，研究视角上，与以往研究不同，本文聚焦于海外并购本身的异质性特征，从并购动因、并购规模、并购股权三个维度展开实证研究，推进了海外并购创新效应的认知深度，也为澄清相关研究结论之间的分歧提供了新的思路。第三，在关注海外并购异质性的基础上，进一步整合吸收能力视角，验证了吸收能力的调节作用，从而拓展了现有理论研究的边界。

与此同时，本文的研究发现对于中国企业海外并购实践具有重要的启发意义：首先，海外并购动因、规模与股权等异质性因素对企业研发投入具有重要影响，企业在海外并购中应将这些因素对研发投入的各种可能影响考虑在内，并提前制定应对措施加以控制。特别地，对于寄希望于通过海外并购迅速提升创新能力的企业而言，在选择并购目标时，应重点考虑那些拥有优质研发资源的目标企业。其次，由于吸收能力可以增强企业研发投入的信心，强化海外并购异质性对研发投入的促进作用，并有可能削弱部分因素对研发投入的抑制效应。因此，企业要特别重视吸收能力的构建，以便充分利用海外并购的创新效应，迅速识别、获取和利用外部创新资源，实现创新能力的飞跃。

◎ 参考文献

[1]陈菲琼，陈珧，李飞.技术获取型海外并购中的资源相似性、互补性与创新表现：整合程度及目标方自主性的中介作用[J].国际贸易问题，2015（7）.

[2]孙华鹏，苏敬勤，崔淼.中国民营企业跨国并购的四轮驱动模型[J].科研管理，2014，35（10）.

[3]王诗翔，魏江，路瑶.跨国技术并购中吸收能力与技术绩效关系研究——基于演化博弈论[J].科学学研究，2014，32（12）.

[4]吴先明.我国企业知识寻求型海外并购与创新绩效[J].管理工程学报，2016（3）.

[5]杨柳青，梁巧转，康华.基于企业特征调节效应的国家创新体系与企业研发投入研究[J].管理学报，2016，31（5）.

[6]张蕴萍.供给侧改革：中国垄断行业政府规制体制改革的新动力[J].理论学刊，2016（5）.

[7]朱勤，刘垚.我国上市公司跨国并购财务绩效的影响因素分析[J].国际贸易问题，2013（8）.

[8]Abdelkader, D. Absorptive capacity and the implementation of knowledge-intensive best

practices[J]. *SAM Advanced Management Journal*, 2004, 69(2).

[9] Ahuja, G. , Katila, R. Technological acquisitions and the innovation performance of acquiring firms: A longitudinal study[J]. *Strategic Management Journal*, 2001, 22(3).

[10] Atuahene-Gima, K. The effects of centrifugal and centripetal forces on product development speed and quality: How does problem solving matter[J]. *Academy of Management Journal*, 2003, 46(3).

[11] Bertrand, O. Effects of foreign acquisitions on R&D activity: Evidence from firm-level data for France[J]. *Research Policy*, 2009, 38(6).

[12] Bertrand, O. , Zuniga, P. R&D and M&A: Are cross-border M&A different? An investigation on OECD countries [J]. *International Journal of Industrial Organization*, 2006, 24(2).

[13] Boateng, A. , Qian W. , Tianle, Y. Cross-border M&As by Chinese firms: An analysis of strategic motives and performance[J]. *Thunderbird International Business Review*, 2008, 50(4).

[14] Cassiman, B. , Perez-Castrillo, D. , Veugelers, R. Endogenizing know-how flows through the nature of R&D investments[J]. *International Journal of Industrial Organization*, 2002, 20(6).

[15] Cefis, E. , Marsili, O. Crossing the innovation threshold through mergers and acquisitions [J]. *Research Policy*, 2015, 44(3).

[16] Cepeda-Carrion, I. , Leal-Millán, G. A. , Martelo-Landroguez, S. , et al. Absorptive capacity and value in the banking industry: A multiple mediation model[J]. *Journal of Business Research*, 2016(69).

[17] Cloodt, M. , Hagedoorn, J. , Kranenburg H. V. Mergers and acquisitions: Their effect on the innovative performance of companies in High-tech industries [J]. *Research Policy*, 2006, 35(5).

[18] Cohen, M. , Levintha D. A. Absorptive capacity: A new perspective on learning and innovation[J]. *Administrative Science Quarterly*, 1990, 35(1).

[19] DeMan, A. , Duysters, G. Collaboration and innovation: A review of the effects of mergers, acquisitions and alliances on innovation[J]. *Technovation*, 2005, 25 (12).

[20] Demirbag, M. , Glaister, K. W. , Tatoglu, E. Institutional and transaction cost influences on MNEs' ownership strategies of their affiliates: Evidence from an emerging market[J]. *Journal of World Business*, 2007, 42(4).

[21] Deng, P. , Yang, M. Cross-border mergers and acquisitions by emerging market firms: A comparative investigation[J]. *International Business Review*, 2015, 24(1).

[22] Guardo, M. C. Di, Marrocu, E. , Paci, R. The effect of local corruption on ownership strategy in cross-border mergers and acquisitions [J]. *Journal of Business Research*, 2016

(4).

[23] Hitt, M. A., Hoskisson, R. E., Ireland, R. D. Mergers and acquisitions and managerial commitment to innovation in M-form firms[J]. *Strategic Management Journal*, 1990, 11 (4).

[24] Huang, K., Lin, K., Wu, L., et al. Absorptive capacity and autonomous R&D climate roles infirm innovation[J]. *Journal of Business Research*, 2015, 68(1).

[25] Kogut, B., Singh, H. The effect of national culture on the choice of entry mode[J]. *Journal of International Business Studies*, 1988, 19(3).

[26] Liou, R. S., Chao, M. C. H., Yang, M. Emerging economies and institutional quality: Assessing the differential effects of institutional distances on ownership strategy[J]. *Journal of World Business*, 2016, 51(4).

[27] Shimizu, K., Hitt, M. A., Vaidyanath, D., Pisano, V. Theoretical foundations of cross-border mergers and acquisitions: A review of current research and recommendations for the future[J]. *Journal of International Management*, 2004, 10(3).

[28] Stiebale, J. The impact of cross-border mergers and acquisitions on the acquirers' R&D— Firm-level evidence[J]. *International Journal of Industrial Organization*, 2013, 31(4).

[29] Stiebale, J., Reize, F. The impact of FDI through mergers and acquisitions on innovation in target firms[J]. *International Journal of Industrial Organization*, 2011, 29(2).

[30] Stock, J. H., Watson, M. W. *Introduction to Econometrics* [M]. Boston: Addison Wesley, 2011.

[31] Sun, S. L., Peng, M. W., Ren, B., et al. A comparative ownership advantage framework for cross-border M&As: The rise of Chinese and Indian MNEs[J]. *Journal of World Business*, 2012, 47(1).

[32] Zahra, S. A., George, G. Absorptive capacity: A review reconceptualization, and extension[J]. *Academy of Management Review*, 2002, 27(2).

Overseas mergers and acquisitions heterogeneity, absorptive capacity and firms' R&D investment

Wu Xianming[1]　Gao Houbin[2]

(1, 2 Economics and Management School of Wuhan University, Wuhan, 430072)

Abstract: In recent years, overseas mergers and acquisitions(M&As) of Chinese firms have sprung up, which becomes the focus of the academia attention. Using the overseas M&As data of 193 listed firms in China from 2011 to 2015, it empirically investigates the impact of overseas M&As on R&D investment from the perspective of M&As heterogeneity, and analyzes the moderating effect of absorptive capacity. The results show that technology-driven M&As can promote R&D investment, and the scale of overseas M&As has a significantly negative effect on R&D investment, and a significant positive correlation between overseas M&As and R&D investment is proved. Further study indicates that absorptive capacity has moderating effects on the relationship between overseas M&As heterogeneity and R&D investment. Specifically, it can strengthen the promotion effects of M&As motivation and equity on R&D investment, while it has no significant moderating effect on M&As scale and R&D investment. This research will be helpful to fill the gap of existing theory, and the conclusion has certain reference significance to overseas M&As practice.

Key words: Overseas M&As; Heterogeneity; Absorptive Capacity; R&D Investment

专业主编：陈立敏

"解铃还须系铃人"：后发企业资源依赖关系的悖论动态视角*

● 王建刚[1]　陈丽华[2]　杜义飞[3]

（1 江苏科技大学经济管理学院　镇江　212003；

2，3 电子科技大学经济与管理学院　成都　611731）

【摘　要】在外部资源依赖关系中，后发企业往往陷入学习与创新之间的两难选择困境中，基于悖论动态循环过程，后发企业如何释放潜在能力并缓冲外部依赖关系？本文选取一家典型的后发企业（东汽）作为研究对象，采用纵向事件路径分析法，对东汽 48 年所积累的事件进行分类、提炼，探究事件路径过程中所凸显的动态趋势。研究表明：（1）后发企业持续地单向利用外部资源会逐渐加大对外部资源的依赖；（2）后发企业吸收能力承载创新与学习间的冲突，这种能力能够反作用于并缓冲外部资源依赖关系的调整；（3）冲突缓冲作用表现为悖论循环式的复杂过程，潜在能力释放可以动态调整外部资源依赖关系的锁定。本研究对建构后发企业吸收能力的过程与逻辑带来启发。

【关键词】后发企业　悖论动态视角　吸收能力　资源依赖

中图分类号：C93　　　　　文献标识码：A

1. 引言

面临双重劣势的后发企业需要主动地与外部建立连接关系，从而获取所需要的关键资源，但这必然导致后发企业对外部的资源依赖。在获取资源的过程中，后发企业会面临外部技术领先企业的约束与控制。因而，后发企业在技术追赶过程中，外部资源依赖可以帮

* 基金项目：国家自然科学基金项目"'双向依赖'下后发企业创新行为倾向、困境与吸收能力研究"（71272131），"'后跳板'情境下后发企业跨国扩张的行为与路径研究：双元视角与嵌入逻辑"（71672021）；"跨界隐性知识的协同效应对颠覆式创新绩效的影响研究"（71471091）；"创新生态系统中知识主体协同行为与价值创造的耦合机理及提升策略研究"（71771161）；中央高校重点资助项目、电子科技大学人文社会科学重点团队项目"互联网背景下后发企业的吸收能力过程与跨国扩张路径研究"（ZYGX2015SKT01）

通讯作者：杜义飞，E-mail：duyf@ uestc. edu. cn。

助其弥补资源劣势，实现在本土市场的持续生存。尽管如此，这种依赖关系很容易被强化，从而进入资源依赖的锁定（何婧 & 杜义飞，2015）。例如，中国的一些汽车、重型装备企业等进入了技术引进的困境，尽管获取了国外企业的先进资源，但依然需要不断的技术引进与再引进。而另外一些中国企业，如互联网企业（如 BAT）、华为等，在获取国外资源的基础上，触发了内部的知识创造，逐渐地摆脱了对外部权势组织的资源依赖。可见，资源依赖条件下，后发企业需要充分发挥内在能动性和利用自身的潜能，进而有效地缓解外部资源依赖。

资源依赖条件下，后发企业同时面临学习与创新的需求，引致了两者的冲突，例如采用资源获取（如技术引进）还是坚持自主创新？吸收能力为理解学习与创新提供了新的视角（Cohen & Levinthal，1990），但现有研究并未完全揭示吸收能力和学习与创新之间的关系（Lane，et al.，2006），以及企业如何通过吸收能力来响应外部资源依赖。王建刚和杜义飞（2016）基于双元视角，研究了后发企业如何通过外部资源依赖"由外至内"地在市场与技术领域里进行竞争与合作的动态平衡，揭示出后发企业外部资源依赖逻辑向吸收能力内部逻辑的演变过程。尽管如此，后发企业吸收能力对其外部资源依赖动态的影响仍未被揭示。吸收能力被视为企业应对外部环境快速变化的动态能力（Zahra & George，2002），后发企业可以对已有的吸收能力进行变现和处置（Sirmon，et al.，2007），"由内至外"地释放吸收能力的潜能，进而应对高速变化的市场（Eisenhardt & Martin，2000）。Van Den Bosch 等（1999）表明，企业可以通过吸收能力来影响其外部环境，但他们仍未明确提出吸收能力对外部环境的作用机制。

悖论视角为理解这一现象提供了独特的分析框架，通过探索学习与创新间的互动关系，悖论视角可以为后发企业吸收能力与外部资源依赖提供纵向、动态的过程解析。本文基于悖论视角来理解后发企业吸收能力，认为后发企业吸收能力可以通过承载、转移学习与创新间的冲突，进而促进创新与学习的良性循环，有效地缓解资源依赖，以揭示后发企业如何实现"解铃还须系铃人"。尽管如此，当前仍不清楚后发企业吸收能力如何"由内而外"地释放，以应对外部不确定性。同时，外部资源依赖关系是动态变化的，后发企业如何响应这些变化？当前研究还尚未深入探究这一问题。因而，本文的研究问题是：后发企业如何释放吸收能力，以缓冲其外部资源依赖的动态变化。

2. 理论背景

2.1 理论视角

悖论视角被视为理解复杂的组织与管理现象的元理论视角（Lewis & Smith，2014；Schad，et al.，2016；Smith & Lewis，2011），可以整合其他理论，为复杂现象的解释提供新的洞见。通过与资源依赖理论的整合，可以为组织与外部环境间关系提供新理解（Hillman，et al.，2009；Pfeffer & Salancik，1978）。

2.1.1 悖论视角

后发企业面临着双重劣势，形成了一个独特的资源双依赖结构（王建刚 & 杜义飞，

2016），这将导致很多矛盾但又相互关联的维度的涌现（陆亚东，2015）。后发企业需要通过对冲突的应对以驱动学习，来弥补其后发劣势（武亚军，2013；Luo & Rui，2009）。悖论视角为组织提供了应对外部不确定性的一系列响应策略（Lewis，2000；Schad，et al.，2016；Smith & Lewis，2011），也为探究冲突要素间的关联关系提供了纵向、动态和整体的理解。悖论视角拓展了现有的权变理论和双元逻辑（Smith & Lewis，2011），为理解后发企业的行为与战略提供了新方式（Li，2012），以及应对外部不确定性的灵活性。

2.1.2 资源依赖理论

资源依赖理论是研究组织与外部环境间关系的重要理论（Pfeffer & Salancik，1978），解释了资源依赖对企业行为的影响。当前资源依赖的研究更多集中在企业管理外部资源依赖的策略（Drees & Heugens，2013；Hillman，et al.，2009；Pfeffer & Salancik，1978），如并购、合资或其他形式的组织间安排，企业可把自身的边界设定在最大化控制的关键外部资源的位置（Santos & Eisenhardt，2005）。当前资源依赖研究遗漏了环境复杂性的视角（Wry，et al.，2013），组织一般具有多样化的利益与目标，体现了环境复杂性，这将引致组织面临相矛盾的外部需求，过程视角可以将资源依赖的管理策略嵌入组织响应相矛盾的外部需求的过程中，以指导组织如何使用这些策略（Hillman，et al.，2009）。

2.2 悖论视角下的后发企业吸收能力

2.2.1 后发企业吸收能力

后发企业不仅面临着技术与市场上的双重发展劣势，也面临着内部自身资源不足的困境（Mathews，2002），且没有足够的资源用于内部的研发与创新（Li，et al.，2010）。Kim（1998）发现，后发企业一般仅拥有通用的知识与技能，但国外技术领先企业拥有最新的科学与技术发展知识。知识基础虽薄弱，但后发企业仍然具有很强的学习动机。先前知识基础的不足导致后发企业在识别、消化和利用外部新知识上存在困难，这与Cohen & Levinthal（1989，1990）所理解的吸收能力存在差异：没有足够的先前知识，也没有足够的资源进行内部研发，后发企业的吸收能力从何而来？Chung & Lee（2015）发现，后发企业吸收能力来源于对国外技术领先企业的专业知识的获取。Mathews（2002）也指出，传统吸收能力的概念与范畴显然与后发企业吸收能力并不一致，而需要对后者的概念进行重新理解，才可能更好地解释后发企业的现象。当前研究更多地关注传统逻辑下的后发企业吸收能力所引致的创新、绩效等（Kotabe，et al，2017），忽视了后发企业吸收能力释放潜能的过程。

2.2.2 悖论视角对后发企业吸收能力的解读

后发企业吸收能力区别于西方技术领先企业（Mathews，2002），西方技术领先企业通过研发带来创新，同时产生副产品——吸收能力。然而，后发企业的逻辑起点是学习，以快速地弥补自身的竞争弱势与后发者劣势（Luo & Tung，2007），而不是强调直接利用外部的知识来实现创新。后发企业吸收能力必须考虑其外部资源依赖关系所建构的情境，反映了后发企业将外部不确定性内化，以激发学习，并促进创新。但需要强调的是：后发企业的学习与国外技术领先企业不同。国外技术领先企业通过研发直接地实现创新，从而帮助企业触发学习，而后发企业的学习目的是有效地吸收外部知识，以弥补自身知识的劣势，缓解并适应外部环境。

保持对两个具有矛盾但又相互关联的活动或行为的动态平衡，对企业的生存与可持续发展至关重要（Smith & Lewis，2011）。悖论视角为后发企业吸收能力提供了一个更加整体、动态的纵向过程视角（Papachroni，et al.，2015；Putnam，et al.，2016）。后发企业以学习为起点，弥补自身知识基础的劣势（Awate，et al.，2012），但仍坚持创新，导致了学习与创新间的冲突。本文认为，悖论视角下的后发企业吸收能力反映了后发企业承载、转移创新与学习间冲突的动态过程，以适应外部不确定性。

2.3 后发企业的资源依赖结构及其应对

2.3.1 后发企业的外部资源依赖

后发企业被视为面临双重劣势的发展中国家的国内企业（江诗松等，2012），这些企业面临着一些独特的区别于国外技术领先企业的情境及其要素。后发企业的独特性由历史条件所决定（Mathews，2002）。一方面，由于后发企业远离世界的技术创新中心（Hobday，1995），面临来自技术领先企业技术优势的压力；另一方面，由于后发企业与主流的国际市场相隔离，不得不依靠国内市场来维持生存与发展。过度关注顾客当前需求，顾客获得更大的权力，导致企业面临"顾客胁迫"（Day，1999）。因而后发企业依赖于国外技术领先企业与国内顾客，形成了与外部环境的资源双依赖结构（王建刚 & 杜义飞，2016）。

2.3.2 后发企业的外部资源依赖响应

资源依赖理论对解释后发企业的行为具有关键作用（Xia，et al.，2014；Zheng & Xia，2017），后发企业将表现出独特的双元行为（Li，et al.，2013），通过双元行为间的动态平衡来响应外部的资源依赖。王建刚和杜义飞（2016）发现资源双依赖下的后发企业可以通过技术升级与市场合作来促进技术合作与市场探索间的动态平衡。同时，后发企业为了获取国外发达企业的关键资源，必须与其建立连接关系，以满足自身的资源需求。但同时也会给后发企业带来"鲨鱼困境"（Katila，et al，2008）。因此，后发企业与外部组织间的连接关系必须既是竞争又是协作的，同时也要保持两者间的双元平衡（Luo & Rui，2009）。后发企业可以通过组织间安排来吸收外部约束的重要方式 Casciaro & Piskorski，2005；Xia，2010），如被视为后发企业跳板行为的并购（Luo & Tung，2007）。Xia 等（2014）表明，后发企业与外部的相互依存将驱动其外向型的 FDI 活动。

过去的资源依赖研究主要关注资源依赖所导致的行为，而忽视了资源依赖及其动态调整过程。悖论视角提供了企业释放潜能的有力解释（杜义飞等，2017；Smith & Lewis，2011），为探索后发企业资源依赖的动态变化，以及如何实现"由内至外"的能力释放过程（Eisenhardt & Martin，2000）提供了新见解。本文主要探究"后发企业吸收能力如何影响其外部资源依赖的动态"。

3. 研究设计

本文采用事件路径分析（杜义飞等，2017；杜义飞，2011）与纵向案例研究方法

(Eisenhardt，1989)。事件路径分析聚焦于纵向的事件数据，通过这些事件可以"解析出矛盾的维度，进而呈现出事件数据所隐含的过程路径，从而揭示事物演变的潜在过程规律"（杜义飞等，2017）。案例研究被视为进行理论建构的重要方法论（Eisenhardt，1989），可以为复杂的组织与管理现象提供一些独到的解释与洞见（Yin，2009），而纵向过程则有助于充分地揭示事物或现象如何随着时间而出现、发展、终止（Langley，et al.，2013）。

3.1 案例选取

本文选择东方汽轮机有限公司（以下简称东汽）作为研究对象：

第一，东汽与国外企业相比，技术上明显存在先天性的劣势。东汽的发展过程完整再现了其与外部环境关系的变化及其对外部技术知识进行获取、消化、吸收和利用的全过程，在这一过程中它始终面临着学习与创新间的冲突。

第二，在发展历程中，东汽与国外企业进行了技术与市场方面的持续合作，建立了资源依赖。在国内市场，东汽面临来自顾客的压力，形成了顾客依赖，这提供了有价值的研究情境，即资源双依赖的结构（杜义飞等，2016；王建刚 & 杜义飞，2016）。

第三，在资源依赖结构中，东汽与国外企业、顾客进行了充分的交流互动，涌现出丰富的纵向事件数据。这为本文运用事件路径分析提炼出矛盾维度，以及充分描述东汽外部资源依赖的动态变化提供了机会。同时，也保证了数据的可获取性、完整性和准确性。

3.2 数据收集

本文采取多种方式来收集数据，所收集的数据包含一手的访谈和档案资料。首先，访谈具备启发研究者以及核实关键数据和信息的功能，有助于更清晰地剖析事件背后的真实现象，被视为了解实况的最常见和最有力的方式。访谈数据收集从 2013 年 11 月开始，主要采用正式访谈和非正式访谈（见表 1）。正式访谈采用半结构化方式，访谈对象涉及各层次的管理者，访谈时间在 0.5~2.5 小时，访谈结束后，立即将录音转换成文本记录。非正式访谈包含通过邮件、即时通信工具等进行的交流。

表 1 访谈信息统计表

日期	访谈对象	访谈人数
2013.11.1	公司副总经理、营销处副处长	2
2013.11.27	公司副总经理、营销处副处长	2
2014.7.8	公司副总经理、营销处副处长、项目经理	3
2014.9.26	公司副总经理（2 位）、营销处副处长、项目经理	8
2014.12.26	产品开发处党支部书记、国际合作处处长、总师办高级经济师、营销处职能组长、职能工程师	5
2015.1.9	副总经理、燃机事业部总经理、总经理助理、技术项目处副处长、技术开发处副处长	5

日期	访谈对象	访谈人数
2015. 6. 5	原东汽厂长、副总经理、技术开发处副处长	3
2015. 11. 25	副总经理、副总经济师、宣传部部长、宣传部科长、高级统计师	5
2016. 8. 30	副总经理、企业管理部科长、党政办秘书	3

其次，本文还收集了事件数据，事件数据属于回溯性数据，可以纵向地呈现东汽外部资源依赖关系的变化、所遭遇的冲突，以及吸收能力过程中企业行为的变化，可以有效地揭示事物发展的演变过程(Langley，et al.，2013)。表2是事件描述范例。本文通过多种途径(大事记、官网、新闻媒体等)共计收集、筛选事件数据1497条。

表2　　　　　　　　　　　　　　　　　事件描述范例

时间	活动主体	过程描述	结果
2010. 4. 30	东汽	历时两年研制 2.5MW 风电机组正式下线	东汽具有了开发大功率风力发电机组的能力

3.3　事件路径分析

本文运用事件路径分析方法整理事件数据(杜义飞，2011；杜义飞等，2017)。首先，对事件进行编码处理，建立统一的数据库。每个事件的编码均包括事件码(发生日期)、行为识别、参与人、关系、事件描述(见表3)，为后续事件维度的解析提供了指引。

表3　　　　　　　　　　　　　　　　　事件编码范例

事件码	19920810
行为识别	合作学习
参与人	日立公司、东汽
关系	企业外部
事件描述	东方 300MW、600MW 汽轮机技术咨询会在我厂召开，我厂与日立合作生产的 600MW 汽轮机得到了肯定

其次，事件维度的解析。事件数据中隐含了事物发展由始至终所贯穿其中的一致性的矛盾，这就构成事件维度的矛盾主轴(杜义飞等，2017)。通过对事件数据的归纳，可以探究事物主体是以何种方式来应对矛盾，由此获得事件维度的活动主轴。在这个过程中，在事件数据、维度和理论文献之间进行反复比较，最终可以让事件收敛到由矛盾主轴(创新与学习)与活动主轴(自主与合作)共同形成的四个象限之中，如图1所示。两个维度分别对应依赖目的和依赖方式，最终获得了四种行为：自主学习、合作学习、自主创新与合

作创新(见表4)。

依赖方式

		自主	合作
依赖目的	学习	自主学习	合作学习
	创新	自主创新	合作创新

图1 数据分类标准及行为划分

表4 事件分类概况

事件类	描述	典型事件列举	数量
合作创新	通过与外界企业合作生产、联合研制等产生新颖的产品或服务，技术水平取得进展	1984年7月5日，工厂与成都热电厂共同研制的汽轮机自动升速装置试验成功	196
自主创新	基于现有资源，通过自主设计、自主研制获得新产品或服务，使技术有新突破	1987年5月21日，工厂自行研发的首台300MW汽轮机在黄台电厂盖缸	518
自主学习	主动与外部交流，通过技术交流座谈会、改造研讨会等，增进对知识的吸收	2013年12月17日，公司召开新技术研讨会	220
合作学习	以利用、获取外部先进技术知识为目的，采用技术引进等方式，与外部建立合作关系，促使技术水平的提升	1991年5月28日，工厂与日立正式签订关于600MW机组合作设计及合作生产的合同	566

本文对四种类型的事件数据进行了散点图的描绘，以清晰地展示事件的变化趋势，有助于后续的过程分析，如图2所示。为了进一步确保事件最终分类的准确性，遵循先前研究(杜义飞，2011；何婧 & 杜义飞，2015)，请一位独立的审核人员进行审查，从数据库中随机选择100条事件，审核人员并不知道本文研究的问题与目的，向其说明分类标准，让其对已选择的事件进行重新编码。审核人员对100条事件的编码与本文相一致的比率达到了95%，说明本文对事件的分类编码具备合理性。

最后，纵向过程分析。本文识别出了关键间断点，作为阶段划分依据。阶段划分对随时间重复发生的特定理论机制的识别具有驱动作用(Langley，1999)，对理论与命题的形成起着至关重要的启发。本文将东汽的发展过程划分为三个阶段：自主成长阶段、震荡成长阶段、成熟应对阶段(见表5)。

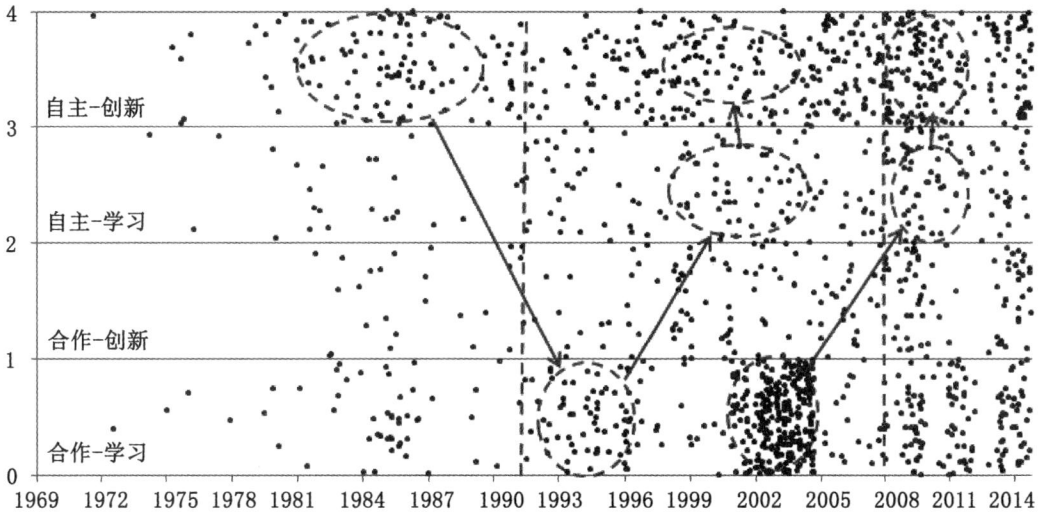

图 2　东汽 1969—2014 年技术成长事件的特征分布

表 5　　　　　　　　　　　　　　　　　阶段划分

阶段	第一阶段 自主成长阶段	第二阶段 震荡成长阶段	第三阶段 成熟应对阶段
时间范围	1969—1990 年	1991—2008 年	2009—2014 年
事件数量	203	891	403
关键 间断点		1991 年 5 月 28 日，工厂与日立制作所正式签订关于 600MW 机组合作设计及合作生产的合同，联合设计、生产 2 台 600MW 汽轮机并将安装在山东邹县电厂	2009 年 1 月 9 日，东汽"超临界 600MW 火电机组成套设备研制与工程应用"项目获国家科学技术进步奖一等奖
阶段划分 依据	建厂初期，以自主研发产品为导向，独立开发出 30 万机组，并成功推入市场	开启技术引进模式，以合作为导向，在消化技术和直接利用引进技术间交融	出现合作与自主并进的规律，技术上升进入平稳阶段

　　在阶段划分的基础上，本文运用复制逻辑进行阶段内分析与跨阶段比较分析（Langley，et al.，2013）。首先分析每个阶段内东汽对创新与学习间冲突的平衡，及其对外部资源依赖的影响；其次进行阶段间的对比，分析东汽跨越阶段平衡创新与学习间冲突的变化，及其对外部资源依赖的影响；最后，本文给出后发企业吸收能力与外部资源依赖间的理论命题。

4. 阶段分析

4.1　自主成长阶段(1969—1990年)

　　1971年，东汽自主研制出第一台75MW火电机组。随后，开始生产200MW机组，1980年东汽只生产200MW机组，这也使东汽加快了300MW机组的研制。1983年9月，东汽成功自主研制300MW火电机组，但与国外技术存在相当大的差距。

　　东汽坚持自主研发的同时，与外部保持形式上的合作学习，但并未从中获取其所需要的知识，外部资源依赖并未完全建立起来，如1984年8月，美国GE公司应机械部邀请来华就百万千瓦级火电及核电机组进行技术交流。反而自主学习与创新成为东汽技术成长的主要动力，并为后续的技术引进积累了知识基础。尽管如此，东汽也面临创新与学习的冲突，即坚持自主创新还是选择合作学习，而这一时期的自主学习也缓解了合作学习与自主创新之间的矛盾(见图3)。

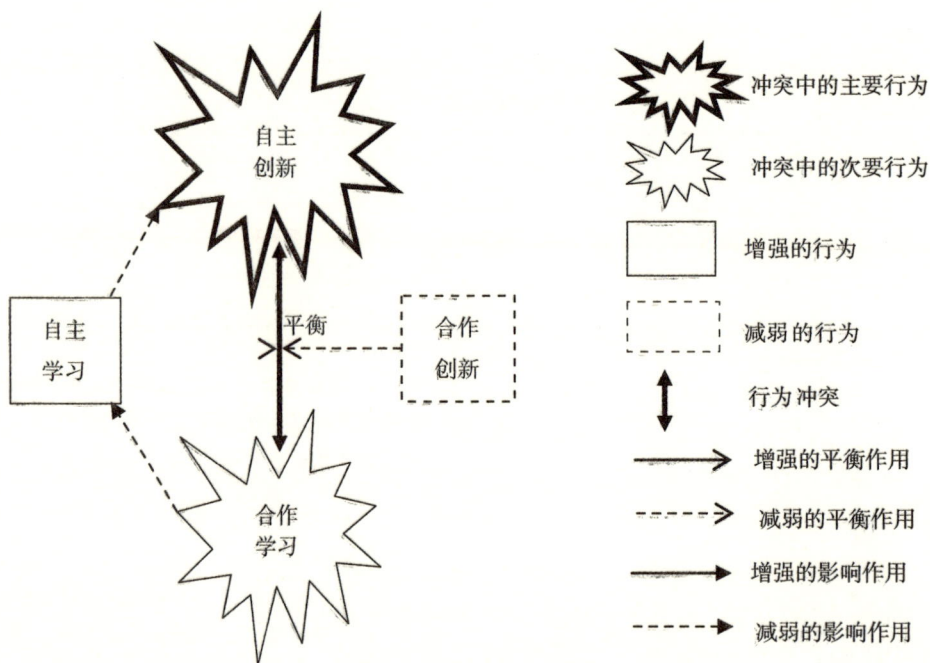

图3　自主成长阶段东汽吸收能力行为间的关系

4.2　震荡成长阶段(1991—2008年)

　　(1)实质性技术合作(1991—1997年)

　　20世纪90年代，随着我国经济的快速发展，国内电力市场的需求日渐增加，尤其对大功率火电机组的需求开始增加，东汽的顾客依赖增加，使其开始引进日立亚临界

600MW 机组，并作为阿尔斯通的分包商而进入核电领域，由此开始建立起对日立、阿尔斯通的技术依赖，并通过技术引进获取其先进技术，这是顾客依赖增强了技术依赖。随着国外企业进入国内市场，它们在一定程度上也需要依赖东汽来开拓国内市场，这在一定程度上也有助于缓解东汽的技术依赖。

在这种资源依赖情境下，合作学习与自主创新之间的冲突加剧，正如一位原日立办的人员所说：我们跟日立合作是最麻烦的，基本上是全厂就做一个大项目（引进 600MW 机组）。东汽开始增强合作学习来缓解这一冲突，1991—1997 年东汽行为事件记录见表 6。东汽在与日立合作期间，从 1992 年 5 月—1994 年 10 月，共计派出各类专业工程师、技术工人和管理干部 100 多人至日立接受技术与管理培训。东汽主动地探索国外市场，持续将产品出口至马来西亚、印尼、伊朗等地区，这是在市场上的自主学习。同时，东汽开始利用与外部的合作创新来缓冲自主创新与合作学习间的冲突。如与清华大学、中国科学院工程物理研究所等开展科研合作。实质性技术合作阶段吸收能力行为间的关系见图 4。

表6   **1991—1997 年东汽行为事件记录**

行为范畴	事件条数	占比
自主创新	66	0.24
合作创新	21	0.08
自主学习	70	0.25
合作学习	123	0.44

（2）老机组改造（1998—2000 年）

国家做出了对新建火电项目停止审批的决定，原则上三年内不再开工建设新的火电项目，导致国内市场没有了新增需求，东汽引进的 600MW 机组也没有了市场需求。尽管技术引进已结束，但受技术引进协议的限制，东汽仍然受到技术依赖的压力，由于国内市场没有了新增需求，意味着国内顾客依赖在降低，这也在一定程度上缓解了技术依赖。这时，东汽开始转向老机组改造市场，把这些引进的技术用于 200MW 老机组改造，同时也对 300MW 机组进行持续优化，这是对引进技术消化吸收的过程，也是自主学习的过程。

东汽通过与外部企业合作而进行技术学习的活动大大减少，自主创新占据主导地位，1998—2000 年东汽行为事件记录见表 7。这是创新与学习间冲突的体现，直接导致合作学习与自主创新间冲突的加剧与对抗（Hargrave & Van de Ven，2017）。尽管如此，自主学习与合作创新共同缓冲了这一冲突，使该阶段处于相对平衡的状态，如图 5 所示。自主创新行为的大量涌现，以及自主学习与合作创新的共同缓冲效应，使东汽降低了外部资源依赖。例如东汽通过自主学习将 300MW 机组发展到第八代，成功研制并出口伊朗 4 台 325MW 空冷机组。

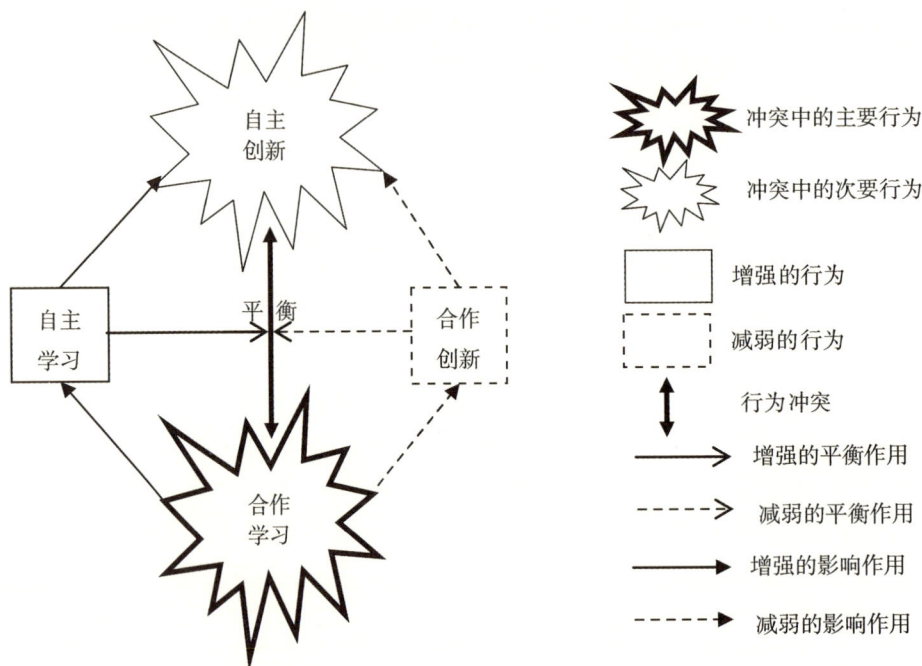

图4　实质性技术合作阶段东汽吸收能力行为间的关系

表7　　　　　　　　　　1998—2000 年东汽行为事件记录

行为范畴	事件条数	占比
自主创新	46	0.40
合作创新	33	0.29
自主学习	27	0.23
合作学习	9	0.08

（3）市场爆发式增长（2001—2008 年）

2001 年起，电力市场需求呈现爆发式增长，市场对汽轮机经济指标的要求变得更高，意味着东汽对国内市场的依赖开始增加，由于没有对引进的 600MW 机组技术进行消化，东汽采用大规模的技术引进来快速满足市场，缓解顾客依赖，但同时其对国外企业的技术依赖增加。爆发的市场需求也使国外企业对东汽的依赖适当增加，与之相比，东汽对国外企业的技术依赖显然更强。随着对外部资源依赖的增强，创新与学习间的冲突也逐渐加剧，一位管理者说：电力市场需求的发展变化使国内的厂家都没有时间真正地消化吸收，更多地还是为了满足市场。

面对这一状况，东汽顺应了这一趋势，通过快速的技术引进来满足市场，合作学习的事件记录突增（见表8）。2001—2006 年东汽完成了亚临界 600MW 改进型、超临界 600MW、超超临界 660MW 以及超超临界 1000MW 机组的引进。2002 年 3 月，东汽开始引进三菱的燃机技术。2005 年，东汽与阿尔斯通继续在岭澳二期项目中进行核电合作。在这一过程中，合

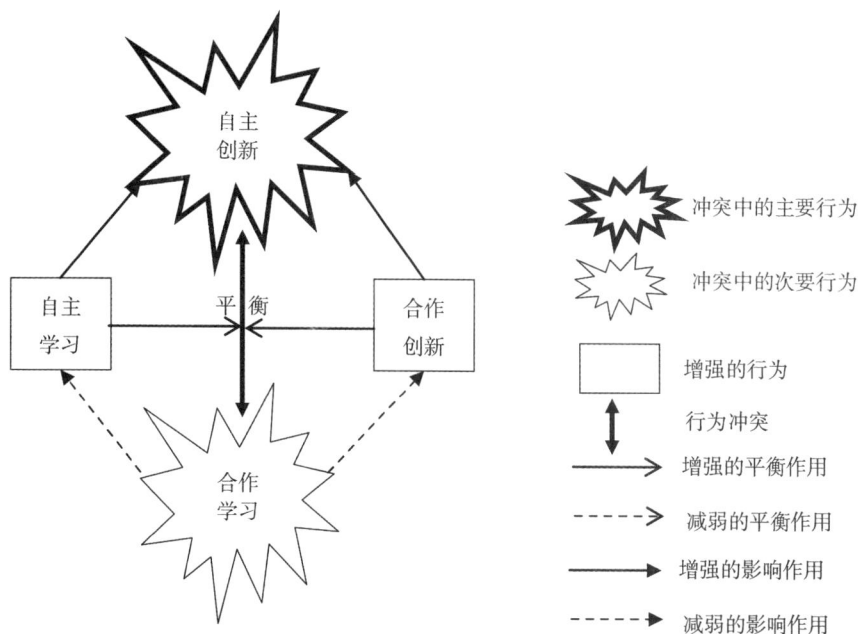

图 5　老机组改造阶段东汽吸收能力行为间的关系

作学习起主导作用(见图6)，大量的合作学习减缓甚至阻碍了对引进技术消化吸收的自主学习过程和与外部的合作创新，而自主学习与合作创新的缓冲作用被大大减弱。东汽通过顺应这一阶段的市场趋势而快速地满足了市场，在一定程度上缓解了资源依赖。

表8　　　　　　　　　　　2001—2008 年东汽行为事件记录

行为范畴	事件条数	占比
自主创新	152	0.26
合作创新	58	0.10
自主学习	58	0.10
合作学习	310	0.54

4.3　成熟应对阶段(2009—2014 年)

东汽与外部的资源依赖变得复杂，在技术上，火电与核电领域的技术依赖得到缓解，而燃机领域持续的技术依赖并未发生根本性改变。在市场上，国内市场对火电、核电及燃机的需求持续变化，顾客依赖依然在持续。顾客依赖使得东汽持续地依赖三菱，不断地引进其燃机技术。在火电领域，尽管技术依赖大大降低，但由于没有更先进的机组可供引进，东汽基本上结束了与日立的合作，这也由此增加了东汽对国内顾客的依赖。核电领域仍持续与阿尔斯通合作，但东汽已经具备了自主制造各等级核电机组的能力，并能够制造

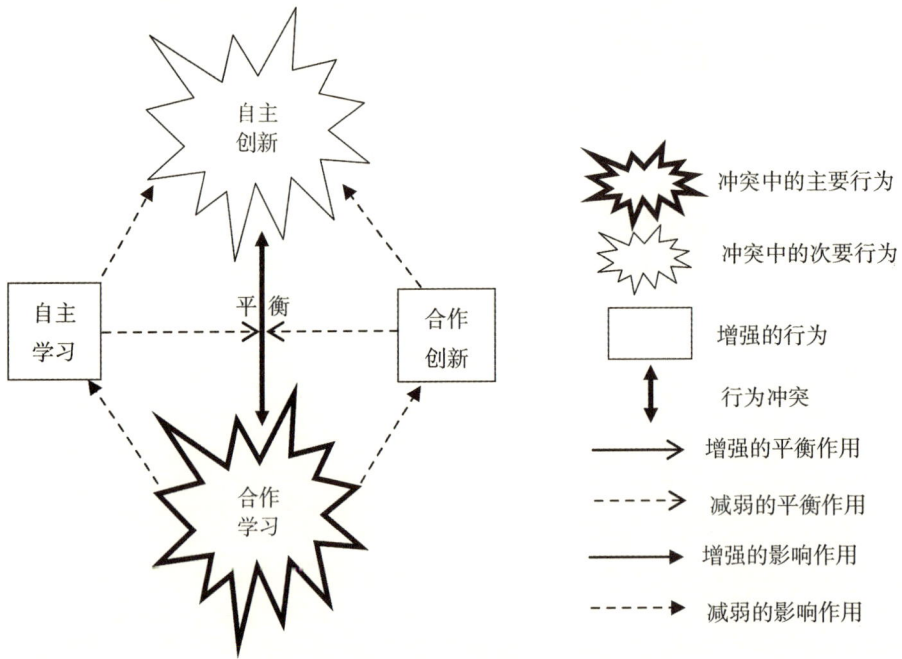

图6 市场爆发阶段东汽吸收能力行为间的关系

具有自主知识产权的国产机组，同时阿尔斯通仍然需要依赖东汽来开拓国内市场，因而东汽对阿尔斯通技术依赖的不对等程度开始大大降低。核电领域技术依赖的降低也在一定程度上缓解了东汽对国内的顾客依赖。

在这样的情境下，东汽自主学习与合作创新的缓冲作用开始增强，促进其自主创新与合作学习间冲突达到相对平衡（见表9和图7）。在自主学习上，东汽通过对引进技术消化吸收的学习过程，开始增强自主探索。2009年开始，东汽先后成功研制了一次、二次再热汽轮机组，开发出60赫兹等级汽轮机，并成功投运百万等级超超临界空冷机组。同时，东汽提升了1000~1800MW等级核电汽轮机的自主制造能力。在合作创新上，东汽通过与外部的合作研发而促进自主创新。由东汽牵头成立了四川省燃气轮机产业联盟，推进产学研合作，促进G50燃机的自主开发。

表9 2009—2014年东汽行为事件记录

行为范畴	事件条数	占比
自主创新	143	0.35
合作创新	61	0.15
自主学习	77	0.19
合作学习	122	0.30

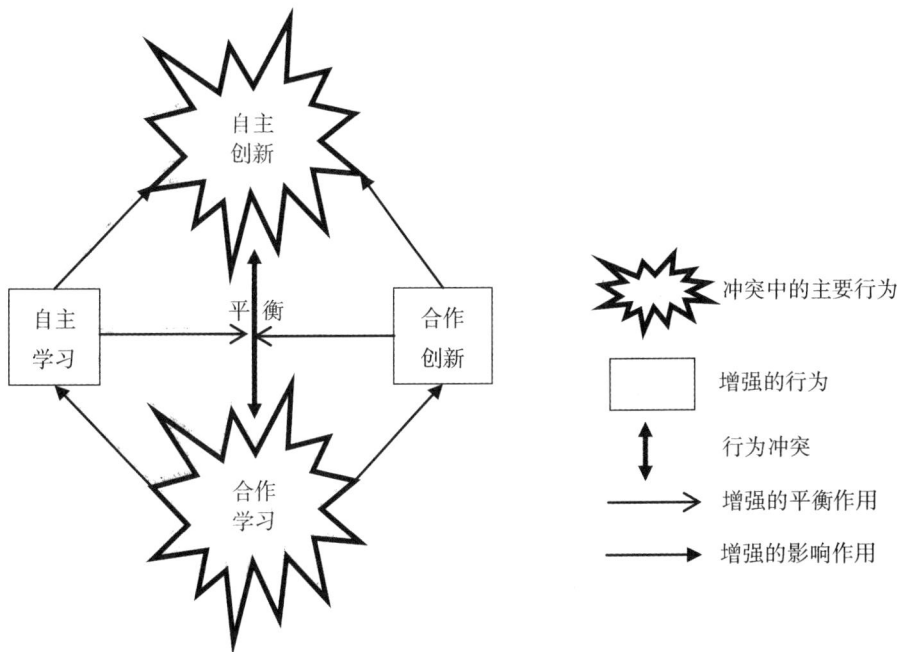

图 7　成熟应对阶段东汽吸收能力行为间的关系

5. 跨阶段分析

资源依赖视角下，当后发企业建立了与外部的资源交换关系时，必然导致资源依赖，尽管资源依赖给后发企业带来了不确定性，但可以帮助后发企业获取外部的资源，满足自身的资源需求（Katila, et al., 2008）。外部知识对后发企业尤其重要（Chung & Lee, 2015; Kim, 1998），东汽在火电、核电、燃机领域与国外企业建立合作，引进其先进技术，最终在火电与核电领域基本实现了自主创新。因而外部资源依赖是后发企业的学习起点，也是实现对外部知识有效利用的基本前提条件。

尽管如此，后发企业的资源依赖也使其面临不确定性。例如，当国外领先企业不再能够从后发企业中获得更多的知识时，其更可能会解散或退出与后发企业建立的连接关系（Kale & Anand, 2006）。同时，后发企业对外部知识需求的增加极有可能导致后发企业的外部资源依赖关系不断地被强化，而使后发企业陷入困境。例如，在火电领域，在市场爆发阶段，东汽将大量的资源配置在引进技术的商业化产出上，而忽略了对引进技术的消化和吸收，致使东汽在市场萎缩时新产品开发困难。在燃机领域，东汽只能不断地进行技术的引进、再引进。

命题一：后发企业对外部知识有效利用以外部资源依赖关系为前提，但对外部知识持续地单向学习，将强化其外部资源依赖。

后发企业面临的顾客依赖与技术依赖是相互影响的①。当顾客依赖增强时，东汽可以

---

① 我们感谢评审专家富有洞察力的见解和建议。

短期通过大规模技术引进来满足国内市场，这又导致技术依赖的增强。当国内市场短期无新增需求，对顾客依赖降低，东汽进行大量的自主学习和自主创新，降低了对国外企业的技术依赖。同时，由于国外企业需要进入国内市场，后发企业拥有丰富的本地市场知识和经验，引致了国外企业对后发企业的依赖。国外企业对后发企业的依赖也在一定程度上缓解了后发企业的技术依赖。可见，技术依赖与顾客依赖相互的影响引致了后发企业在创新与学习间的冲突，也为后发企业动态地响应外部资源依赖的变化提供了机会，可以让后发企业有效地响应创新与学习间的冲突，反过来又能对外部资源依赖产生影响。后发企业在技术和市场上的依赖又引致了创新与学习间的冲突。

后发企业可以利用吸收能力来承载、转移创新与学习间的冲突，进而缓冲外部的资源依赖。随着东汽吸收能力的建立与提升，其能够在与外部资源依赖结构中不断获得足够的议价能力（Inkpen & Andrew，1997），进而影响已建立的外部资源依赖。例如，在火电领域，经两次大规模技术引进后，通过全面掌握日立汽轮机设计与制造技术，东汽与日立的关系也由原来单纯的技术受让方转变为平等的合作伙伴关系（古培英，2009）。通过分包阿尔斯通的核电项目，东汽培养了一批核电技术与人才。这些都是东汽吸收能力开发和提升的过程，是对外部知识的获取、消化或转换、利用（Todorova & Durisin，2007；Zahra & George，2002），反映了其学习与创新能力（Cohen & Levinthal，1989，1990）。

命题二：后发企业吸收能力承载创新与学习间的冲突，这种能力能够反作用并缓冲外部资源依赖关系的调整。

技术依赖与顾客依赖是相互影响的，引致外部资源依赖的动态变化，后发企业也需要随时间动态地调整外部资源依赖（Rogan & Greve，2014）。外部资源依赖将这一冲突具体化为自主创新与合作学习间的冲突，如东汽通过技术引进而快速地满足市场，同时又具有很强的自主创新意愿。后发企业通过吸收能力的释放，承载学习与创新间冲突，来缓冲外部资源依赖引致的不确定性（Eisenhardt & Martin，2000；Sirmon，et al.，2007）。

后发企业可以通过对学习与创新间冲突的动态循环的平衡过程来促进其外部资源依赖关系的动态调整，避免陷入外部资源依赖关系的锁定（Schmitz，et al.，2016；何婧 & 杜义飞，2015）。具体地，后发企业通过自主与合作的方式来平衡创新与学习之间的冲突。例如，在与日立、阿尔斯通的合作过程中，合作学习占据主导地位，东汽同时增加了自主学习，来缓冲合作学习与自主创新间的冲突，而合作创新的缓冲作用表现较弱。在无市场需求时，自主创新占据了主导地位，而东汽通过增加自主学习与合作创新来缓冲合作学习与自主创新间的冲突。在市场爆发阶段，合作学习与自主创新之间的冲突加剧，东汽顺应这一趋势，通过自主学习与合作创新共同来缓冲这一冲突。随着市场的萎缩，东汽在合作学习与自主创新上的资源配置同时增加，引致了资源冲突和相矛盾的惯例（Lavie & Rosenkopf，2006），导致冲突的加剧，东汽同时利用自主学习与合作创新来调和两者间冲突。可见，后发企业吸收能力通过自主学习与合作创新的缓冲作用平衡合作学习与自主创新之间的冲突，进而引致对外部资源依赖关系的动态调整。

命题三：平衡学习与创新之间冲突的过程是后发企业吸收能力潜在的释放过程，表现为悖论循环式的复杂过程：自主学习与合作创新动态地缓冲、调和合作学习与自主创新之间的冲突，该过程缓解外部资源依赖关系的锁定。

6. 讨论与启示

本文从悖论动态视角重新解构吸收能力的过程逻辑，并将其应用到后发企业外部资源依赖关系的"因-果"双重动态关系的分析中。研究表明，后发企业的外部资源依赖是动态变化的，悖论视角下的后发企业吸收能力可以承载学习与创新之间的冲突，即通过自主学习与合作创新来调和、缓冲合作学习与自主创新间的冲突，进而动态调整后发企业外部资源依赖关系的锁定。本文对后发企业吸收能力以及外部资源依赖及其响应带来了理论与管理启示。

6.1 理论启示

（1）后发企业吸收能力研究

本文提出了在新兴市场背景下对后发企业吸收能力的新见解。首先，后发企业吸收能力显著区别于发达企业（Mathews，2002），学习外部新知识以弥补自身的知识基础劣势（Awate，et al.，2012），是后发企业的逻辑起点。悖论视角下，本文重新解构了后发企业吸收能力的过程。研究表明，后发企业吸收能力是承载、转移学习与创新之间冲突的动态过程，驱动其对外部资源依赖的响应，这是对后发企业吸收能力过程与逻辑的重新解读。其次，当前研究更多关注吸收能力对有形的持续竞争优势、创新、绩效等的影响（Lane，et al.，2006；Todorova & Durisin，2007；Zahra & George，2002），但对无形结果的研究还未引起足够关注（Volberda，et al.，2010）。本文表明后发企业吸收能力通过对学习与创新间冲突的承载、转移，可以缓冲外部资源依赖（命题二）。

（2）后发企业的外部资源依赖及其响应

本文促进了对后发企业外部资源依赖及其响应的理解。当前资源依赖研究多是在发达国家情境下进行的，而忽视了后发企业背景下对资源依赖的理解（Dieleman & Boddewyn，2012；Hillman，et al.，2009）。首先，当前研究更多地是对外部资源依赖的静态分析，缺乏动态的视角（Rogan & Greve，2014）。本文为外部资源依赖分析提供了一个动态过程视角。本文表明，后发企业的外部资源依赖是动态变化的（Kale & Anand，2006），随着对外部知识的学习，外部资源依赖可能被不断强化（命题一），这也促使后发企业随时间动态地调整其外部资源依赖（命题二）。其次，当前研究集中在资源依赖所引致的企业行为（Drees & Heugens，2013；Hillman et al.，2009；Pfeffer & Salancik，1978）。本文从悖论视角，揭示后发企业吸收能力对外部资源依赖的响应过程（命题三）。随着时间推移，后发企业吸收能力通过自主与合作的方式来平衡学习与创新之间的冲突，进而动态地调整外部资源依赖关系的锁定。

6.2 管理启示

本文为后发企业的管理实践带来启示。首先，后发企业的吸收能力可以影响其外部资源依赖关系的动态调整。因而，后发企业要建立促进其吸收能力释放的支持性的情境和机制，如在组织结构、人员管理等方面构建和利用组织双元性，全面建设一个双元性组织。同时，高层管理团队也要培养悖论思维，自上而下地推动双元性组织的建设，创造良好的组织条件，以鼓励企业一线员工和管理者的双元实践。其次，后发企业应该动态地分析外部资源依赖的变化，适时地调整企业的响应。后发企业根据自身的资源与能力（如吸收能力），建立新型的组织间关系，或退出原有的组织间关系，从而保持资源依赖的动态性。

本文也具有一定的局限。本文并未深入地对后发企业的外部资源依赖的维度或结构进行解析，而是把外部资源依赖作为一个整体的分析单元。另外，尽管单案例研究在理论建构上有其独特之处，但多案例研究可以提升由案例来构建理论的可信性。未来可以增加同行业或不同行业的案例对象，以进行跨案例分析。

◎ 参考文献

[1] 杜义飞. 衍生企业组织演化：驱动与约束的权衡——来自企业纵向事件抽取与趋势分析[J]. 南开管理评论，2011 (4).

[2] 杜义飞，潘琼，王建刚，等. 事件路径分析方法：基于悖论与存在主义视角[J]. 电子科技大学学报：社会科学版，2017，19(2).

[3] 古培英. 论引进日立公司汽轮机技术与可持续发展道路[J]. 四川工程职业技术学院学报，2009，23(3).

[4] 何婧，杜义飞. 基于一个纵向案例的后发企业"价值-能力"双向循环与顾客锁定[J]. 管理学报，2015，12(1).

[5] 江诗松，龚丽敏，魏江. 后发企业能力追赶研究探析与展望[J]. 外国经济与管理，2012，34(3).

[6] 陆亚东. 中国管理学理论研究的窘境与未来[J]. 外国经济与管理，2015，37(3).

[7] 王建刚，杜义飞. 资源双依赖下后发企业"由外至内"逻辑的研究[J]. 管理学报，2016，13(11).

[8] 武亚军. "战略框架式思考"，"悖论整合"与企业竞争优势——任正非的认知模式分析及管理启示[J]. 管理世界，2013 (4).

[9] Atuahene-Gima, K. Inward technology licensing as an alternative to internal R&D in new product development：A conceptual framework ［J］. *Journal of Product Innovation Management*，1992，9(2).

[10] Awate, S., Larsen, M. M., Mudambi R. EMNE catch-up strategies in the wind turbine industry：Is there a trade-off between output and innovation capabilities[J]. *Global Strategy Journal*，2012，2(3).

[11] Casciaro, T., Piskorski, M. J. Power imbalance, mutual dependence, and constraint absorption：A closer look at resource dependence theory ［J］. *Administrative Science*

Quarterly, 2005, 50(2).

[12] Christensen, C. M. , Bower, J. L. Customer power, strategic investment, and the failure of leading firms[J]. *Strategic Management Journal*, 1996, 17(3).

[13] Chung, M. Y. , Lee, K. How absorptive capacity is formed in a latecomer economy: Different roles of foreign patent and know-how licensing in Korea[J]. *World Development*, 2015, 66.

[14] Cohen, W. M. , Levinthal, D. A. Absorptive capacity: A new perspective on learning and innovation[J]. *Administrative Science Quarterly*, 1990, 37(1).

[15] Cohen, W. M. , Levinthal, D. A. Innovation and learning: The two faces of R&D[J]. *The Economic Journal*, 1989, 99(397).

[16] Day, G. S. Misconceptions about market orientation [J]. *Journal of Market-Focused Management*, 1999, 4(1).

[17] Dieleman, M. , Boddewyn, J. J. Using organization structure to buffer political ties in emerging markets: A case study[J]. *Organization Studies*, 2012, 33(1).

[18] Drees, J. M. , Heugens, P. P. Synthesizing and extending resource dependence theory: A meta-analysis[J]. *Journal of Management*, 2013, 39(6).

[19] Eisenhardt, K. M. Building theories from case study research[J]. *Academy of Management Review*, 1989, 14(4).

[20] Eisenhardt, K. M. , Martin, J. A. Dynamic capabilities: What are they [J]. *Strategic Management Journal*, 2000, 21(10-11).

[21] Hargrave, T. J. , Van de Ven, A. H. Integrating dialectical and paradox perspectives on managing contradictions in organizations[J]. *Organization Studies*, 2017, 38(3-4).

[22] Hillman, A. J. , Withers, M. C. , Collins, B. J. Resource dependence theory: A review [J]. *Journal of Management*, 2009, 35(6).

[23] Hitt, M. A. , Li, H. , Worthington, W. J. Emerging markets as learning laboratories: Learning behaviors of local firms and foreign entrants in different institutional contexts[J]. *Management and Organization Review*, 2005, 1(3).

[24] Hobday, M. East Asian latecomer firms: Learning the technology of electronics[J]. *World Development*, 1995, 23(7).

[25] Inkpen, A. C. , Beamish, P. W. Knowledge, bargaining power, and the instability of international joint ventures[J]. *Academy of Management Review*, 1997, 22(1).

[26] Kale, P. , Anand, J. The decline of emerging economy joint ventures: The case of India[J]. *California Management Review*, 2006, 48(3).

[27] Katila, R. , Rosenberger, J. D. , Eisenhardt, K. M. Swimming with sharks: Technology ventures, defense mechanisms and corporate relationships [J]. *Administrative Science Quarterly*, 2008, 53(2).

[28] Kim, L. Crisis construction and organizational learning: Capability building in catching-up at Hyundai Motor[J]. *Organization Science*, 1998, 9(4).

[29] Kotabe,M. , Jiang, C. X. , Murray, J. Y. Examining the complementary effect of political networking capability with absorptive capacity on the innovative performance of emerging-market firms[J]. *Journal of Management*, 2017, 43(4).

[30] Lane, P. J. , Koka, B. R. , Pathak, S. The reification of absorptive capacity: A critical review and rejuvenation of the construct[J]. *Academy of Management Review*, 2006, 31(4).

[31] Langley, A. Strategies for theorizing from process data[J]. *Academy of Management Review*, 1999, 24(4).

[32] Langley, A. , Smallman, C. , Tsoukas, H. , et al. Process studies of change in organization and management: Unveiling temporality, activity, and flow[J]. *Academy of Management Journal*, 2013, 56(1).

[33] Lavie, D. , Rosenkopf, L. Balancing exploration and exploitation in alliance formation[J]. *Academy of Management Journal*, 2006, 49(4).

[34] Lewis, M. W. Exploring paradox: Toward a more comprehensive guide[J]. *Academy of Management Review*, 2000, 25(4).

[35] Lewis, M. W. , Smith, W. K. Paradox as a metatheoretical perspective: Sharpening the focus and widening the scope[J]. *The Journal of Applied Behavioral Science*, 2014, 50(2).

[36] Li, J. , Chen, D. , Shapiro, D. M. Product innovations in emerging economies: The role of foreign knowledge access channels and internal efforts in Chinese firms[J]. *Management and Organization Review*, 2010, 6(2).

[37] Li, P. P. Toward an integrative framework of indigenous research: The geocentric implications of Yin-Yang balance[J]. *Asia Pacific Journal of Management*, 2012, 29(4).

[38] Li,Y. , Peng, M. W. , Macaulay, C. D. Market-political ambidexterity during institutional transitions[J]. *Strategic Organization*, 2013, 11(2).

[39] Luo, Y. , Rui, H. An ambidexterity perspective toward multinational enterprises from emerging economies[J]. *The Academy of Management Perspectives*, 2009, 23(4).

[40] Luo, Y. , Tung, R. L. International expansion of emerging market enterprises: A springboard perspective[J]. *Journal of International Business Studies*, 2007, 38(4).

[41] Mathews, J. A. Competitive advantages of the latecomer firm: A resource-based account of industrial catch-up strategies[J]. *Asia Pacific Journal of Management*, 2002, 19(4).

[42] Papachroni, A. , Heracleous, Paroutis, S. Organizational ambidexterity through the lens of paradox theory: Building a novel research agenda[J]. *The Journal of Applied Behavioral Science*, 2015, 51(1).

[43] Pfeffer, J., Salancik, G. R. *The external control of organizations: A resource dependence approach*[M]. NY: Harper and Row Publishers, 1978.

[44] Putnam, L. L., Fairhurst, G. T., Banghart S. Contradictions, dialectics, and paradoxes in organizations: A constitutive approach[J]. *Academy of Management Annals*, 2016, 10 (1).

[45] Rogan, M., Greve, H. R. Resource dependence dynamics: Partner reactions to mergers [J]. *Organization Science*, 2014, 26(1).

[46] Santos, F. M., Eisenhardt, K. M. Organizational boundaries and theories of organization [J]. *Organization Science*, 2005, 16(5).

[47] Schad, J., Lewis, M. W., Raisch, S., et al. Paradox research in management science: Looking back to move forward[J]. *Academy of Management Annals*, 2016, 10(1).

[48] Schmitz, T., Schweiger, B., Daft, J. The emergence of dependence and lock-in effects in buyer-supplier relationships—A buyer perspective[J]. *Industrial Marketing Management*, 2016, 55.

[49] Sirmon, D. G., Hitt, M. A., Ireland, R. D. Managing firm resources in dynamic environments to create value: Looking inside the black box[J]. *Academy of Management Review*, 2007, 32(1).

[50] Smith, W. K., Lewis, M. W. Toward a theory of paradox: A dynamic equilibrium model of organizing[J]. *Academy of Management Review*, 2011, 36(2).

[51] Todorova, G., Durisin, B. Absorptive capacity: Valuing a reconceptualization [J]. *Academy of Management Review*, 2007, 32(3).

[52] Van Den Bosch, F. A. J., Volberda, H. W., De Boer, M. Coevolution of firm absorptive capacity and knowledge environment: Organizational forms and combinative capabilities[J]. *Organization Science*, 1999, 10(5).

[53] Volberda, H. W., Foss, N. .J, Lyles, M. A. Absorbing the concept of absorptive capacity: How to realize its potential in the organization field[J]. *Organization Science*, 2010, 21(4).

[54] Wry, T,, Cobb, J. A., Aldrich, H. E. More than a metaphor: Assessing the historical legacy of resource dependence and its contemporary promise as a theory of environmental complexity[J]. *Academy of Management Annals*, 2013, 7(1).

[55] Xia, J. Resource dependence and cross-border constraint-absorption [J]. *Management International Review*, 2010, 50(2).

[56] Xia, J., Ma, X., Lu, J. W., et al. Outward foreign direct investment by emerging market firms: A resource dependence logic[J]. *Strategic Management Journal*, 2014, 35 (9).

[57] Yin, R. K. *Case study research: Design and methods*[M]. Thousand Oaks: SAGE, 2009.

[58] Zahra, S. A., George, G. Absorptive capacity: A review, reconceptualization, and extension[J]. *Academy of Management Review*, 2002, 27(2).

[59] Zheng, Y., Xia, J. Resource dependence and network relations: A test of venture capital investment termination in China[J]. *Journal of Management Studies*, 2017.

Let him who tied the bell on the tiger take it off: A paradox dynamic perspective on latecomers' resource dependence

Wang Jiangang[1]   Chen Lihua[2]   Du Yifei[3]

(1 School of Management and Economics, Jiangsu University of Science and Technology, Zhenjiang, 212003; 2, 3 School of Management and Economics, University of Electronic Science and Technology of China, Chengdu, 611731)

Abstract: Latecomers often become trapped in a dilemma about the trade-off between learning and innovation. How do latecomers release potential capabilities to buffer external resource dependence in a process of paradoxical dynamic cycle? We classify, refine events across forty-eight years to explore dynamic trend through event-path analysis in a longitudinal developmental process of a latecomer (i. e. Dong Fang Turbine Co. Ltd.). Our results suggest that latecomers exploit external resource unilaterally, which will increase their dependence on external resource; latecomers' absorptive capacity can undertake the tensions between learning and innovation, which can buffer the dynamic adjustment of their external resource dependence; buffering the tensions is a complex process, cyclical process of paradox dynamic, the release of potential capabilities can adjust the lock-in of external resource dependence. Our findings contribute to constructing the process and logic of latecomers' absorptive capacity.

Key words: Latecomers; A paradox dynamic perspective; Absorptive capacity; Resource dependence

专业主编：陈立敏

洞悉服务主导逻辑发展脉络
——基于三方共引分析 *

● 刘林青[1]　刘文丽[2]　雷昊[3]
（1，2，3 武汉大学企业战略管理研究所　武汉　430072）

【摘　要】Vargo 和 Lusch 于 2004 年提出了用以替代商品主导逻辑的新范式——服务主导逻辑。那么服务主导逻辑作为一种学术创业，其发展历程和发展现状如何呢？本文基于 Vargo 和 Lusch 在 *Journal of Marketing* 上发表的 *Evolving to a New Dominant Logic for Marketing* 一文，通过使用文献计量分析方法来揭示服务主导逻辑的演进轨迹。研究发现：服务主导逻辑作为一种营销概念，在"Business & Economics"领域发展迅速且广受关注，其核心概念已扩散至其他重要学科；从各阶段关键词共现网络可以看出服务主导逻辑经历差异化过程逐渐从传统商品主导逻辑中独立出来，并通过不断地发展完善获得了合法性，近年服务主导逻辑的研究方向已拓展至服务生态系统；最后我们探索了服务主导逻辑的知识基础，得到了服务主导逻辑核心概念、战略以及方法论三个主要社区。

【关键词】服务主导逻辑　跨学科发展　认知结构　学科基础
中图分类号：F270　　　文献标识码：A

1. 引 言

作为一种从商品主导逻辑独立出来的新营销思维，服务主导逻辑重视操纵性资源的运用，强调顾客参与价值共创，并将服务定义为一种为了其他实体利益而使用资源和能力的过程。自 Vargo 和 Lusch 于 2004 年提出服务主导逻辑这一微观营销概念后，该逻辑不仅在营销领域掀起了研究热潮，还吸引了其他学科学者的广泛关注。经过十多年的发展，服务主导逻辑的内涵也在不断地丰富和扩展，其对构建和发展市场理论、营销理论的影响也在不断扩大。在 2014 年的 ESI 近十余年 Economics & Business 领域高被引论文排名中，

* 基金项目：国家社科基金重大项目"全球生产网络、知识产权保护与中国外贸竞争力提升研究"（15ZDB155）；国家社科基金一般项目"基于服务主导逻辑的中国制造企业服务转型研究"（13BGL005）；国家自然科学基金面上项目"优势产业组合、竞争力空间与结构转型研究"（71372124）。

通讯作者：刘文丽，E-mail：liuwenly@ whu. edu. cn。

Evolving to a New Dominant Logic for Marketing 一文跻身前十，由此可见服务主导逻辑的影响力之深远。服务主导逻辑在营销领域外的其他领域的广泛传播，势必会推动该逻辑的概念完善和理论构建过程，从而促进该范式成为营销的通用理论。因此，我们不能忽略该逻辑的跨学科传播进展。图1展示了2004年至2016年间的服务主导逻辑相关研究各年度的论文产出量，从该图可以看出：(1)服务主导逻辑相关的成果产出成增长趋势，说明服务主导逻辑一直是各学科学者们研究的热点；(2)论文产出在2007年至2008年间、2014年至2015年间都有大幅度跳跃式增长，这极有可能说明服务主导逻辑在这些阶段有了重大的发展。

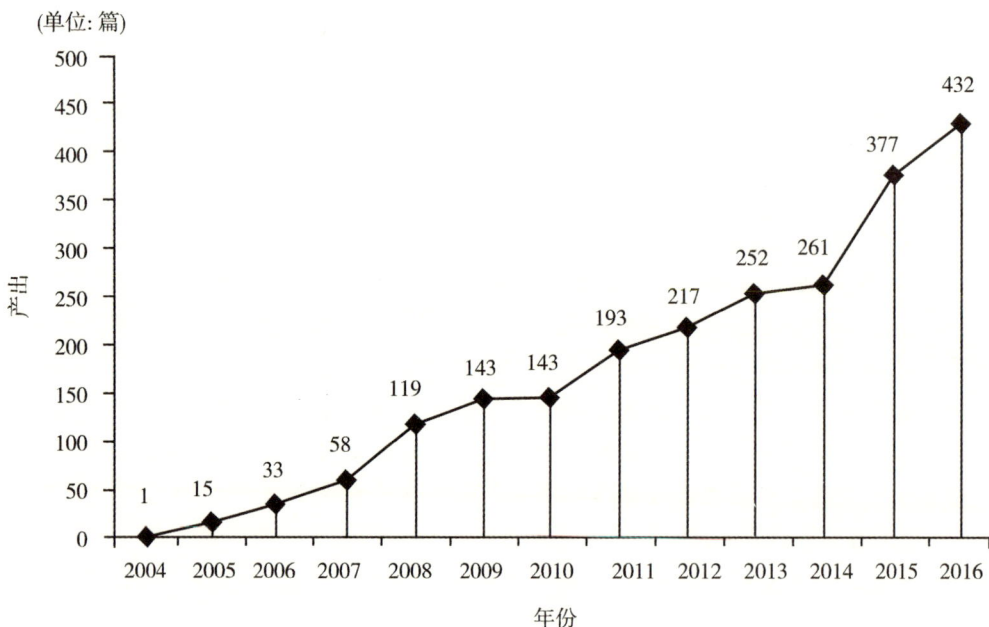

图1　服务主导逻辑相关研究各年度产出

　　本文使用文献计量这种定量的分析方法对服务主导逻辑的研究发展进行可视化分析，旨在探索服务主导逻辑的动态发展过程，揭示其学科影响范围、知识基础以及热点话题的变迁，也即探索：(1)服务主导逻辑自提出至今，其跨学科发展情况如何？(2)各阶段服务主导逻辑的热点话题有哪些？(3)服务主导逻辑的知识基础在哪儿？

　　为了回答第一个问题，本文通过学科共现分析，得出施引文献的分阶段学科共现网络图，通过不同学科间的联系强度来测度服务主导逻辑在学科间的扩散程度，揭示服务主导逻辑各阶段的跨学科动态发展过程。可视化结果表明，服务主导逻辑作为一种营销概念，在"Business & Economics"领域发展迅速且广受关注，其核心概念已扩散至其他重要学科。为回答第二个问题，本文使用了共词分析方法，通过各阶段施引文献中的关键词构建共词网络图，以分析各阶段服务主导逻辑认知结构的变迁过程。结果显示服务主导逻辑经历了差异化过程，逐渐从传统商品主导逻辑中独立出来，并通过不断地发展完善获得了合法性，近年服务主导逻辑的研究方向已拓展至服务生态系统。为回答第三个问题，本文基于三方共引这一特殊的共被引分析方法，得出了服务主导逻辑的知识基础，即该领域的无形学院——服务主导逻辑核心概念、战略以及方法论。

本文余下内容包括四部分，第一部分为文献回顾，第二部分是方法工具的简要介绍，第三部分是对服务主导逻辑 13 年来的发展进行可视化分析，可视化分析过程主要包括学科共现分析、关键词共现分析和文献共被引分析，第四部分是对本文分析结果的简要总结。

2. 文献回顾

2.1 服务主导逻辑回顾

商品主导逻辑扎根于新古典经济学，经济交换是新古典经济学研究的主要内容，而价值创造又是经济交换的核心（刘林青、雷昊、谭力文，2010）。受亚当·斯密等人的影响，新古典经济学关注交换价值，认为有形的生产性产出是财富的源泉，而非生产性的服务则被视为次优商品，并具有如下特征：无形性、异质性、不可分离性和不可存储性（Zeithaml et al.，1985）。新古典经济学认为只有劳动才能创造价值，因而在商品主导逻辑下只有企业才是价值的创造者，顾客是整个价值链系统创造出来的商品的接收者，更是价值的毁灭者。在这种逻辑下，经济增长的源泉只有有形的资源和商品，顾客无法对国民财富增长做出贡献。

然而随着服务在国际贸易以及经济发展中地位的不断提升，商品主导逻辑受到了严峻的挑战。Vargo 和 Lusch 发现了商品主导逻辑内在的缺陷，即在信息革命和全球化的今天，一味强调有形商品或将顾客置于企业的对立面都是行不通的，基于此，Vargo 和 Lusch（2004a）提出了服务主导逻辑，并建议用全新的服务主导逻辑来代替传统的商品主导逻辑。Vargo 和 Lusch（2004a）认为区分产品与服务是没有必要的，顾客并不关心企业提供的是商品还是服务，而是能否解决他们的问题，给他们带来效用和便利。事实上，这种效用和便利是非物质性的，更多地取决于顾客自身体验和感知，因此更像是服务而非产品。为此，服务主导逻辑将服务重新定义为过程，即为了其他实体利益而使用某人（企业、机构等）的资源和能力的过程（Vargo & Lusch，2004a）。通过重新定义服务，服务主导逻辑将商品和服务统一到服务旗下，并认为服务是所有经济交换的根本性基础，即所有的经济本质都是服务经济。此外，服务主导逻辑关注使用价值，认为价值并不是通过单位产出的市场交换，而是一定情境下的单位产出被使用而实现的。因而企业并不能单独创造价值，只能提供价值主张，且只有在顾客接受企业的价值主张之后企业才能和顾客合作创造价值（Vargo & Lusch，2004a）。服务主导逻辑沿袭了操纵性资源和被操纵性资源（Constantin & Lusch，1994）的资源区分方式，并认为价值创造是通过服务系统间操纵性资源的互惠应用而产生的，整合了知识和技能的服务往往能带来更好的价值和服务体验，因此操纵性资源是竞争优势的根本来源。

服务主导逻辑自提出起便吸引了大批来自经济学、商学、管理学、计算机科学等不同学科学者的关注：在管理学和商学领域，Greert 等(2016)探讨了服务视角下，服务主导逻辑带来的重要管理启示，如服务生态系统视角使管理者能够以更宽阔、更有启发性的视角来看待他们的组织，服务视角也有助于提高企业价值共创和创新的能力；在经济学领域，Grandison 等(2008)讨论了资产重用和服务科学之间的微妙平衡；在计算机科学领域，Yan 等(2010)基于服务主导逻辑提出了面向服务的协同制造本体论；在生态系统服务领域，Matthies 等(2016)将自然科学的 S-D 逻辑和生态系统服务方法融入服务主导价值创造(SVC)框架中。近年，服务主导逻辑也扩散至卫生保健领域，Joiner 和 Lusch (2016)提出了一种基于 S-D 逻辑的医疗保健价值观的新范式。由于这些学者的学科背景各异，他们看待服务主导逻辑的侧重点也各不相同。由此，基于服务主导逻辑的 10 个前提(Vargo & Lusch，2008a)，服务主导逻辑在各学科分化出了形形色色的研究课题，衍生了诸如服务逻辑(Gronroos，2006，2008，2011)、服务科学(Vargo & Maglio，2008)、服务生态系统(Vargo & Lusch，2011，2016；McColl-Kennedy 等，2015)等不同的研究领域。与此同时，服务主导逻辑的概念内涵也在不断地发展和完善，现已更新为 11 个基本前提和 5 个公理(Vargo & Lusch，2017)。

最近几年，服务生态系统已然成为服务主导逻辑主要的研究视角，Vargo 和 Lusch (2016)指出，服务主导逻辑要将服务生态系统视为价值共创的分析单元，而这一视角的转换必将带动制度理念在营销领域的发展(Vargo & Lusch，2017)。生态系统观点和制度概念的产生意味着，服务主导逻辑由聚焦微观层次下企业顾客间的二元关系，发展为研究宏观价值网络中服务提供方和受惠方之间如何通过制度安排和服务交换共同创造价值(Vargo & Lusch，2016)。在这一话题探讨中，学者们普遍认为制度理论、生态系统理论以及演化理论等元理论的引入将有助于服务主导逻辑在该领域的研究中取得重大突破(Vargo & Lusch，2017；Pohlmann & Kaartemo，2017)。此外，也有不少学者关注服务生态系统视角下，服务主导逻辑在企业战略发展和战略实施中发挥的作用，并研究开放式创新在促进资源整合和价值共创中扮演的角色(Wilden et al.，2017)。

2.2 文献计量方法回顾

文献计量学认为施引文献与被引文献之间的关系反映了一种学术传播现象，因而可用文献计量方法来对学科知识结构的动态发展进行可视化分析。文献计量常用于绘制科学图谱，以揭示某一科学领域的结构和动态性。科学图谱的绘制主要包括两部分：(1)分类。将研究要素(文献、作者、关键词等)划分成不同的群组；(2)可视化。因而，与传统的文献综述相比，文献计量提供了一种更为全面、系统且透明的文献回顾方法，分析结果也相对客观、严谨。

目前，几种较为普遍的文献计量方法是被引分析、共被引分析以及共词分析。其中，文献被引分析是比较简单实用的文献计量方法，它主要分析核心文献的被引频次，从而确定该文献在该领域的影响力；共词分析(Callon et al.，1983)属于一种内容分析技术，它通过使用文献中的关键词(或标题、摘要)来建立该领域的概念框架，因此，共词分析得到的是一个主题网络，这些网络节点之间的联系又能显示该领域的概念空间(Zupic & Cater，2015)。

而文献计量方法中应用最广泛的当属共被引分析，当两篇文章同时被第三篇文章引用时，这两篇文献就形成了共被引关系，共被引分析使用共被引频数衡量文献间的相关程度，其基本假设前提是：共被引频次越高的两个主体，其内容和主题的相似度就越高。因此，通过文献间的共被引关系可以发现文献之间的非正式网络，也即"无形学院"（Crane，1972；Price，1965）。此外，由于共被引分析是基于前人研究成果的二次分析，只能展示在某一时间段内该领域的静态结构图像，此时若将核心文献集合成不同的阶段，便可以有效地追踪研究领域中范式的转移和思维学派的演化。

共被引分析的一种特殊形式是三方共引（tri-citation）（Marion，2002；McCain，2009，2002），如果一篇文献同时引用了三篇文献，这三篇文献即构成三方共引关系。作为共被引分析的一种扩展，三方共引早期主要用于研究某一领域中重要作者或重要作品的影响力和合法性，Marion（2002）使用了三方共引研究学者 Kurt Lewin 的被引画像，Marion 认为，当学术领域存在"消逝现象"时（某一重要作者的思想被其他学者同化以至于后来者不知道该思维的起源者是谁），使用三方共引能通过分析该核心作者的知识同路人之间的共被引关系，画出该核心作者的被引图谱，从而确定源自该作者的思维之河有几条分流，又分别流向何方。

虽然服务主导逻辑可能并不存在这种"消逝现象"，但本文选择三方共引而非共被引的原因是：（1）按关键词搜索是目前文献共被引领域最主要的数据搜集方法，但这种方式存在一定的偏误，总会从数据库搜集结果中得到一些与研究主题无太大关联的文献，从而降低了分析结果的有效性。而缩小文献范围有利于解决这一问题，本文通过核心文献——*Evolving to a New Dominant Logic for Marketing* 找到其所有施引文献，并对这些施引文献的所有参考文献进行共被引分析。这样一来，该核心文献总是位于所有施引文献的参考文献中，即该核心文献总是与其他参考文献存在共被引关系（Zupic & Cater，2015）；（2）三方共引主要研究的是某领域核心作者或重要文献的影响力，而本文旨在分析 *Evolving to a New Dominant Logic for Marketing* 一文自发表后的思维演化过程，得出该文的被引图像，因而使用三方共引更为合适。综上，三方共引能在维持分析结果的有效性的同时，分析研究对象的合法性和影响力。

本文旨在分析自服务主导逻辑被提出后的发展历程以及跨学科发展现状，因此除了主要应用文献共被引以及关键词共现分析方法以揭露服务主导逻辑的学科基础和概念空间，我们还增加了学科共现分析方法。学科共现分析可以验证某一特定领域中跨学科合作与发展的脉络，其基本假设是：一篇文献中出现的多个学科之间必然有发展的相关性。

3. 数据和工具

本文欲探索在 Vargo 和 Lusch 提出服务主导逻辑后，服务主导逻辑在各学科各领域中的发展情况，作者于 2016 年 12 月 31 日基于 *Evolving to a New Dominant Logic for Marketing* 一文在 Web of Science 通过主题搜索得到了 2244 篇该文的施引文献，文献类型中剔除了"editoral material"和"book review"。全部下载后的文献包括题目、作者、所属机构、发表日期、期刊名称、摘要、关键词和参考文献等要素，以进行共现分析。为了对该主题的概念空间演变以及跨学科发展过程进行动态可视化分析，本文将这 13 年的数据分为 3 阶段，其中阶段一为 2004—2008 年（2004 年仅有一篇该话题相关文献），阶段二为 2009—2012 年，阶段三为 2013—2016 年。

BibExcel 是一种文献计量软件，它在管理与组织领域最为常用且囊括多种文献计量分析功能，包括共被引分析、共词分析以及学科共现分析。在 Web of Science 中下载的数据可直接导入 BibExcel，经 BibExcel 导出的共现矩阵可在网络分析软件中得到共现网络图，UCINET 和 Pajek 也是比较常用的社会网络分析工具。图 2 详细展示了得出共现网络图的操作流程：

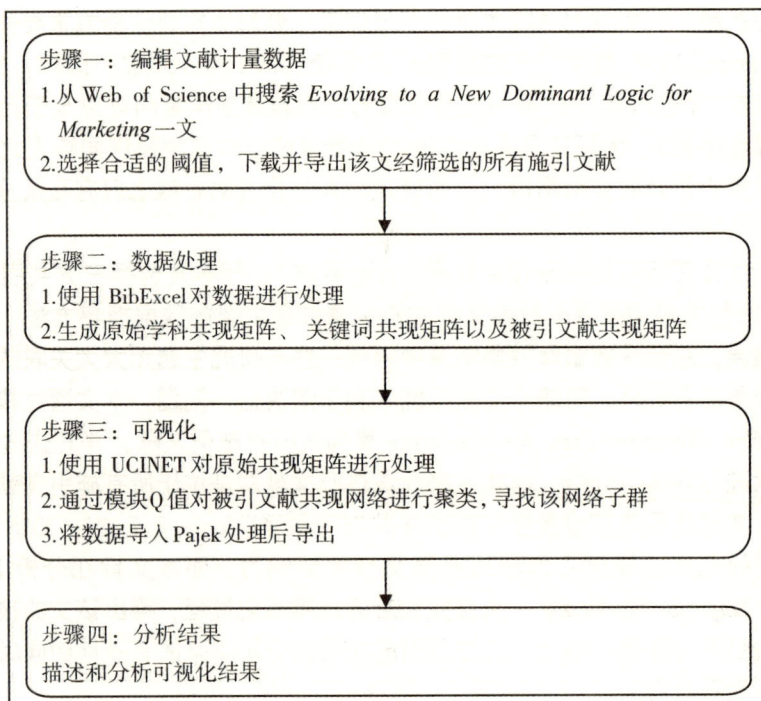

步骤一：编辑文献计量数据
1.从 Web of Science 中搜索 *Evolving to a New Dominant Logic for Marketing* 一文
2.选择合适的阈值，下载并导出该文经筛选的所有施引文献

步骤二：数据处理
1.使用 BibExcel 对数据进行处理
2.生成原始学科共现矩阵、关键词共现矩阵以及被引文献共现矩阵

步骤三：可视化
1.使用 UCINET 对原始共现矩阵进行处理
2.通过模块Q值对被引文献共现网络进行聚类，寻找该网络子群
3.将数据导入 Pajek 处理后导出

步骤四：分析结果
描述和分析可视化结果

图 2　操作流程图

4. 结果和讨论

4.1　跨学科发展分析

为了揭示服务主导逻辑的学科发展，我们首先对这些施引文献对应的发表期刊进行分析，并按论文发表数量进行排序得到了产出量前 20 的期刊，如表 1 所示。可以看出论文产量高的期刊都集中在管理与营销领域。产出前三的期刊分别为 *Industrial Marketing Management*、*Journal of Service Management* 以及 *Journal of Business Research*。

表1

期刊列表	频次
Industrial Marketing Management	137
Journal of Service Management	71
Journal of Business Research	69
Journal of Service Research	59
European Journal of Marketing	57
Journal of the Academy of Marketing Science	57
Marketing Theory	57
Journal of Services Marketing	55
Journal of Business & Industrial Marketing	44
Service Industries Journal	44
Managing Service Quality	33
Journal of Marketing	31
Journal of Macromarketing	25
What's ahead in Service Research? New Perspectives for Business and Society	24
International Journal of Physical Distribution & Logistics Management	22
Service Science	21
Journal of Product Innovation Management	19
Tourism Management	18
Management Decision	17
International Journal of Operations & Production Management	16

相关论文高产出期刊 TOP20

在分析服务主导逻辑的跨学科发展趋势时，为避免极大值的干扰，我们去除了论文产出量最高的 Business & Economics 领域，选取了近年服务主导逻辑相关论文产出量最高的10 个学科领域，并得到了学科发展趋势图，如图 3 所示。从图中可以看出，服务主导逻辑在"Computer Science"和"Engineering"学科发展较好，是服务主导逻辑跨学科发展的主力军。此外，"Social Sciences-Other Topics"学科近年的相关论文产出量陡升，说明服务主导逻辑在该学科引起了广泛关注。更加值得注意的是，服务主导逻辑在"Environmental Sciences & Ecology"学科也有良好的发展势头。

为了进一步揭示服务主导逻辑在不同学科间的发展联系，本文通过学科共现网络图对高度相关的学科进行了可视化分析，其基本假设前提是，若一篇文献同时属于两门学科，那么这两门学科必有一定的相关性，从而使得该文献的核心概念在两门学科中跨学科发展，同属于这两门学科的文献越多，则两门学科间的相关性越强，其跨学科发展趋势也就越明显。学科共现不仅能看出服务主导逻辑在哪些学科领域被接受，还能看出它是在哪些

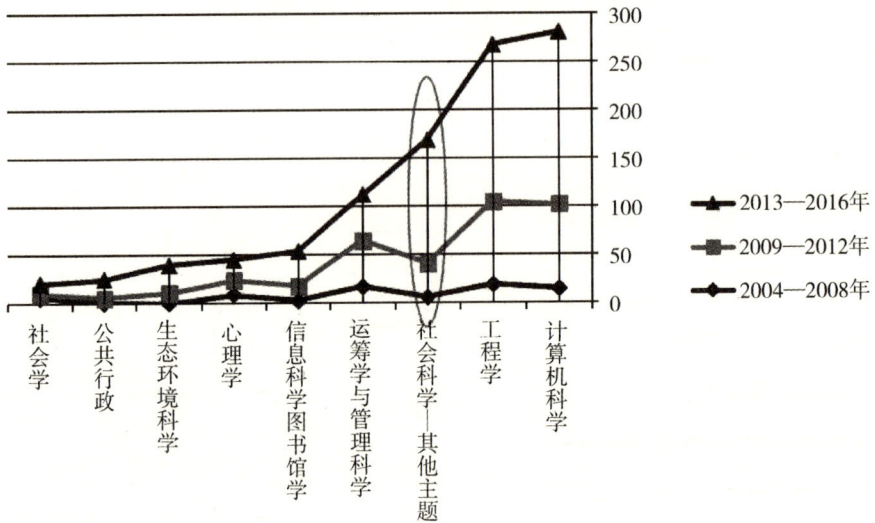

图3 各阶段服务主导逻辑跨学科发展趋势图

学科间传播。

图4展示了2004—2016年各阶段的学科共现网络图，图中，节点的大小表示其度数，即该学科在网络中的影响程度，连线的粗细程度表示学科间联系的强度。

从图4(a)可以看出，在2004—2008年，与服务主导逻辑相关的只有18个学科，而

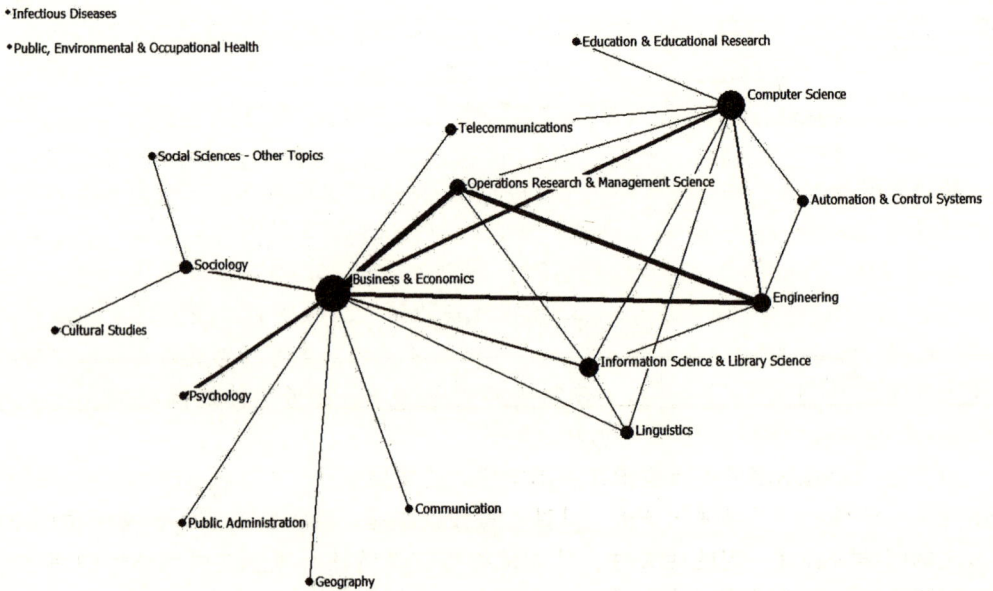

(a)

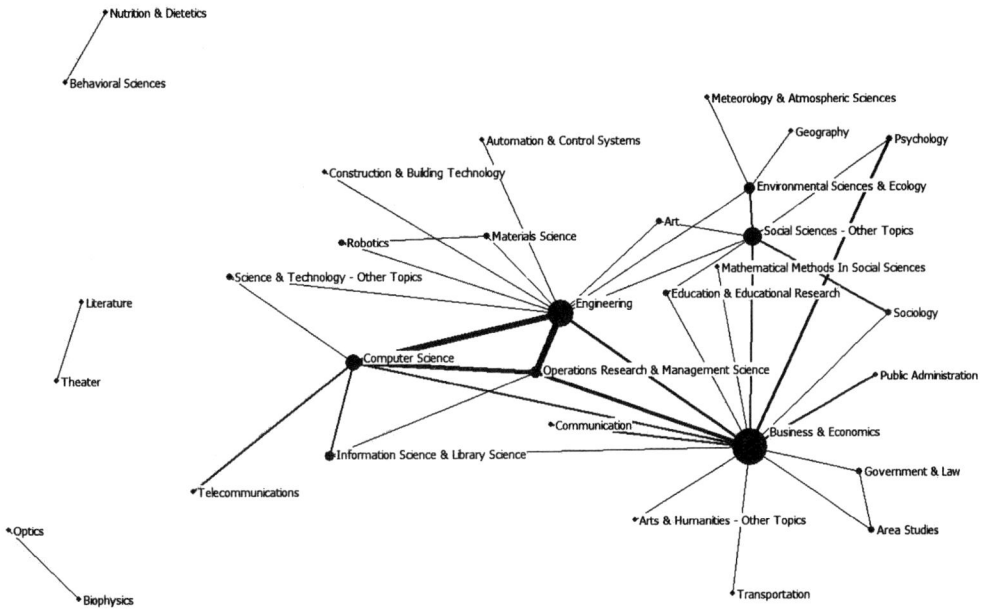

（b）

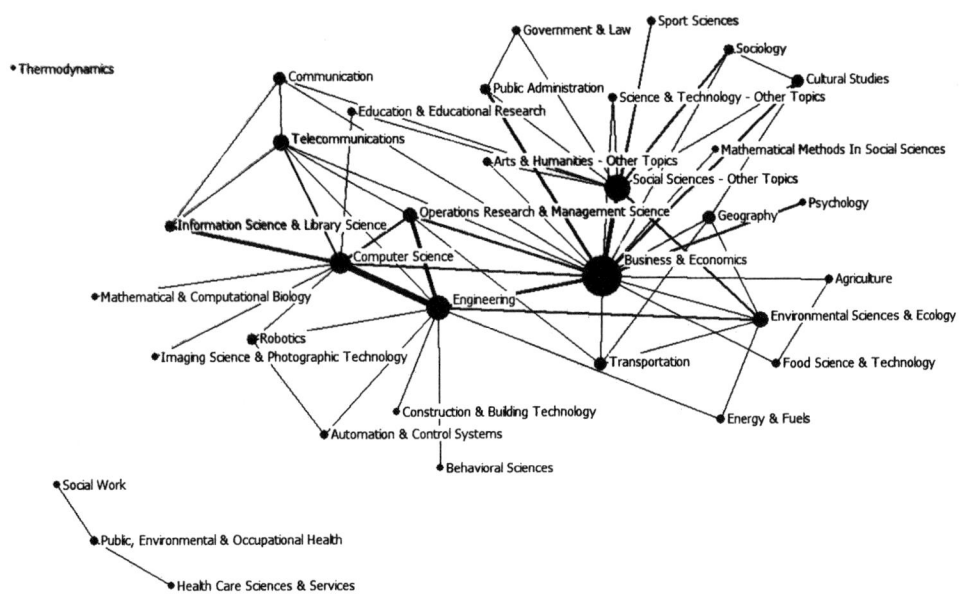

（c）

图 4　各阶段学科共现

且共现网络图比较松散。图中有两个明显的集群，一个是围绕核心学科"Business & Economics"组成的社会科学群，另一个是以"Computer Science"为核心的自然科学群。度数最高的 5 个学科依次是："Business & Economics"、"Computer Science"、"Engineering"、"Information Science & Library Science"和"Operations Research & Management Science"，这表明它们是与服务主导逻辑相关最为活跃的 5 个学科。其中，与"Business & Economics"直接联系紧密的学科为"Operations Research & Management Science"、"Engineering"和"Psychology"。这里需要注意的是，虽然"Sociology"学科的度数不高，但是其中间中心度（betweenness centrality）很高，说明它起着重要的中介作用，也处于网络的中心位置。"Computer Science"是另一个重要的中心点和桥点，它与"Business & Economics"有较强联系，与"Engineering"有中度联系，这说明计算机科学和工程学是服务主导逻辑发展的技术基础。

第二阶段（2009—2012 年）的学科共现网络如图 4(b)所示，其中与服务主导逻辑相关的学科较前一个阶段增加至 32 个，网络整体密度也提高了。图中度数最高的 5 个学科依次为："Business & Economics"、"Engineering"、"Social Sciences-Other Topics"、"Computer Science"、"Operations Research & Management Science"，与上个阶段不同的是，"Social Sciences-Other Topics"取代"Information Science & Library Science"成为活跃的五个学科之一。"Business & Economics"仍然是网络的中心点和桥点（除此之外，"Engineering"、"Computer Science"和"Environmental Sciences & Ecology"也是该网络的桥点，因此它们承担重要的中介角色），与"Business & Economics"联系最紧密的学科是"Operations Research & Management Science"，而"Operations Research & Management Science"又与"Computer Science"和"Engineering"有着强联系。

第三阶段，（2013—2016 年）的学科共现网络为图 4(c)，该阶段与服务主导逻辑相关的学科为 34 个，基本与前一阶段数量持平，但网络的整体密度增加了很多。这些学科中度数最高的 5 个依次分别为："Business & Economics"、"Social Sciences-Other Topics"、"Engineering"、"Computer Science"和"Environmental Sciences & Ecology"，可见这一阶段服务主导逻辑在"Environmental Sciences & Ecology"学科有了较大发展，因而"Environmental Sciences & Ecology"成为一个重要的集群。与前两个阶段相同的是，"Business & Economics"仍然稳居网络中心位置和重要的中介位置，值得注意的是，"Social Sciences-Other Topics"成为与"Business & Economics"联系最紧密的学科，两学科的联系强度为 25。

表 2 给出了 2004—2016 年各阶段按度数和频数排序的前 15 个学科，从表中可以看出，无论在哪个阶段，"Business & Economics"都是排在首位的学科。除此之外，这三个阶段都大致含有两个集群，一个是自然科学集群，包含学科"Engineering"、"Operations Research & Management Science"和"Computer Science"，另一个是社会科学集群，包含学科"Business & Economics"和"Social Sciences-Other Topics"。在第一阶段，除了"Business & Economics"、"Engineering"、"Operations Research & Management Science"和"Computer Science"的频数较高之外，其他学科都鲜有与服务主导逻辑相关的论文发表。到了第二阶段这一情况有所改善，首先是各学科相关论文产出量增加，除了第一阶段排名较前的几个学科，服务主导逻辑也开始在学科"Social Sciences-Other Topics"中发展。同时，在第一阶段没有出现的学科"Environmental Sciences & Ecology"在第二阶段出现了。而在第三阶段，

"Social Sciences-Other Topics"相关论文产出仅次于"Business & Economics"，这说明服务主导逻辑吸引了该学科学者的广泛关注。

学科共现结果表明，服务主导逻辑的跨学科传播较为不均匀，它是"Business & Economics"、"Computer Science"等学科的热点研究话题，扩散到"Social Sciences-Other Topics"等相关学科的速度非常快，但是在其他学科领域的传播速度较慢。究其原因，我们认为这可能是由于服务主导逻辑是营销领域新兴的研究话题，在向其他学科扩散的时候，更容易被营销相关的领域接受，而扩散到距离较远的学科还需要一段时间。

表 2   各阶段活跃学科

第一阶段（2004—2008 年）			第二阶段（2009—2012 年）			第三阶段（2013—2016 年）		
学科	频次	度	学科	频次	度	学科	频次	度
Business & Economics	200	11	Business & Economics	535	15	Business & Economics	846	19
Engineering	19	5	Computer Science	87	6	Computer Science	171	9
Operations Research & Management Science	17	4	Engineering	86	11	Engineering	157	10
Computer Science	15	8	Operations Research & Management Science	48	4	Social Sciences-Other Topics	116	11
Psychology	9	1	Social Sciences-Other Topics	35	7	Operations Research & Management Science	46	5
Social Sciences-Other Topics	6	1	Information Science & Library Science	15	3	Information Science & Library Science	34	3
Sociology	6	3	Psychology	15	2	Environmental Sciences & Ecology	24	6
Telecommunications	3	2	Environmental Sciences & Ecology	11	4	Psychology	21	1
Information Science & Library Science	3	5	Telecommunications	7	1	Public Administration	19	3
Education & Educational Research	2	1	Public Administration	5	1	Education & Educational Research	14	2
Communication	2	1	Education & Educational Research	5	2	Sociology	11	3
Public, Environmental & Occupational Health	2	0	Communication	5	1	Transportation	10	4
Public Administration	1	1	Sociology	4	2	Science & Technology-Other Topics	10	2
Linguistics	1	1	Science & Technology-Other Topics	2	2	Cultural Studies	10	4
Cultural Studies	1	1	Transportation	2	1	Telecommunications	9	6

4.2 认知结构分析

本节展现了各阶段的关键词共现网络，其中节点大小表示度数，即该节点所代表的关键词的热度，节点间连线的粗细程度代表节点间的关系强度，即两两关键词间的联系强度（如图 5 所示）。

（a）（阈值为 0）

（b）（阈值为 1）

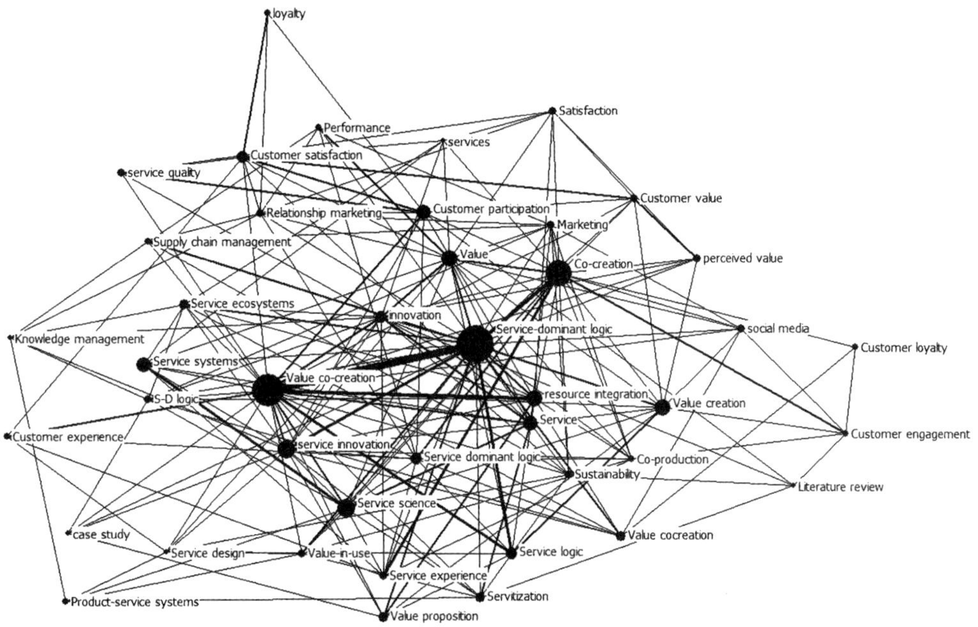

(c)(阈值为1)

图 5　各阶段关键词共现网络

第一阶段(2004—2008 年)的关键词共现网络如图 5(a)所示,"service-dominant logic"和"relationship marketing"是这一阶段共现网络中的核心节点,但对比二者的引用频次可知,"service-dominant logic"的引用量高于"relationship marketing",这是否能说明"service-dominant logic"占据了网络最核心的位置呢? 为了验证这一观点,我们引入 k-核这一概念,k-核要求任何点至少与 k 个点相连,它能反映网络中核心节点所在的群组,k-核值大的节点群落往往占据网络的中心位置。对比"service-dominant logic"和"relationship marketing"的 k-核值可知,在 2004—2008 年,"relationship marketing"占据了网络的最核心位置,查阅相关文献可做出推测,在第一阶段,服务主导逻辑迅速吸引了各学科学者的注意,有了较高的引用量和影响力,但仍未从商品主导逻辑中独立出来。"service marketing"、"customer relationship management"、"customer satisfaction"与"service-dominant logic"直接相连,这说明服务主导逻辑最初的形成主要源于对营销领域已有思想的整合,其初期关注重点是顾客和关系营销,这奠定了服务主导逻辑强调关系性的概念内涵。此外,服务主导逻辑的萌芽可能始于顾客定制。

第二阶段(2009—2012 年)的关键词共现网络如图 5(b)所示,图中节点"service-dominant logic"的度数最高,占据着网络的核心位置,与之直接相连的关键词与上一阶段相比,增加了"supply chain management"、"sustainability"、"service innovation",而在这阶段消失的关键词有"marketing strategy"、"service marketing"、"co-production"等,这意味着服务主导逻辑不再只聚焦企业和顾客间的二元关系,逐渐转向关注由企业和企业,企业与顾客构成的价值网络。与上阶段不同的是,"value co-creation"取代了"relationship marketing"成为第二大核心节点，可见价值共创已成为服务主导逻辑最核心的概念，服务主导逻辑也逐渐从商品主导逻辑中独立开来。与"value co-creation"直接相连并按连接强度排序为"service-dominant logic"、"service science"、"marketing"、"service system"、"co-production"、"value creation"、"supply chain management"、"customer value"，这些都构建了该阶段服务主导逻辑研究的概念空间。

到了第三阶段(2013—2016年)，关键词共现网络明显密集很多，关键词间的联系紧密说明服务主导逻辑的相关研究越发成熟。"service-dominant logic"与"value co-creation"仍为共现网络中的核心节点，且二者有着极高的联系强度，这说明学者们针对价值共创、价值创造这些核心概念不断深入研究，并构成了该阶段服务主导逻辑的核心概念空间。与"service-dominant logic"直接相连且有着强连接的还有"co-creation"、"service logic"、"value-in-use"、"value proposition"、"value creation"、"resource integration"，这说明服务主导逻辑更多的话题和概念开始被学者接受。与上一阶段相比，与节点"value co-creation"直接相连的节点增加了"service ecosystems"、"servitization"、"value proposition"、"innovation"、"social media"等，这代表它们都是价值共创衍生的新兴热点领域。在这一阶段，服务主导逻辑相关研究主要基于服务生态系统这一视角，探讨整个生态系统价值共创的过程中，开放创新和资源整合的形成机制。

为了详细地分析服务主导逻辑认知结构的演化，我们以度数、引用频次、k-核值为依据列出了各阶段排序前15位的关键词(如表3所示)。从各阶段认知结构的演化可以看出服务主导逻辑的动态发展过程。在第一阶段服务主导逻辑受顾客体验、关系营销等早期营销思维启发，大量吸收和整合这些营销思维背后的服务共性。作为一种区别于传统商品主导逻辑的新市场交易视角，服务主导逻辑迅速吸引了学术界的关注。但该阶段，服务主导逻辑的产生主要源于对已有营销理念的重新整合，还未能从商品主导逻辑中独立出来。到了第二阶段，随着自身的不断发展完善，服务主导逻辑逐渐脱离了商品主导逻辑，并成为一种独立的研究领域。服务主导逻辑研究的主体也从关注企业顾客的二元关系扩展至价值链和服务系统。在这一阶段，价值共创和服务主导逻辑联系紧密，已发展成为服务主导逻辑的核心概念。服务主导逻辑发展至第三阶段愈发成熟和完善，随着认可度的提高，服务主导逻辑更多的概念被广泛接受，诸如"价值主张""服务定制"，服务主导逻辑的视角也由价值链拓展至服务生态系统。在这一阶段，价值共创获得了更加深入的研究，并成为服务主导逻辑的核心研究内容，此时的服务主导逻辑已取得了一定的合法性。

表3　　　　　　　　　　　　　各阶段关键词共现

第一阶段(2004—2008年)				第二阶段(2009—2012年)				第三阶段(2013—2016年)			
关键词	度	频次	K核	关键词	度	频次	K核	关键词	度	频次	K核
relationship marketing	18	12	6	service-dominant logic	27	44	4	service-dominant logic	80	111	7
service-dominant logic	18	18	4	value co-creation	18	25	4	value co-creation	68	113	7

第一阶段(2004—2008 年)				第二阶段(2009—2012 年)				第三阶段(2013—2016 年)			
关键词	度	频次	K核	关键词	度	频次	K核	关键词	度	频次	K核
customer satisfaction	13	5	6	service	14	22	4	co-creation	45	77	7
service quality	13	7	6	customer satisfaction	14	27	4	service innovation	29	52	7
services marketing	13	5	3	co-creation	13	30	4	value	28	39	7
customization	11	3	6	marketing	13	21	4	service science	27	39	7
marketing	10	10	4	value creation	12	21	4	resource integration	26	21	7
customer lifetime value	8	3	6	value	12	16	4	innovation	25	47	7
co-creation	7	3	4	service science	11	27	4	service	22	29	7
business-to-business marketing	7	5	3	sweden	11	11	4	customer participation	21	29	7
customer relationship management	7	3	6	customer service management	10	17	4	value creation	21	37	7
service science	7	5	3	customer loyalty	9	12	4	service logic	19	14	6
marketing strategy	7	8	4	services	8	28	4	customer satisfaction	19	28	7
co-production	6	4	4	consumer behaviour	8	18	4	service systems	18	18	7
customer value	6	6	4	supply chain management	8	22	4	service dominant logic	17	24	7
s-d logic	6	3	4	market orientation	7	13	3	service ecosystems	14	11	7
brand image	5	3	4	relationship marketing	7	21	3	service experience	14	14	7
service marketing	5	5	4	innovation	7	28	4	marketing	13	25	7
technology	5	3	4	service system	6	10	3	value proposition	13	11	6
customer orientation	5	3	3	co-production	6	12	4	servitization	13	23	6

4.3 学科基础分析

参考 Zupic(2015)对参考文献临界值的选择方法,本文选取了被引频次为 70 以上的 53 篇参考文献,对其进行三方共引分析,得到了如图 6 所示的文献共被引网络图。为了对学术社区进行可视化分析，本文通过模块化度量将整体网络进一步细分为不同的群体，由于模块度衡量了网络中社区的稳定度，在模块值高的网络中，社区内部连接密度较高，而社区间连接密度稀疏。社区的数目取决于模块度的 Q 值（Newman & Girvan，2004），本文使用 UCINET 计算出模块度的 Q 值，结果显示，当共被引网络划分为 3 个子群时，其值达到最大。在该图中，我们将三个社区分别命名为服务主导逻辑核心概念（●）、方法论（●）和战略（●）。

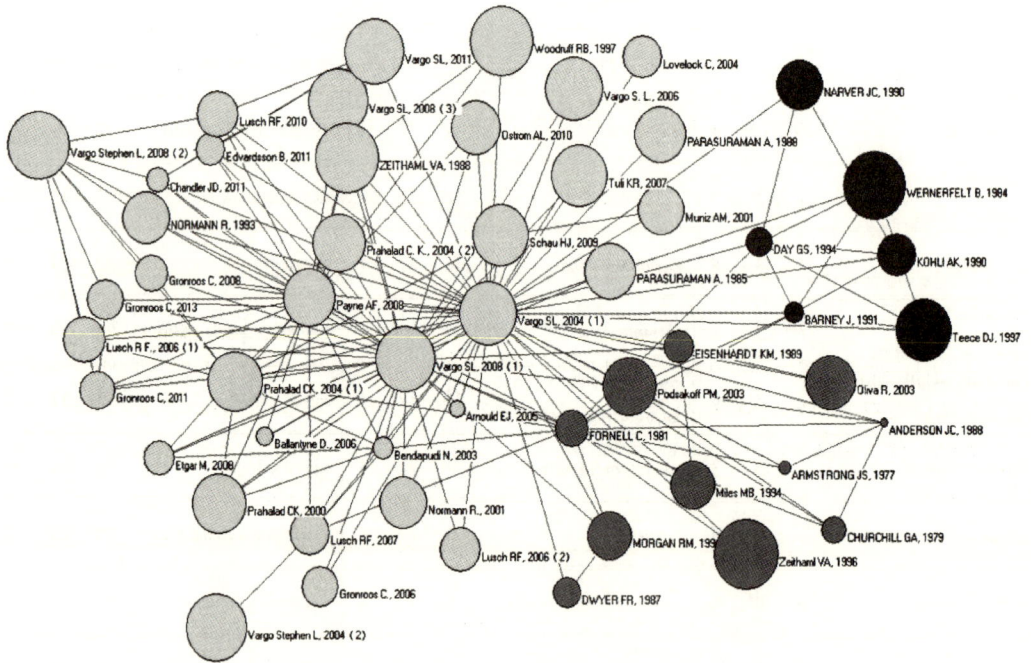

图 6　文献共被引网络图

36 篇文献分布在服务主导逻辑核心概念社区，表 4 列出了这些文献的学术贡献，其中与服务主导逻辑扩展完善相关的文献有 14 篇：Vargo 和 Lusch（2004a）提出了服务主导逻辑，并通过推翻服务的 IHIP 特征模型，论证了服务是经济交易的基础（Vargo & Lusch，2004b），此后，Vargo 和 Lusch 一直致力于完善和修正服务主导逻辑（Vargo & Lusch，2006，2008；Lusch & Vargo，2006，2007）；有 10 篇文献对服务主导逻辑的萌芽有启发性作用，正是吸收和继承了顾客价值（Woodruff，1997）、价值网络（Normann，1993）、顾客体验（Prahalad，2000，2004）、顾客共同生产（Bendapudi，2003）、感知质量（Parasuraman et al，1985，1988）等一系列营销思维，Vargo 和 Lusch 才能对这些思维逻辑背后的服务共性进行归纳整合，并提出发展一种新的思想范式——服务主导逻辑；此外，营销领域外的一些观念思想也对服务主导逻辑的发展产生了重要的推动作用，如服务逻辑（Grönroos，2006，2008，2011，2013）、服务科学（Vargo & Maglio，2008）、服务生态系统（Vargo，2011；Chandler，2011）、消费者文化理论（Arnould & Thompson，2005）。尽管研究重点各异，但这些理论思想都为服务主导逻辑的提出和发展提供了知识基础。

表4 各社区包含文献及其贡献领域

社区	作者	贡献
服务主导逻辑 核心概念	Vargo, S. L. (2004, 2006, 2008), Lusch, R. F. (2006, 2007), Tuli, K. R. (2007), Ballantyne, D. (2006), Payne, A. F. (2008)	服务主导逻辑
	Normann, R. (1993, 2001), Lusch, R. F. (2010)	价值网络
	Parasuraman, A. (1985, 1988), Zeithaml, V. A. (1988)	服务质量管理
	Grönroos, C. (2006, 2008, 2011, 2013)	服务逻辑
	Ostrom, A. L. (2010)	服务科学
	Chandler, J. D. (2011), Vargo, S. L. (2011)	服务生态系统
	Woodruff, R. B. (1997)	顾客价值导向
	Prahalad, C. K. (2000, 2004)	顾客体验
	Bendapudi, N. (2003), Etgar, M. (2008)	顾客共同生产
	Lovelock, C. (2004)	服务营销
	Arnould, E. J. (2005)	消费者文化理论
	Edvardsson, B. (2011)	社会建构理论
	Muniz, A. M. (2001), Schau, H. J. (2009)	品牌社区
方法论	Fornell, C. (1981), Podsakoff, P. M. (2003), Eisenhardt, K. M. (1989), Churchill, G. A. (1979), Anderson, J. C. (1988), Zeithaml, V. A. (1996), Armstrong, J. S. (1977), Miles, M. B. (1994)	方法论
	Morgan, R. M. (1994), Dwyer, F. R. (1987)	关系营销
	Olive, R. (2003)	从产品到服务
战略	Wernerfelt, B. (1984), Teece, D. J. (1997), Barney, J. (1991)	资源基础观 & 能力导向
	Narver, J. C. (1990), Kohli, A. K. (1990), Day, G. S. (1994)	战略营销

方法论社区中共含 11 篇文献，其中 8 篇是方法论，包含结构方程模型（Fornell，1981；Anderson，1988）、共同反应偏差（Podsakoff，2003）、案例研究（Eisenhardt，1989）、量表（Churchill，1979；Zeithaml，1996），无反应偏差（Armstrong，1977）、定性分

析(Miles，1994)。其他几篇都无一不运用了上述方法：Morgan(1994)使用结构方程模型验证了关系营销中的承诺信任理论；Olive(2003)使用案例研究方法，提出了一种成功地将服务与产品整合的策略。

战略社区中含有6篇文献，涉及与服务主导逻辑相关的战略方法，如战略营销和管理相关的研究(Day，1994；Kohli，1990；Narver，1990)。该集群主要包括企业传统的战略方法，如资源基础观和能力观(Teece，1997；Wernerfelt，1984；Barney，1991)。服务主导逻辑视操作性资源为企业竞争力的根本来源，强调企业资源和能力是价值创造的重要条件，因而基于资源基础观和能力导向的管理类文献对服务主导逻辑研究的发展有重要的贡献。

4.4 作者影响力分析

为找出服务主导逻辑以及价值共创领域具有影响力的作者，我们通过关键词"service dominant logic"以及"value co-creation"搜索并按被引频次排序得到了1500篇高被引文献，再按互引频次即TLCS高低顺序排序得到了影响力前20的作者，其基本假设为：被同领域高影响力作者引用的作者，一定是该领域的核心人物。其中records是指该作者在这1500篇高被引文献中的产出量，TLCS是指该作者被这1500篇文献引用的次数，而TGCS是该作者在所有数据库中的总计被引次数。其中，影响力最大的是来自University of Hawaii at Manoa 的 Vargo，S. L. 教授，其被同类作者引用次数高达846，此外，Lusch，R. F.，Ulaga，W.，Frow，P. 以及 Payne，A. F. 都是影响力前五的作者，他们的所属机构分别为 University of Arizona、ESCP-EAP European School of Management、The University of Sydney 以及 Cranfield University(如表5所示)。

表5　　　　　服务主导逻辑 & 价值共创领域最具影响力作者 TOP20

作者	机构	篇数	TLCS	TGCS	h-index
Vargo，S. L.	University of Hawaii at Manoa	27	846	5966	20
Lusch，R. F.	University of Arizona	22	763	5393	16
Ulaga，W.	ESCP-EAP European School of Management	7	182	934	7
Frow，P.	The University of Sydney	6	154	1136	6
Payne，A. F.	Cranfield University	6	154	1136	7
Amit，R.	University of Pennsylvania	5	138	1749	5
Zott，C.	IESE Business School	5	138	1749	5
Storbacka，K.	University of Auckland Business School	8	133	860	8
Eggert，A.	University of Paderborn	5	109	655	5
Gronroos，C.	Hanken School of Economics	10	99	780	10
Moller，K.	Aalto University School of Business	11	96	464	11

作者	机构	篇数	TLCS	TGCS	h-index
Maglio，P. P.	IBM Almaden Research center	8	95	1007	8
Ghoshal，S.	London Business School	3	92	1790	3
Edvardsson，B.	Karlstad University	11	91	655	9
Spohrer，J.	IBM Almaden Research Center	6	91	904	6
Tsai，W. P.	The Pennsylvania State University	2	75	1608	2
Ritter，T.	Copenhagen Business School	2	70	286	2
Walter，A.	University of Karlsruhe	2	70	286	2
Gemunden，H. G.	BI Norwegian Business School	1	68	268	1
Ramirez，R.	University of Oxford	2	66	254	2

5. 结论及意义

5.1 总结

本文通过文献计量方法，基于 2004—2016 年引用 *Evolving to a New Dominant Logic for Marketing* 一文的所有施引文献，用以分析服务主导逻辑各阶段的跨学科发展情况、概念空间及其学科基础，所得结论如下：

（1）服务主导逻辑作为微观的营销概念，在管理学和商学发展迅猛，但总的说来，服务主导逻辑的跨学科传播仍然处于发展阶段，该概念辐射到弱相关学科的程度不高。这可能是由于服务主导逻辑是营销领域的新兴研究话题，在跨学科传播时，更容易被营销相关的领域接受，而需要较长的时间才能扩散到距离较远的学科。

（2）服务主导逻辑的萌芽主要受顾客定制等早期营销思维的启发，其最初的形成主要源于对营销领域已有思想的整合，初期关注的重点是顾客和关系营销，这也奠定了服务主导逻辑强调关系性的概念内涵。基于学术界对服务视角下市场交易机制的不断探索，服务交换与价值共创逐渐成为服务主导逻辑的核心要义。与此同时，服务主导逻辑不再只关注企业和顾客间的二元关系，而将重点放在了由企业和企业、企业与顾客构成的价值网络上，服务主导逻辑也逐渐从商品主导逻辑中独立了出来。随着认可度的提高，服务主导逻辑更多的概念诸如"价值主张""服务定制"被广泛接受。而随着服务主导逻辑向前发展，价值创造主体已扩展到服务系统，近年，价值共创的研究视角已拓展至服务生态系统。

（3）服务主导逻辑核心概念、方法论与战略三个社区构成了服务主导逻辑的知识基础。这也从另一个角度表明了服务主导逻辑几个重要的研究轨迹：自身概念的不断完善拓展、与服务主导逻辑相关的战略发展和战略实施以及有关服务主导逻辑的实证研究。

5.2 意义

本文使用文献计量分析方法，相对客观地揭示了服务主导逻辑在学科间的扩散趋势、其热点话题的演化以及该领域的知识基础，这有利于为该领域学者梳理研究脉络，理清已有的研究进程。本文的共现网络仍呈现一定程度的稀疏性，这意味着服务主导逻辑的相关研究仍有较大空白。我们认为，随着服务主导逻辑的研究扩展至服务生态系统，需要发展更多与服务交换、资源整合、价值共创以及制度和生态系统相关的中端理论和概念框架。这些中端理论并不一定要来自营销领域，通过引入其他领域的理论诸如制度理论、演化理论以及复杂性等理论，或将推动服务主导逻辑理论的进一步发展。从跨学科角度而言，非营销领域理论的输入也将更好地推进服务主导逻辑在不同学科间的传播。此外，本文的可视化分析结果表明，与服务主导逻辑有关的实证研究相对缺乏，同时，未来的研究方向还可拓展至与服务主导逻辑相关的战略发展和战略实施领域。

◎ 参考文献

[1] 刘林青，雷昊，谭力文. 从商品主导逻辑到服务主导逻辑——以苹果公司为例[J]. 中国工业经济，2010(9).

[2] Acedo, F. J., Barroso, C., Casanueva, C., Galan, J. L. Co-authorship in management and organizational studies: An empirical and network analysis[J]. *Journal of Management Studies*, 2006, 43(5).

[3] Anderson, J. C., Gerbing, D. W. Structural equation modeling in practice: A review and recommended two-step approach[J]. *Psychological Bulletin*, 1988, 103(3).

[4] Armstrong, J. S., Overton, T. S. Estimating nonresponse bias in mail surveys[J]. *Journal of Marketing Research*, 1977, 14(3).

[5] Arnould, E., Thompson, C. Consumer culture theory (CCT): Twenty years of research [J]. *Journal of Consumer Research*, 2005, 31(31).

[6] Ballantyne, D., Varey, R. J. Creating value-in-use through marketing interaction: The exchange logic of relating, communicating and knowing [J]. *Marketing Theory*, 2006, 6(3).

[7] Barney, J. Firm resources and sustained competitive advantage[J]. *Journal of Management*, 1991, 17(1).

[8] Bendapudi, N., Leone, R. P. Psychological implications of customer participation in co-production[J]. *Journal of Marketing*, 2003, 67(1).

[9] Callon, M., Courtial, J. P., Turner, W. A., Bauin, S. From translations to problematic networks: An introduction to co-word analysis[J]. *Social Science Information*, 1983, 22(2).

[10] Day, G. S. The capabilities of market-driven organizations[J]. *Journal of Marketing*, 1994, 58(4).

[11]Chandler, J. D. , Vargo, S. L. Contextualization and value-in-context: How context frames exchange[J]. *Marketing Theory*, 2011, 11(1).

[12]Chang, Y. W. , Huang, M. H. , Lin, C. W. Evolution of research subjects in library and information science based on keyword, bibliographical coupling, and co-citation analyses[J]. *Scientometrics*, 2015, 105(3).

[13]Chen, C. , Cribbin, T. , Macredie, R. , Morar, S. Visualizing and tracking the growth of competing paradigms: Two case studies [J]. *Journal of the American Society for Information Science and Technology*, 2002, 53(8).

[14]Churchill, G. A. A paradigm for developing better measures of marketing constructs[J]. *Journal of Marketing Research*, 1979, 16(1).

[15] Crane, D. *Invisible colleges: Diffusion of knowledge in scientific communication* [M]. Chicago, IL: The University of Chicago Press, 1972.

[16]Dwyer, F. R. , Schurr, P. H. , Oh, S. Developing buyer-seller relationships[J]. *Journal of Marketing*, 1987, 51(2).

[17]Edvardsson, B. , Tronvoll, B. , Gruber, T. Expanding understanding of service exchange and value co-creation: A social construction approach [J]. *Journal of the Academy of Marketing Science*, 2011, 39(2).

[18]Eisenhardt, K. M. Building theories from case study research [J]. *The Academy of Management Review*, 1989, 14(4).

[19]Etgar, M. A descriptive model of the consumer co-production process[J]. *Journal of the Academy of Marketing Science*, 2008, 36(1).

[20] Fornell, C. , David, F. L. Evaluating structural equation models with unobservable variables and measurement error[J]. *Journal of Marketing Research*, 1981, 18(1).

[21] Greer, C. R. , Lusch, R. F. , Vargo, S. L. A service perspective: Key managerial insights from service-dominant (s-d) logic[J]. *Organizational Dynamics*, 2016, 45(1).

[22]Gronroos, C. Adopting a service logic for marketing[J]. *Marketing Theory*, 2006, 6(3).

[23]Gronroos, C. Value co-creation in service logic: A critical analysis[J]. *Marketing Theory*, 2011, 11(3).

[24]Gronroos, C. , Voima, P. Critical service logic: Making sense of value creation and co-creation[J]. *Journal of the Academy of Marketing Science*, 2013, 41(2).

[25] Joiner, K. , Lusch, R. Evolving to a new service-dominant logic for health care [J]. *Australian Health Review*, 2016, 25.

[26]Lusch, R. F. Vargo, S. L. Service-dominant logic: Reactions, reflections and refinements [J]. *Marketing Theory*, 2006, 6(3).

[27] Lusch, R. F. , Vargo, S. L. , O'Brien, M. Competing through service: Insights from service-dominant logic[J]. *Journal of Retailing*, 2007, 83(1).

[28] Lusch, R. F. , Vargo, S. L. , Tanniru, M. Service, value networks and learning [J]. *Journal of the Academy of Marketing Science*, 2010, 38(1).

[29] Marion, L. A tri-citation analysis exploring the citation image of Kurt Lewin[J]. *Proceedings of the American Society for Information Science and Technology*, 2002, 39(1).

[30] McCain, K. W. , McCain, R. A. Mapping "a beautiful mind": A comparison of the author cocitation PFNets for John Nash, John Harsanyi, and Reinhard Selten—The three winners of the 1994 Nobel Prize for Economics [J]. *Proceedings of the American Society for Information Science and Technology*, 2002, 39(1).

[31] McColl- Kennedy, J. R. , Cheung, L. , Ferrier, E. Co-creating service experience practices [J]. *Journal of Service Management*, 2015, 26(2).

[32] Miles, M. B. , Huberman, A. M. Qualitative data analysis: An expanded sourcebook[J]. *Sage*, 1994, 60(100).

[33] Morgan, R. M. , Hunt, S. D. The commitment-trust theory of relationship marketing[J]. *Journal of Marketing*, 1994, 58(3).

[34] Muniz, A. M. , O'Guinn, T. C. Brand community [J]. *Journal of Consumer Research*, 2001, 27 (4).

[35] Naver, J. C. , Slater, S. F. The effect of a market orientation on business profitability[J]. *Journal of Marketing*, 1990, 54(4).

[36] Newman, M. E. J. , Girvan, M. Finding and evaluating community structure in networks [J]. *Physical Review*, 2004, 69(2).

[37] Normann, R. , Ramirez, R. From value chain to value constellation: Designing interactive strategy[J]. *Harvard Business Review*, 1993, 71(4).

[38] Normann, R. Reframing business: When the map changes the landscape[J]. *International Journal of Service Industry Management*, 2001, 15(1).

[39] Oliva, R. , Kallenberg, R. Managing the transition from products to services [J]. *International Journal of Service Industry Management*, 2003, 14(2).

[40] Ostrom, A. L. Moving forward and making a difference: Research priorities for the science of service[J]. *Journal of Service Research*, 2010, 13(1).

[41] Panyne, A. F. , Storbacka, K. , Frow, P. Managing the co-creation of value[J]. *Journal of the Academy of Marketing Science*, 2008, 36(1).

[42] Parasuraman, A. , Zeithaml, V. , Berry, L. L. A Conceptual model of service quality and its implications for future research[J]. *Journal of Marketing*, 1985, 49(4).

[43] Parasuraman, A. , Zeithaml, V. , Berry, L. L. Servqual: A multiple-item scale for measuring consumer perceptions of service quality[J]. *Journal of Retailing*, 1988, 64(1).

[44] Prahalad, C. K. , Ramaswamy, V. Co-opting customer competence[J]. *Harvard Business Review*, 2000, 78(1).

[45] Prahalad, C. K. , Ramaswamy, V. Co-creation experiences: The next practice in value creation[J]. *Journal of Interactive Marketing*, 2004a, 18(3).

[46] Prahalad, C. K. , Ramaswamy, V. Co-creating unique value with customers[J]. *Strategy & Leadership*, 2004b, 32(3).

[47] Schau, H. J. , Muniz, A. M. , Arnould, E. J. How brand community practices create value[J]. *Journal of Marketing*, 2009, 73(5).

[48] Shaw, G. , Bailey, A. , Williams, A. Aspects of service-dominant logic and its implications for tourism management: Examples from the hotel industry [J]. *Tourism Management*, 2011, 32(2).

[49] Teece, D. J. , Pisano, G. , Shuen, A. Dynamic capabilities and strategic management [J]. *Strategic Management Journal*, 2015, 18(7).

[50] Tuli, K. R. , Kohli, A. K. , Bharadwaj, S. G. Rethinking customer solutions: From product bundles to relational processes[J]. *Journal of Marketing*, 2007, 71.

[51] Vargo, S. L. , Lusch, R. F. Evolving to a new dominant logic for marketing[J]. *Journal of Marketing*, 2004a, 68(1).

[52] Vargo, S. L. , Lusch, R. F. The four services marketing myths: Remnants from a manufacturing model[J]. *Journal of Service Research*, 2004b, 6(4).

[53] Vargo, S. L. , Lusch, R. F. Service-dominant logic: Continuing the evolution[J]. *Journal of the Academy of Marketing Science*, 2008a, 36(1).

[54] Vargo, S. L. , Lusch, R. F. Customer integration and value creation: Paradigmatic traps and perspectives[J]. *Journal of Service Research*, 2008b, 11(2).

[55] Vargo, S. L. , Maglio, P. P. , Akaka, M. A. On value and value co-creation: A service systems and service logic perspective[J]. *European Management Journal*, 2008, 26(3).

[56] Vargo, S. L. , Lusch, R. F. It's all B2B and beyond: Toward a systems perspective of the market[J]. *Industrial Marketing Management*, 2011, 40(2).

[57] Vargo, S. L. , Lusch, R. F. Institutions and axioms: An extension and update of service-dominant logic[J]. *Journal of the Academy of Marketing Science*, 2016, 44(1).

[58] Vargo, S. L. , Lusch, R. F. Institutions and axioms: An extension and update of service-dominant logic[J]. *Journal of the Academy of Marketing Science*, 2016, 44(1).

[59] Vargo, S. L. , Lusch, R. F. Service-dominant logic 2025 [J]. *International Journal of Research in Marketing*, 2017(34).

[60] Wernerfelt, B. A resource-based view of the firm [J]. *Strategic Management Journal*, 1984, 5(2).

[61] Wilden, R. , Akaka, M. A. , et al. The evolution and prospects of service-dominant logic: An investigation of past, present, and future research [J]. *Journal of Service Research*, 2017, forthcoming.

[62] Woodruff, R. B. Customer value: The next source for competitive advantage[J]. *Journal of the Academy of Marketing Science*, 1997, 25(2).

[63] Yan, J. , Ye, K. , Wang, H. , Hua, Z. Ontology of collaborative manufacturing: Alignment of service-oriented framework with service-dominant logic [J]. *Expert Systems with Applications*, 2010, 37(3).

[64] Zeithaml, V. , Berry, L. L. , Parasuraman, A. Problems and strategies in service

marketing[J]. *Journal of Marketing*, 1985, 49(2).

[65] Zeithaml, V., Berry, L. L., Parasuraman, A. The behavioral consequences of service quality[J]. *Journal of Marketing*, 1996, 60(2).

[66] Zeithaml, V. Consumer perceptions of price, quality, and value: A means-end model and synthesis of evidence[J]. *Journal of Marketing*, 1988, 52(3).

[67] Zupic, I., Cater, Tomaz. Bibliometric methods in management and organization [J]. *Organizational Research Methods*, 2013(3).

Insight into the development of service-dominant logic studies based on tri-citation analysis

Liu Linqing [1]   Liu Wenli [2]   Lei Hao [3]

(1, 2, 3 Institute of Business Strategic Management, Wuhan University, Wuhan, 430072)

Abstract: In their paper *Evolving to a new dominant logic for marketing* published on the *Journal of Marketing*, Vargo & Lusch proposed a new paradigm as a substitute for goods-dominant logic, that is, Service-dominant Logic. To delve into the development history and current status of service-dominant logic as a kind of academic entrepreneurship, this paper utilizes the bibliometric analysis to reveal the evolutionary path of service-dominant logic. We find that service-dominant logic, as a marketing concept, develops rapidly in the field of "Business & Economics" and receives much attention, while its key concept has also expanded into other important disciplines. As revealed by keywords co-occurrence network in each period, service-dominant logic has experienced the process of resource integration and been gradually detached from the traditional goods-dominant logic. It has gained legitimacy through continuous development and improvement. In recent years, service-dominant logic has expanded into the service eco-system research. We further explore the intellectual base for service-dominant logic, and obtain three main communities of service-dominant logic, i.e. key concepts, other relevant theories and methods.

Key words: Service-dominant logic; Interdisciplinary development; Cognitive structure; Intellectual base

专业主编：陈立敏

市场质量、制度质量与企业跨国并购的绩效研究
——跨国并购经验的调节作用*

● 潘　昱[1]　沈　敏[2]　向东静[3]

（1，2 武汉大学经济与管理学院　武汉　430072；
3 潜江市经济与信息化委员会　潜江　433100）

【摘　要】在中国坚持"走出去"战略和大力推动供给侧改革及产业升级的背景下，越来越多的企业通过跨国并购重组来实现产业的升级与扩张。本文旨在研究东道国的市场质量和制度质量与企业长期绩效的关系，并探究跨国并购经验在其中的调节作用。对 2009—2014 年中国 A 股上市企业跨国并购案例的实证研究发现：东道国市场质量方面的市场机会和市场自由度以及制度质量都与并购企业的绩效具有正相关的关系，而企业跨国并购经验的影响不显著。跨国并购经验正向调节东道国市场自由度和制度质量对企业绩效的影响，而对东道国市场机会没有显著调节作用。

【关键词】市场质量　制度质量　跨国并购经验　企业绩效
中图分类号：F276.7　　　　　文献标识码：A

1. 问题的提出

在中国坚持"走出去"战略和大力推动供给侧改革及产业升级的背景下，越来越多的传统或者新兴企业通过跨国并购重组来实现产业的升级与扩张，并购整合成为实现跨越式发展的重要手段之一。普华永道发布的最新统计报告显示，中国在 2016 年并购市场的交易金额与交易数量再创新高，中国企业的跨国并购投资金额增幅高达 246%，达到 2015 年的 3.5 倍。其中，有 51 宗大额海外投资交易金额超过了 10 亿美元①。

在中国企业跨国并购高速发展的态势下，中国企业是否取得了应有的价值增长？哪些

---

* 基金项目：本文系国家社会科学基金重大项目"全球产业链转移新趋势下的中国出口价值链提升举措研究"（15ZDA061）和国家自然科学基金项目"国家化战略是否有助于企业提高绩效——基于资源和制度的双重调节模型构建"（71372123）的阶段性成果。

通讯作者：沈敏，E-mail：2596561069@ qq. com。

① 佚名. 2016 年中国企业并购市场回顾与 2017 年展望. http：//www. pwccn. com/zh/services/deals-m-and-a/publications/ma-press-briefing-jan2017. html.

因素又对企业跨国并购绩效有显著影响？上述问题引起了学术界的广泛关注。在跨国并购的价值增长的研究上，国内外学者主要用财务绩效来衡量，它分为短期绩效和长期绩效。短期绩效一般采用事件研究法，观察事件发生前后短期时间窗口的超额累计收益率。Moeller 和 Schlingemann（2005）根据美国公司在 1985—1995 年的并购样本，采用事件研究法，发现时间窗口在（-1，1）的累积异常收益率在统计上不显著。而 Bris 和 Cabolis（2008）的研究发现，并购方的短期绩效反而下降。Aybar 和 Ficici（2009）以多个发展中国家的跨国并购事件为样本进行实证研究，发现短期异常收益率为负值。Chen 和 Young（2010）的研究则表明，中国上市公司发起的跨国并购存在所有权冲突，大股东为了自身利益发起的跨国并购往往有损上市公司小股东的利益。但 Morck 和 Yeung（1992）、Chari 等（2010）的实证研究显示，美国企业在进行跨国并购时获得了分别为 0.29% 和 1.16% 的正的平均累计异常收益率。Bhaget 等（2011）对 1991—2008 年覆盖多个发展中国家的跨国并购样本展开研究，得出总体样本的短期收益为正值，但通过国别进行进一步研究发现，墨西哥、马来西亚、巴西、俄罗斯及菲律宾这些国家企业的跨国并购短期收益为负，而中国、韩国及印度这些国家企业的跨国并购短期收益为正。中国学者在短期绩效的研究上也有类似的分歧，陈信元等（1999）研究发现并购公告后的累计异常收益率不显著，表明中国企业的跨国并购事件没有为企业创造价值或者带来损失。而刘勰和李元旭（2016）采用事件研究法对沪深 200 家上市公司的 311 笔跨国并购进行研究，发现收购方在公告期内获得了正的累计超额收益率。

在长期绩效的研究上，Doukas 和 Lang（2003）的研究结果则表明，并购方在跨国并购后第 2 年和第 3 年的超额回报率为负值。而 Gugler 等（2003）的研究表明，大部分跨国并购的企业在并购后的第一年和五年之后其销售额和利润均获得了增长。国内学者阎大颖（2009）以财务数据为指标进行实证研究发现，中国企业的跨国并购及国际经验与并购后的绩效正相关。郭妍（2010）通过对 18 个银行跨国并购案例的研究发现，在中长期绩效指标上，跨国并购具有较为明显的财富效应。纵观国内外学者对跨国并购价值效应的研究，国外学者的研究文献较为丰富，但结论并不统一，国内学者的研究起步较晚，采用事件研究法观察短期绩效居多。谢洪明等（2016）对 129 篇研究企业跨国并购的实证论文进行统计也发现研究者更为关注并购后企业较短期的绩效，然而中国企业在跨国并购时愿意承受较高的风险，其实也反映了企业关注的不是短期的回报，此外跨国并购的复杂性和整合难度决定了并购绩效的实现是一个长期的过程，所以本文运用较长期的会计绩效客观指标，研究跨国并购的价值问题。

在对企业跨国并购的影响因素研究上，主流的研究主要关注企业层面、外部环境层面和并购交易层面的影响因素。Aybar 等（2009）认为跨国并购受到制度、文化差异、并购企业交易规模和跨国并购经验等多种因素的影响。阎大颖（2009）的实证研究发现，跨国并购经验对并购后的绩效有显著的正向影响，而文化距离、相对于国家的竞争优势及东道国的人文特征对跨国并购绩效也有显著影响。潘昱等（2016）研究发现制度距离和文化差异越小，跨国并购公告为上市公司带来的累计异常收益率越高。朱勤、刘垚（2013）的研究结果表明，东道国制度环境越不完善、文化差异越小、并购方规模越大、并购交易规模越大，中国企业跨国并购的绩效越好。学界对外部环境层面的研究主要集中在文化差异、制度距离、地理距离等因素，较少提及东道国市场质量和制度质量，而东道国的市场经济环境和制度因素对并购方和被并购方都具有较大的影响，因此本文认为研究东道国的市场质量以及制度质量对指导企业在跨国并购时进行东道国的选择具有较大的借鉴意义。本文的第一个问题是基于制度理论和市场分析视角探讨中国企业在跨国并购时，应该选择怎样的东道国。

对东道国市场质量和制度质量的分析有助于企业实现跨国并购的绩效目标，但是企业具有异质性，资源基础理论认为企业资源的异质性给企业带来独特的能力及核心竞争力，有实力的企业会有更多的选择余地。经验尤其是比较稀缺的跨国并购经验，能否削弱东道国的特征因素，给跨国企业带来独特优势值得研究。所以本文的第二个问题是希望通过资源基础理论的视角探讨企业层面的跨国并购经验如何通过影响东道国层面的因素最终影响企业并购的结果。

综上所述，本文就以下问题进行实证分析：市场质量、制度质量以及跨国并购经验正向影响还是负向影响中国跨国并购企业希望实现的长期回报；并购经验作为企业层面的异质因素会怎样调节市场质量、制度质量对长期绩效的影响。

2. 理论框架与研究假设

2.1 市场质量对跨国并购绩效的关系研究

东道国的经济发展特征是学者们较早注意到的影响跨国并购绩效的因素。在市场经济方面，很多研究表明无论是发达国家还是新兴经济体企业的跨国并购，当被并购方的市场经济发展较好时，并购方都会取得更好的绩效水平（Francis et al., 2008；Gubbi et al., 2010；Nicholson & Salaber，2013）。但 Assaf（2012）认为并购方与被并购方的市场经济水平越接近，跨国并购后的绩效越好。向元芳（2016）以 2003—2014 年 74 家企业的跨国案例为样本，研究了多个因素对企业跨国绩效的影响，其中发现东道国市场经济水平与跨国并购绩效之间的关系不显著。梁柏泉（2014）研究了三一重工和中联重科的跨国并购案例，最终得出结论，工程机械制造企业在进行跨国并购时，看重发达国家的品牌、研发能力等无形资产，主要目的是通过跨国并购加强自身的竞争地位。东道国的市场经济水平引起了学者的关注，但目前国内对这方面的实证研究仍较匮乏，本文用市场质量来概括这一东道国影响因素，并且以时间和空间两个维度对市场质量进一步细分，以期得出更加具体和实际的研究结论。市场质量进一步可分为市场机会和市场自由度。市场机会就是市场上存在的未被满足或未被完全满足的需求（吕艳玲，2000），也称潜在的市场，侧重于时间维度上的效应。市场机会代表了东道国将来的增长潜力，拥有更多的市场机会，企业更能捕捉到最有利于自身发展的机会因素。市场机会可能来自于政府，比如政府需要从国外引进新技术，谋求国家的发展，也可能来自于东道国消费者的需求。市场机会在短期内无法显现，因为寻找机会还有潜力的挖掘都需要一个过程，所以它会对并购企业的长期绩效带来较大的影响。

市场自由度是指政府在宪法范围内不干预或保护自由竞争、自由市场、自由选择、自由贸易及私有财产(Eliezer et al.，1998)，有别于市场机会的时间维度，市场自由度倾向于空间维度，主要衡量的是目前东道国市场的发展水平。市场自由度对对外贸易起着关键的影响作用，东道国现在的市场自由度越大，越有利于并购企业进行进一步的市场开拓，降低成本和获得收益。基于以上分析，本文提出以下假设：

假设1：东道国市场机会越大，企业的并购绩效越好。

假设2：东道国市场自由度越高，企业的并购绩效越好。

2.2 制度质量对跨国并购绩效的关系研究

Hoskisson等(2000)将制度理论作为研究新兴经济体企业发展的三大理论之一，Peng等(2008)认为它与资源基础理论和产业理论一起构成了企业战略的"三脚架"，并研究了制度因素在新兴经济体中跨国企业的战略问题。跨国并购中，在外部环境层面研究东道国制度因素的效应一直是国内外学者共同关注的热点。North(1990)认为制度的主要作用是提供一套普遍认可的"做事标准"，从而降低跨国并购中东道国环境的不确定性，减少交易成本，另外制度的一个重要特征是存在某种不因时间变化的稳定性。制度因素在跨国并购绩效方面的研究主要集中在制度距离，着重制度的差异性，然而Williamson(1985)指出具有高质量高水平的制度国家因为降低了市场的不确定性，提供井然有序的经营环境，进而有利于开展跨国商务活动。Khanna等(2000)也认为新兴市场的制度质量与跨国企业的绩效正相关。制度质量是指制度的好坏及程度的总称(Kaufman et al.，2007)。目前，国内鲜有直接采用制度质量因素对跨国并购绩效影响进行实证研究的，本文认为东道国制度质量对于跨国并购的影响可从两个方面分析：一方面，在低制度质量东道国，较低的制度质量意味着资产被征收、剥夺的风险较大，从而严重降低企业跨国并购的绩效；制度质量较低的国家存在较为普遍的寻租和腐败问题，企业可能需要在获得行政审批上付出较大成本，Shleifer和Vishny(1993)认为腐败的隐蔽性，可能会导致比税收更大的扭曲，因而削弱企业最后的绩效水平；较低制度质量的东道国政府提供的公共产品质量低下，这同样不利于企业跨国并购后的绩效。另一方面，在高制度质量东道国，通常具有较为完备的法律制度，执行契约较好，Mishra和Daly(2007)认为这有利于降低高额的沉没成本，降低交易的风险，也能降低企业对预期收益估计的不确定性，往往有利于企业跨国并购后的绩效。Gubbi等(2010)和Du等(2015)的研究都指出被并购方国家的制度水平与跨国并购呈正相关的关系。根据以上分析，本文提出以下假设：

假设3：东道国制度质量越高，企业的并购绩效越好。

2.3 并购经验对跨国并购绩效的关系研究

Wernerfelt(1984)最先提出资源基础理论，认为资源优势带来具有更高潜在价值的回报。将资源基础理论运用到企业跨国并购中，学者们主要关注的是企业资源能力的经验。Peng等(2009)在研究企业战略和绩效时提出，应当将产业基础观、资源基础观和制度基础观三方面结合分析。这一综合性框架为将跨国并购经验与制度放在同一水平上研究提供了理论依据，研究企业跨国并购经验、东道国制度质量以及市场质量三者对并购长期绩效的影响是一个较为全面的视角。

从跨国并购经验视角出发，Aybar 和 Ficici（2009）发现新兴市场跨国公司的经验越丰富，企业越具有更多的可持续竞争优势。阎大颖（2009）总结了以往的跨国并购经验，发现以前的经验有助于跨国企业形成一套并购方案用于后续交易，从而提升跨国并购绩效。吴先明和杨兴锐（2014）的研究同样支持跨国并购经验对并购价值的显著正向影响。但也有学者认为并购经验对并购后企业具有消极的影响（Hébert et al.，2005）或无显著影响（Harris and Ravenscraft，1991；Eun et al.，1996）。

虽然国外学者 King 等（2004）对 93 篇发表的实证论文进行元分析得出并购经验对并购绩效的影响不显著，但是国内学者王倩（2013）通过研究得出企业并购方面的经验越多，越会降低损失潜在价值的可能性。这也使得研究新兴经济体下中国企业跨国并购经验的作用及其作用机制显得较有价值。基于以上分析，本文提出以下假设：

假设 4：企业跨国并购经验与企业并购绩效正相关。

企业的跨国并购经验从一定程度上增加了企业对东道国市场机会的感知能力，这种感知能力使得企业相比于初次涉入跨国并购的企业更能捕捉到东道国的市场机会。而初次进行跨国并购的企业，对并购有一个学习的过程，这使得没有并购经验的企业较难把握东道国的市场机会。因此本文提出以下假设：

假设 5：企业跨国并购经验正向调节东道国市场机会和企业并购绩效之间的关系。

从东道国的角度看，东道国提供了一个对跨国并购企业同样的市场自由度，然而并不是所有的企业都能获得一样的价值份额，这与企业自身的利用能力有关，跨国并购经验作为一种稀缺的企业能力，可能是企业在同等市场自由度下与其他企业拉开差距的竞争优势之一。因此本文提出以下假设：

假设 6：企业跨国并购经验正向调节东道国市场自由度和企业并购绩效之间的关系。

制度质量高有利于企业在东道国的生存发展，跨国并购经验作为一种稀缺的企业能力，能够在制度质量高的东道国降低各种交易成本，也能够在制度质量低的东道国避免雷区，减少损失的可能性，从而提高制度质量对并购企业长期绩效的正面效应。因此本文提出以下假设：

假设 7：企业跨国并购经验正向调节东道国制度质量和企业并购绩效之间的关系。

综上所述，本文研究框架见图 1。

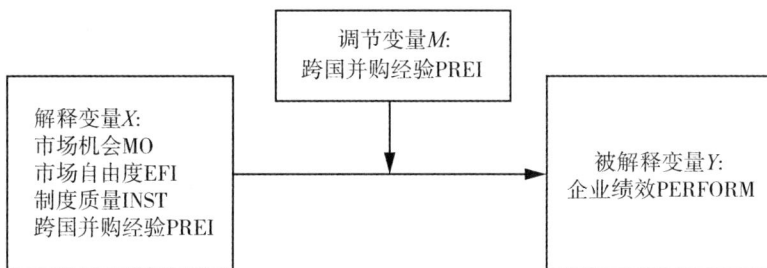

图 1　跨国并购经验调节下市场因素和制度因素对企业绩效的影响模型

3. 实证研究设计

3.1 样本和数据

本文选取 2009—2014 年在中国 A 股市场上市企业发生的跨国并购事件为研究样本，进行计量实证分析。跨国并购事件的数据来源于 CSMAR 数据库和 Wind 数据库。上市公司的跨国并购案例根据如下原则进行筛选：（1）由于本文主要研究的是中国上市公司对中国以外的公司股权和资产的并购，剔除被并购方的注册地在中国香港和澳门的样本；（2）剔除跨国并购属于关联交易的样本；（3）剔除跨国并购的交易规模低于 1000 万元人民币的样本；（4）剔除收购股份低于 10% 的样本；（5）剔除各项指标存在缺失的样本。最终得到样本企业 220 家。

3.2 变量设计与测量

（1）被解释变量：企业绩效。财务绩效体现为市场表现如 CAR、CAAR、股价水平等，但是市场表现受到社会心理因素等各种其他因素的影响，存在较大的不确定以及短期效应性。会计绩效指标主要反映企业的盈利能力，Ingham 和 Kran（1991）认为虽然会计指标存在被操纵的可能性，但财报审计的严格性使得该指标较为客观有效。最常用的是资产回报率（ROA）和销售回报率（ROS），但 Meeks, G 和 Meeks, J. G（1980）的研究指出 ROA 对估计偏差最不敏感，因此在并购后谈判力及杠杆率变化引起的偏差较小，所以推荐使用 ROA 指标。基于以上分析，借鉴已有的研究如 Cai 和 Sevilir（2012）等的指标，本文使用跨国并购后资产回报率的变化值 ΔROA 来衡量并购的长期绩效，即 ΔROA：企业并购长期绩效为并购后第二年的总资产收益率与前一年的总资产收益率的差值，另外，用净资产收益率 ΔROE 做稳健性的检验。

（2）解释变量：市场质量用侧重时间维度的市场机会和侧重空间维度的市场自由度两个维度来衡量。Aminian 和 Campart（2005）指出一国经济的增长率反映了市场机会的动态变化，显示了投资机会和市场需求潜力，从侧面反映了市场机会，本文采用实际 GDP 年增长率作为市场机会的衡量指标。对市场而言，实际 GDP 年增长率代表了一个国家的经济和购买力。本文采用的实际 GDP 年增长率是在世界银行 WDI 数据库中的名义 GDP 的基础上计算所得。市场自由度采用美国传统基金会公布的世界经济自由度指数（Economic Freedom Index，EFI），这个指数涵盖了资本流动与外国投资、工资及价格、信息市场等十个方面的数据，是公认的较权威的衡量自由度的指标，能较全面地反映东道国的市场经济自由度。

关于制度质量指标的选取，本文参考 Hur et al.（2011）、Kolstad 和 Wiig（2012）等学者的研究采用世界银行发布的世界治理指标（Worldwide Governance Indicators，WGI）。WGI 涵盖了六大治理子指标，包括法制环境、政治稳定性、政府管制效率、监管质量、腐败控制、民主议政程度，较全面地衡量了东道国的制度质量，分数越高代表制度质量越好。

（3）调节变量：跨国并购经验。跨国并购经验是企业发生跨国并购最直接相关的经验来源。企业有跨国并购经验，更能了解并购的事前、事中和事后管理，能够更有效地利用东道国市场环境、制度法律支持和捕捉市场机会。丰富的并购经验有助于企业灵活运用策略，避免整合危机，从而实现企业绩效。企业拥有跨国并购经验其匹配新环境的能力越强，所以将在此次跨国并购前有过跨国并购成功经验的企业赋值为 1，否则赋值为 0。

（4）控制变量：对于企业跨国并购影响因素的研究，总体可以概括为三个方面：企业层面，交易层面和外部环境层面，本文选取以下与并购企业绩效密切相关的变量作为控制变量。①并购方企业规模，以并购公告前一个季度的财务报表披露的公司净资产总值的对数为企业层面的控制变量；②并购交易规模，以跨国并购交易金额总值的对数为并购交易层面的控制变量；③收购比例，以交易完成后收购方将持有的被收购方股份的百分数为并购交易层面的控制变量；④东道国地理位置，将东道国在大中华区的赋值为 1，亚洲以内非中华区赋值为 2，亚洲以外地区赋值为 3，并将其作为外部环境层面的控制变量。变量定义和说明见表 1。

表 1　　　　　　　　　　　　　　　　变量定义和说明

类型	变量名称	变量符号	变量测量	数据来源
被解释变量	企业绩效	PERFORM	△ROA，△ROE（稳健性检验）	国泰安中国上市公司财务报表数据库
解释变量	市场机会	MO	东道国实际 GDP 年增长率	Wind 数据库
	市场自由度	EFI	东道国经济自由度指数	Heritage Foundation Database
	制度质量	INST	东道国世界治理指标	Worldwide Governance Indicators
调节变量	跨国并购经验	PREI	公司在此次跨国并购之前进行过跨国并购活动的取值为 1，否则为 0	国泰安中国上市公司并购重组研究数据库
控制变量	并购方企业规模	LNASIZE	并购公告前一个季度的财务报表披露的公司净资产总值的对数	国泰安中国上市公司财务报表数据库
	并购交易规模	LNDSIZE	跨国并购交易金额总值的对数	国泰安中国上市公司并购重组研究数据库
	收购比例	SHSOWN	交易完成后收购方将持有的被收购方股份的百分数	国泰安中国上市公司并购重组研究数据库
	东道国地理位置	RID	将东道国在大中华区的赋值为 1，亚洲以内非中华区赋值为 2，亚洲以外地区赋值为 3	国泰安中国上市公司并购重组研究数据库

4. 实证分析与结果

4.1 描述性统计、相关分析与多重共线性分析

表 2 为主要变量的描述性统计、相关分析与多重共线性分析。表 2 统计了本文使用变量的均值和标准差。根据表 2 的相关分析可知：（1）东道国市场机会、市场自由度、制度质量和并购方跨国并购经验均与企业并购绩效正相关；（2）市场机会与企业绩效之间的相关系数值为 0.361，系数检验 P 值为 0.000，说明市场机会与企业绩效之间的相关关系有统计学意义，即市场机会与企业绩效之间显著正相关；市场自由度和制度质量与企业绩效之间显著正相关（理由同市场机会）。不过相关分析反映的是没有考虑其他变量的影响下，一个解释变量与被解释变量之间的相关关系，所以对于假设的验证还需要考虑其他变量影响的多元线性回归。

同时，我们对本次选取的模型变量之间的共线性进行分析，发现模型的变量 VIF 值均小于 2，说明模型变量之间不存在共线性。

表 2　　　　　变量的描述性统计、相关分析与多重共线性分析①

	均值	标准差	VIF	1	2	3	4	5	6	7	8
ΔROA	-0.020	0.049		1							
MO	2.190	3.087	1.148	0.361**	1						
				0.000							
EFI	74.375	7.763	1.627	0.733**	0.328**	1					
				0.000	0.000						
INST	78.790	20.682	1.474	0.744**	0.126	0.538**	1				
				0.000	0.061	0.000					
PREI	0.48	0.501	1.270	0.072	0.078	-0.006	0.140*	1			
				0.288	0.247	0.926	0.038				
LNASIZE	22.584	2.156	1.593	0.011	0.034	-0.018	0.087	0.381**	1		
				0.869	0.620	0.790	0.199	0.000			
LNDSIZE	19.962	2.281	1.579	0.043	-0.006	0.084	0.095	0.350**	0.550**	1	
				0.522	0.927	0.217	0.162	0.000	0.000		

---

① 作者根据 Stata 软件计算。

	均值	标准差	VIF	1	2	3	4	5	6	7	8
SHSOWN	0.710	0.316	1.060	0.074	0.051	0.082	0.005	0.040	−0.116	0.033	1
				0.278	0.453	0.225	0.942	0.555	0.087	0.626	

注：***表示在 1%的显著性水平下显著，**表示在 5%的显著性水平下显著，*表示在 10%的显著性水平下显著。

4.2　多元线性回归分析

多元线性回归分析的模型 1 是为了验证假设 1，2，3，4，结果表明，模型的调整 R^2 为 0.728，说明模型的可解释程度为 0.728，具有较大的解释能力；模型的 F 值为 66.173，对应的 P 值小于显著性水平 0.01，说明模型具有统计学意义。模型 1 的市场机会、市场自由度、制度质量三个解释变量对企业绩效都在 0.01 的显著性水平下显著，且系数都为正，说明假设 1，2，3 成立。但是企业跨国并购经验对企业绩效的影响没有统计学意义（$P>0.05$），说明假设 4 不成立。这可能是由于跨国并购经验不是一个能直接作用于企业并购绩效的影响因素，虽然跨国并购经验相比于国内并购经验能使企业拥有具备更加复杂能力的"知识库"，但是企业再次进行跨国并购的时候东道国环境可能已经改变，拥有的经验是否适用，企业又是否受到"路径依赖"的束缚都可能使其拥有的跨国并购经验对绩效的影响不那么明显。而东道国的市场质量和制度质量有利于跨国并购方以及被并购方开展业务，从而获得东道国的市场机会、市场自由度和制度质量的福利。这对中国企业进行跨国并购具有借鉴意义，跨国并购经验的作用机制值得进一步研究。

模型 2 是为了验证假设 5，此处加入交互项 MO×PREI，模型 2 的调整 R^2 为 0.727，解释能力较好；模型的 F 值对应的 P 值小于显著性水平 0.01，说明模型具有统计学意义。进一步看交互项 MO×PREI 对企业绩效的影响系数的检验 P 值大于显著性水平 0.05，说明交互项 MO×PREI 对企业绩效的影响没有统计学意义，所以假设 5 企业跨国并购经验正向调节东道国市场机会和企业并购绩效之间的关系不成立。可能的原因是市场机会对绩效的影响，受其他因素的影响更大，比如企业一开始的战略目标判断，企业并购后的整合执行能力。TCL 在并购汤姆逊没有取得理想的成绩之后，并购阿尔卡特时又遭遇滑铁卢，最重要的原因在于行业性危机，这说明企业一开始的战略就是错误的，在这样的大背景下，拥有的跨国并购经验所起的调节作用必然弱小甚至可以忽略不计。另外一个重要的原因在于人员和企业文化的融合问题，考验企业的整合能力，没有很好解决企业内部融合问题，很大程度影响企业对外部市场机会的把握。企业跨国整合能力对市场机会和绩效的调节作用，值得学者进一步研究。所以拥有跨国并购经验的企业并没有比没有跨国并购经验的企业有更大的把握市场机会的优势。

模型 3 和模型 4 分别验证假设 6 和假设 7，其结果都在 5%的显著性水平下显著，并且系数值都为正，说明假设 6 企业跨国并购经验正向调节东道国市场自由度和企业并购绩效之间的关系和假设 7 企业跨国并购经验正向调节东道国制度质量和企业并购绩效之间的关系成立。这两个模型和模型 1 从一定程度上反映了跨国并购经验的作用机制，拥有跨国并购经验的企业能够更好地利用东道国的市场自由度和制度质量，从而获得更好的企业绩效水平。这意味着拥有跨国并购经验的企业在选择并购标的时，具有良好市场自由度和制度质量的东道国是一个更好的选择，同时可以较为"理性"地选择目前市场自由度和制度质量一般但是有利于企业整体战略行动的东道国或者企业，在企业能够承受的风险范围内做一个更加长期的"价值投资"。因为这些东道国或者企业往往处于新兴经济体，具有较大的增长空间，随着时间的推移，市场和制度会逐步完善，企业如果能在一定程度上承担这种风险，就能获得较大的"先进入者优势"。而对于没有跨国并购经验的企业寻求专业交易顾问的帮助或许在一定程度上能弥补跨国并购经验不足的劣势，从而获得更高的绩效水平，这点有待于后续研究。

表3   企业并购绩效影响因素的多元线性回归分析

因变量 ΔROA	模型 1	模型 2	模型 3	模型 4
MO	0.00259 *** (0.00059)	0.00258 *** (0.0006)	0.00257 *** (0.00059)	0.00261 *** (0.00059)
EFI	0.00255 *** (0.00028)	0.00256 *** (0.00028)	0.00252 *** (0.00028)	0.00252 *** (0.00028)
INST	0.00118 *** (0.0001)	0.00118 *** (0.0001)	0.00119 *** (0.0001)	0.00118 *** (0.0001)
PREI	0.00106 (0.00385)	0.00111 (0.00386)	0.00065 (0.00383)	0.00074 (0.00382)
LNASIZE	−0.00034 (0.001)	−0.00032 (0.001)	−0.00033 (0.00099)	−0.00030 (0.00099)
LNDSIZE	−0.00057 (0.00094)	−0.00062 (0.00094)	−0.00033 (0.00094)	−0.00036 (0.00093)
SHSOWN	0.00527 (0.00556)	0.00531 (0.00557)	0.00430 (0.00555)	0.00459 (0.00503)
MO×PREI		−0.00058 (0.00126)		
EFI×PREI			0.00075 ** (0.00038)	
INST×PREI				0.00034 ** (0.00017)
RID	控制	控制		
常数	−0.29514 *** (0.02696)	−0.29492 *** (0.02701)	−0.29752 *** (0.0268)	−0.29730 *** (0.02677)

因变量 ΔROA	模型 1	模型 2	模型 3	模型 4
N	220	220	220	220
调整 R^2	0.728	0.727	0.732	0.732
F 值	66.173***	59.353***	60.794***	60.892

注：***表示在1%的显著性水平下显著，**表示在5%的显著性水平下显著，*表示在10%的显著性水平下显著。

4.3 稳健性检验

根据表4稳健性检验结果可知，假设1，假设2，假设3，假设6，假设7均成立；假设4，假设5均不成立，与之前模型检验结果一致。同时稳健性检验结果表明，模型的可解释能力以及模型的系数检验符号均与之前模型检验结果符合或者相近，所以本文所建模型具有一定的说服能力。

表4 企业并购绩效影响因素的稳健性检验

因变量 ΔROA	模型 1	模型 2	模型 3	模型 4
MO	0.00504** (0.00205)	0.00500** (0.00206)	0.00497** (0.00204)	0.00515** (0.002)
EFI	0.00649*** (0.00097)	0.00653*** (0.00097)	0.00639*** (0.00096)	0.00633*** (0.00095)
INST	0.00243*** (0.00035)	0.00241*** (0.00035)	0.00247*** (0.00034)	0.00243*** (0.00034)
PREI	0.00156 (0.0133)	0.00187 (0.01331)	0.00011 (0.01322)	−0.00031 (0.01296)
LNASIZE	−0.00077 (0.00346)	−0.00064 (0.00347)	−0.00072 (0.00344)	−0.00050 (0.00337)
LNDSIZE	−0.00108 (0.00323)	−0.00140 (0.00326)	−0.00023 (0.00324)	0.00014 (0.00317)
SHSOWN	0.01141 (0.01923)	0.01164 (0.01925)	0.00796 (0.01916)	0.00743 (0.01876)
MO×PREI		−0.00358 (0.00435)		
EFI×PREI			0.00265*** (0.0013)	

因变量 ΔROA	模型 1	模型 2	模型 3	模型 4
INST×PREI				0.00198 ***
				(0.00056)
RID	控制	控制	控制	控制
常数	−0.70536 ***	−0.704 ***	−0.7138 ***	−0.71799 ***
	(0.09318)	(0.09326)	(0.09258)	(0.09081)
N	220	220	220	220
调整 R^2	0.528	0.527	0.535	0.552
F 值	28.175	25.386	26.155	27.988

注：***表示在1%的显著性水平下显著，**表示在5%的显著性水平下显著，*表示在10%的显著性水平下显著。

5. 结论与启示

5.1 结论

本文通过对2009—2014年中国A股企业的跨国并购案例进行研究，得出了几个有意义的结论，为中国企业进行跨国并购的东道国选择提供了借鉴，而研究跨国并购经验的调节作用，进一步揭示了并购经验在企业对外扩张的过程中所起的重要作用。

(1)东道国层面的市场质量与并购企业的绩效具有正相关的关系，市场质量时间维度上的市场机会代表着投资机会和市场需求潜力，企业在进行跨国并购时，获得被并购企业的资源和能力是一个方面，如果被并购企业所处东道国具有较大的市场机会，也有利于企业对东道国未来需求市场的切入。市场质量空间维度上的市场自由度代表着市场自由竞争的状况，这保障了企业公平的市场开拓机会。市场质量的两个方面其实是增量和存量的关系。本文从实证的角度进一步证实了企业在进行跨国并购时要重视东道国的市场水平。

(2)东道国层面的制度质量与并购企业的绩效具有正相关的关系，制度质量高的国家通常具有较为完备的法律制度，执行契约较好，而在制度质量低的国家并购企业往往需要承担巨大的风险，这些风险主要来自于东道国对本国企业的保护和对外来企业的排斥，这意味着企业在跨国并购时需要重视东道国对非本国企业的态度，这也是制度质量的一个方面，需要并购企业做好尽职调查。

(3)跨国并购经验的实证结果与假设不符，可能的原因一是企业再次进行跨国并购时，东道国的选择出现了较大差异，使得其拥有的并购经验并不适用，所以对于具有此经验的企业来说并未显著影响并购绩效；二是企业可能过于依赖其拥有的跨国并购经验，没有去其糟粕取其精华地使用，使得使用有效性并不明显；三是跨国并购经验可能具有时效性，时间太长的并购经验由于遗忘规律以及环境的变化不再适用，时间跨度太短的并购经验还来不及转化成企业的资源能力；四是没有跨国并购经验的企业在进行跨国并购战略行动时，往往会聘请专业的交易顾问，从一定程度上弥补了绩效的损失。对于跨国并购经验的争议也值得后续进一步研究。

（4）调节效应的回归结果说明，跨国并购经验正向调节东道国市场自由度和制度质量对企业绩效的影响，而对东道国市场机会对企业绩效的影响没有显著作用。这为解开跨国并购经验的作用机制提供了一定的帮助。跨国并购经验不能直接作用于企业并购绩效的实现，但能够通过其他因素为企业带来效益。拥有跨国并购经验的企业更能把握东道国的市场自由及制度带来的福利，符合资源基础理论中有关企业经验能力的效应。对于拥有跨国并购经验的企业来说，选择市场自由度高和制度质量高的东道国是首选，但也可以冒一定的"风险"去追求更长远的利益，选择目前来说在市场自由度和制度质量方面不是那么好的东道国，跨国并购经验从一定程度上能抑制这些影响因素的负面效应。而对于没有跨国并购经验的企业来说，为了实现更高水平的并购绩效，聘请专业的交易顾问也许可以弥补跨国并购经验的缺乏，后续对这方面的研究可以进一步展开。

东道国市场机会对企业绩效的影响没有显著作用，可能的原因是市场机会对绩效的影响，受其他因素的影响更大，比如企业一开始的战略目标判断，企业并购后的整合执行能力。另外一个重要的原因在于人员和企业文化的融合问题，考验企业的整合能力，企业内部混乱很大程度上影响其对外部市场机会的把握。企业跨国整合能力对市场机会和绩效的调节作用，值得学者进一步研究。

5.2　不足与未来方向

本文的七个假设中有五个假设得到了验证，说明理论与实证的匹配得到了较好的证明，但是研究还存在一些不足：（1）样本的限制，由于有些跨国并购企业成功案例的数据不全，本文未能收录进来；（2）企业性质的分类，国有企业和民营企业可能对企业最终实现的并购绩效有显著影响，由于本文数据的有限性未能将企业按性质进行分类；（3）指标衡量是否代表性足够，本文的市场机会主要采用东道国实际 GDP 年增长率进行衡量，这个指标是否就能较全面衡量市场机会有待商榷，而东道国市场自由度和制度质量采用的指标较为权威，代表性强；（4）跨国并购经验对并购绩效的影响不显著，可能还需要对经验进行进一步的细分，以便更能揭示这个黑箱。

针对这些不足，未来的相关研究可以进一步展开：首先扩大选取样本时的时间跨度，获得更多的跨国并购案例，从而可以根据企业所处的行业、企业性质等开展进一步的研究工作，对不同特征企业提供更为具体的跨国并购选择建议。其次，在选取指标的时候进行更多方面的综合比较，并通过专家、调查问卷等对因素权重赋值，使得指标更为客观有效。在跨国并购经验的研究上，未来可以从同一东道国跨国经验有无或者长中短期经验划分等方面来深入研究，另外没有跨国并购经验的企业聘请专业交易顾问来弥补经验上的劣势也值得学者进一步展开研究。

◎ 参考文献

[1]陈信元，张田余．资产重组的市场反应——1997年沪市资产重组实证分析[J]．经济研究，1999(9)．

[2]郭妍．我国银行海外并购绩效及其影响因素的实证分析[J]．财贸经济，2010(11)．

[3]梁柏泉．三一重工和中联重科的并购比较研究——动因、整合方式与企业并购绩效[D]．广州：华南理工大学，2014．

[4]刘飙，李元旭．我国企业跨国并购绩效影响因素的研究[J]．国际商务(对外经济贸易大学学报)，2016(3)．

[5]吕艳玲．市场机会：分析、发现、评价和利用[J]．经济师，2000(1)．

[6]潘昷，向东静，沈敏．制度距离、文化差异与中国企业海外并购的短期市场反应[J]．科学决策，2016(3)．

[7]王倩．企业跨国并购绩效及其影响因素的研究[D]．杭州：浙江工业大学，2013．

[8]吴先明，杨兴锐．跨国并购与企业价值：资产寻求视角[J]．经济管理，2014(1)．

[9]向元芳．中国企业跨国并购绩效及其影响因素研究[D]．重庆：重庆理工大学，2016．

[10]阎大颖．国际经验、文化距离与中国企业海外并购的经营绩效[J]．经济评论，2009(1)．

[11]朱勤，刘垚．我国上市公司跨国并购财务绩效的影响因素分析[J]．国际贸易问题，2013(8)．

[12]Aminian, N. , Campart, S. Macroeconomic Determinants of Cross-Border Mergers and Acquisitions-European and Asian Evidence[R]. International Conference at the University of Le Havre, 2005.

[13]Assaf, A. G. , Josiassen, A. , Ratchford, B. T. , et al. Internationalization and performance of retail firms: A bayesian dynamic model[J]. *Journal of Retailing*, 2012, 88(2).

[14]Aybar, B. , Ficici, A. Cross-border acquisitions and firm value: An analysis of emerging-market multinationals[J]. *Journal of International Business Studies*, 2009, 40(8).

[15]Bhagat, S. , Malhotra, S. , Zhu, P. Emerging country cross-border acquisitions: Characteristics, acquirer returns and cross-sectional determinants[J]. *Emerging Markets Review*, 2011, 12(3).

[16]Bris, A. , Cabolis, C. The value of investor protection: Firm evidence from cross-border mergers[J]. *Reviews of Financial Studies*, 2008, 21(2).

[17]Cai Y. , Sevilir M. Board connections and M&A transactions[J]. *Journal of Financial Economics*, 2012, 103(2).

[18]Chari, A. , Ouimet, P. P. , Tesar, L. L. The value of control in emerging markets[J].

Review of Financial Studies, 2010, 23(4).

[19] Chen, Y. Y., Young, M. N. Cross-border mergers and acquisitions by Chinese listed companies: A principal-principal perspective[J]. *Asia Pacific Journal of Management*, 2010, 27(3).

[20] Doukas, J. A., Lang, L. H. Foreign direct investment, diversification and firm performance[J]. *Journal of International Business Studies*, 2003, 34(2).

[21] Du, Junni, Sarala, et al. Attributional tendencies in cultural explanations of M&A performance[J]. *Strategic Management Journal*, 2015, 35(9).

[22] Ayal, E, B., Karras, G. Components of economic freedom and growth: An empirical study[J]. *The Journal of Developing Areas*, 1998, 32(3): 327-338..

[23] Eun, C. S., Kolodny, R., Scheraga C. Cross-border acquisitions and shareholder wealth tests of the synergy and internalization hypotheses[J]. *Journal of Banking and Finance*, 1996, 20(9).

[24] Francis, B. B., Hasan, I., Sun, X. Financial market integration and the value of global diversification: Evidence for US acquirers in cross-border mergers and acquisitions[J]. *Journal of Banking and Finance*, 2008, 32(8).

[25] Gubbi, S. R. Do international acquisitions by emerging-economy firms create shareholder value the case of Indian firms[J]. *Journal of International Business Studies*, 2010, 41(3).

[26] Gugler, K., Muller, D. C., Yurtoglu, B. B. et al. The effects of mergers: An international comparison[J]. *International Journal of Industrial Organization*, 2003, 21(5).

[27] Harris, R. S., Ravenscraft, D. The role of acquisitions in foreign direct investments: Evidence from the US stock market[J]. *The Journal of Finance*, 1991, 46(3).

[28] Hébert, L., Very, P., Beamish, P. W. Expatriation as a bridge over troubled water: A knowledge-based perspective applied to cross-border acquisitions[J]. *Organization Studies*, 2005, 26(10).

[29] Hoskisson, R. E., Eden, L., Lau, C. M., Wright, M. Strategy in emerging economics [J]. *Academy of Management Journal*, 2000, 43(3).

[30] Hur J, Parinduri R A, Riyanto Y E. Cross-border M&A inflows and quality of country governance: Developing versus developed countries[J]. *Pacific Economic Review*, 2011, 16(5): 638-655.

[31] Ingham, H. I., Kran, A., Lovestam. Mergers and profitability: A managerial success story [J]. *Journal of Management Studies*, 1991, 29(2).

[32] Kaufman, Daniel, Kraay et al. Governance matters VI: Governance indicators for 1996—2006[D]. World Bank Policy Research Working Paper 4280, 2007.

[33] Khanna T, Palepu K. Is group affiliation profitable in emerging markets? An analysis of diversified Indian business groups[J]. *Journal of Finance*, 2000, 55 (2).

[34] King, M. D. R., Dalton, D. R., Daily, C. M. et al. Meta-analyses of post-acquisition performance: indications of unidentified moderators [J]. *Strategic Management Journal*, 2004, 25(2).

[35] Kolstad, I., Wiig, A. What determines Chinese outward FDI [J]. *Journal of World Business*, 2012, 47(1).

[36] Meeks, G., Meeks, J. G. Profitability measures as indicators of post-merger performance [J]. *Journal of Industrial Economics*, 1980, (24).

[37] Mishra, A., Daly, K. Effect of quality of institutions on outward foreign direct investment [J]. *The Journal of International Trade & Economic Development*, 2007, 16 (2).

[38] Moeller, S. B., Schlingemann, F. P., Stulz R M. Firm size and the gains from acquisitions [J]. *Journal of Financial Economics*, 2004, 73(2).

[39] Morck, R., Yeung, B. Internalization: An event study test [J]. *Journal of International Economics*, 1992, 33(1).

[40] Nicholson, R. R., Salaber, J. The motives and performance of cross-border acquirers from emerging economies: Comparison between Chinese and Indian firms [J]. *International Business Review*, 2013, 22(6).

[41] North, D. C. *Institutions, institutional change, and economic performance* [M]. Cambridge: Cambridge University Press, 1990.

[42] Peng, M. W., Wang, D. Y. L., Jiang, Y. An institution-based view of international business strategy: A focus on emerging economies [J]. *Journal of International Business Studies*, 2008(39).

[43] Peng, M. W., Sunny, L. S., Brian, P. The institution-based view as a third leg for a strategy tripod [J]. *The Academy of Management Perspectives*, 2009, 23(3).

[44] Shleifer, A., Vishny, R. W. Corruption [J]. *The Quarterly Journal of Economics*, 1993, 108(3).

[45] Wernerfelt, B. A resource-based view of the firm [J]. *Strategic Management Journal*, 1984, 5(2).

A study on market quality, institutional quality and the performance of cross border mergers and acquisitions

—The moderating effect of cross border M&A experience

Pan Chan[1]   Shen Min[2]   Xiang Dongjing[3]

(1, 2 Economics and Management School of Wuhan University, Wuhan, 430072;

3 Qianjiang Economy and Information Technology Commission, Qianjiang, 433100)

Abstract: The cross-border mergers and acquisitions of Chinese enterprises show a rising trend, in the case of the country to promote the supply side reform, M&A integration is one of the important means of landing. The relationship between market quality and quality of institutions and enterprises in this paper a host of long-term performance, and explore the moderating role of experience in cross-border mergers and acquisitions, according to the findings of empirical research in Chinese companies listed multinational case in 2009—2014: the host market quality in terms of market opportunities and market freedom there is a positive correlation between the quality and the system of the performance of merger and acquisition, but there was no significant effect of transnational merger and acquisition experience. The experience of cross border mergers and acquisitions positively regulates the influence of host country's market freedom and institutional quality on firm performance, but has no significant moderating effect on the host country's market opportunity.

Key words: Market quality; Institutional quality; Cross border M&A experience; Enterprise performance.

专业主编：陈立敏

领导者的情绪对下属绩效的影响及作用机制研究*

● 孙利平[1,2]　龙立荣[3]　刘运祥[4]

（1 广东金融学院人力资源管理系　广州　510521；

2，3 华中科技大学管理学院　武汉　430074；

4 中交四航局二公司人力资源部　广州　510230）

【摘　要】已有的领导学研究多关注领导特质、行为和领导类型研究，最近，领导者情绪的有效性作为一个新兴的研究课题开始受到关注。传统的研究观点认为领导者的积极情绪对下属的行为、绩效等有正向影响作用，消极情绪对下属的行为、绩效等有负向影响作用，但越来越多的实证研究发现，领导者的积极情绪对下属的行为、绩效也可能没有正向影响作用，领导者的消极情绪可能反而促进了下属绩效的提升。本文在介绍领导者情绪的内涵、操作、测量及不同影响作用的基础上，强调了领导者的情绪对下属的绩效产生对称和非对称效果的中介机制和调节机制，解释了领导者的积极情绪表达达到预期的对称效果以及消极情绪表达带来积极的建设性的非对称效果的原因，并提出一研究构想以助于理解领导者情绪对下属绩效的作用机制，最后指出未来进一步研究的方向。

【关键词】领导者的情绪　下属绩效　作用机制

中图分类号：C933.41　　　　文献标识码：A

1. 引言

情绪在组织生活中无处不在。人们会对自己的成就感到高兴和自豪，或者对自己的失败感到失望和沮丧，同时，人们还可能对自己周围的人表达这些情绪。研究表明：一名员工的情绪表达可能会影响到其他人的情感、认知、态度和行为（Van Kleef，Homan &

* 基金项目：本文获得国家自然科学基金重点项目"转型期和谐劳动关系：分享型领导、员工心理契约与人力资源策略研究"（71232001）、国家自然科学基金重点项目"物联网环境下的组织体系架构建模、行为分析与优化设计：以电商物流为例"（71531009）、国家自然科学基金青年项目"领导-成员交换策略及其对个人与团队产出的影响研究"（71402061）支持。

通讯作者：龙立荣，E-mail：lrlong@ mail. hust. edu. cn。

Cheshin 2012)。当情绪的表达者是领导者时，其结果又会怎么样呢？人们通常认为作为领导者应喜怒不形于色，有城府，才能避免有些下属投其所好、曲意逢迎，同时，也显得领导者更有内涵、更威严。不过，也有研究表明，领导者的情绪表达可能会影响下属的任务绩效，对组织成功起重要作用（Gooty et al，2010）。Wang 和 Seibert（2015）近期的研究也发现领导者刻意地控制或隐藏情绪可能会失去向下属传递绩效信息的有利机会。因而，领导者的情绪表达，有可能是组织中的一个重要力量，有待于继续深入探讨。

一直以来，在领导学领域，研究者们更多关注的是领导类型、特质或行为的研究，直到最近，领导者的情绪作为一个新兴的研究课题，开始受到越来越多的关注（Connelly & Gooty，2015）。在研究领导者的情绪现象时，当前存在两种领导者情绪的研究视角：一种研究视角是从当前的领导理论出发，思考领导理论中的情绪现象，将情绪作为鼓舞人心的领导活动的一个方面，例如，研究魅力型领导过程中积极情绪的作用，研究领导者成长、变革型领导、领导者-成员交换关系中的情绪、情感现象。这些研究通过融入情绪情感现象拓展了领导理论。另一种研究视角是围绕着情绪的相关理论和过程来开展研究，例如，情绪感染理论、情绪社会信息理论、情绪-认知双路径理论、情感事件理论、判断与决策中的情绪以及离散情绪的表达等。大多数领导者情绪研究采用这种研究视角，将领导者、领导活动视为起作用的背景因素，探讨领导者的情绪表达与下属的认知、情感状态、绩效等之间的关系，以及领导者的情绪表达对其决策效果的影响。本文更加关注后一个视角的研究。

2. 领导者情绪的内涵及测量

2.1 领导者情绪的内涵

情绪是一个复杂的心理学概念，其内涵丰富层次多。在组织行为领域，情绪（emotion）与导致情绪的不同事件或者情形的评价相关。从认知评价视角来看，情绪被定义为对一个事件、情形或实体的一种有组织的心理响应。与心境（mood）和情感（affect）相比，情绪是更短暂的、以目标为中心的和更强烈的（Fisher，2002）。由于研究者对情绪的界定不同，对情绪结构的看法也不同。其中有一种观点将情绪分为几种离散的、彼此独立的、有限的基本情绪，但是，基本情绪包含哪些方面，研究者的观点并不一致（乐国安、董颖红，2013）。

在组织背景下，本文将领导者的情绪界定为领导者对一个事件、情形、人或者其他实体的、强烈的、短暂的适应性反应。包括领导者情绪在内的个体情绪作用的典型研究主要关注一些离散的积极或消极情绪，其中，积极情绪主要关注愉快、乐观；消极情绪主要关注愤怒、厌恶、失望、内疚、悲伤和恐惧等。探讨领导者情绪及其对下属绩效的影响作用的研究者巧妙地控制和测量了领导者的特定情绪，探讨它们与领导有效性之间的因果影响关系、内在机制等问题。

2.2 领导者情绪的操作或测量

2.2.1 实验室操作法

实验室操作法是研究领导者情绪现象的一种常见方法，它采用大量的实验技术操纵领导者的情绪(Gooty et al. , 2010)。例如，在一些研究中，被试通过观看录像视频来评价领导者的情绪和行为，或者被试被要求观看他们的领导者，并报告出他们自己的心理反应和情绪状态；还有一些研究在实验室中让被试完成工作环境中的一个任务。在这些录像或模拟的工作环境中，领导者发表演讲、反馈或者给出任务指令。

尽管许多人批评实验室环境下的领导研究，然而许多社会行为理论就是在这种环境里检验和推进的。这些实验设计测量情绪非常接近于它们发生的实际从而降低了回顾性偏见。事实上，正是通过实验研究，情绪因素影响领导过程和结果(反之亦然)的关键内在因果机制才被发现和识别。

2.2.2 量表法

量表法测量领导者情绪所用的量表通常是已有的情绪模型的形容词清单，研究人员使用量表在多个时间段从领导者、下属那里搜集数据，以评估领导者情绪。例如，Wang 和 Seibert(2015)采用时间延迟现场研究法对美国三个大型商业公司领导者的特定情绪与下属的绩效等变量的关系进行了跨时间的调查研究，这是在一个自然的背景和多样化的组织环境里进行的。在测量领导者的积极和消极情绪表达的频率时，研究者采用已有的情绪模型的形容词清单，让下属评价领导者表现出的五个离散的非连续性的积极情绪(快乐、热情、乐观、激情和兴趣)的频率，以及五个离散的非连续性的消极情绪(沮丧、失望、生气、焦虑、激怒)的频率，并且，在特定的时间段内对相关变量进行了多次重复测量。

2.2.3 关键事件编码法

关键事件编码法是一种质性研究方法，它是对与情绪事件等相关的关键事件按照一定的结构进行编码。关键事件编码法通过深度访谈等获得关于情绪和行为的事件经历，搜集数据进行分析。例如，Atwater 等(1997)对军队候补军官在特定情境下的情绪反应进行研究，他们调查被试七个类别的情绪反应：愤怒、生理唤醒、惊奇、绝望、失望等，为情绪反应制定了与特定情境相关的被编码了的关键事件来搜集相关数据。

3. 领导者的情绪对下属绩效的争议性影响

3.1 领导者情绪作用的对称效果

情绪源于社会互动。传统的关于领导者情绪与下属的绩效等相关变量的关系的研究认为，领导者的积极情绪，如愉快，会对下属的绩效产生正向影响(Bono & Ilies, 2006; George & Bettenhausen, 1990)，而领导者的消极情绪，如烦恼、悲伤、愤怒，则对下属的绩效产生消极影响(Porath & Erez, 2007; 张亚军、张金隆, 2015)。理论界通常将领导者的积极情绪对下属具有积极影响作用以及领导者的消极情绪对下属具有消极影响作用的观点称为对称假设(见表1)。

表 1　　　　　　　　　　　　　　领导者情绪的争议性作用及研究方法

	领导者积极情绪的作用	研究方法	领导者消极情绪的作用	研究方法
对称效果	领导者的愉快情绪正向影响下属的绩效（Bono & Ilies，2006）	量表法实验法	领导者的消极情绪负向影响下属的绩效（Porath & Erez，2007）	实验法
非对称效果	领导者的愉快情绪对下属绩效没有产生积极作用（Van Kleef 等，2009）	实验法	领导者的愤怒情绪促进了下属绩效（Van Kleef 等，2009）	实验法
	领导者的积极情绪与下属绩效之间没有直接的正相关关系（Wang & Seibert，2015）	量表法	领导者的消极情绪对下属的绩效有建设性作用（Wang & Seibert，2015）	量表法

领导者情绪的这种"对称"效果获得了大量的实证支持。关于为什么领导者的情绪可以对下属的绩效产生对称影响这一现象，早期的研究者基于情绪感染理论认为，下属通过情绪感染自动地、无意识地获得或者分享领导者的情绪，这种分享过程通常是在自动、同步、无意识状态下发生的，很少有认知调节的作用，导致他们经历与领导者同样的情绪状态。下属接下来的行为受情感启动原理（affect priming principle）的影响，该原理假定人们基本的情绪状态导致情感一致性思想和记忆的恢复以及情感一致性信息过程，结果，处于积极情绪状态的个体可能会更乐观，更富有创造性、合作性，有积极动机并能取得更高绩效，而个体如果处于消极情绪状态则对动机和绩效结果有相反的影响（Hatfield et al.，1994；张奇勇、卢家楣，2013）。

3.2　领导者情绪作用的非对称效果

随着研究的发展，关于领导者情绪的影响作用的实证研究结果和现实表现出了更为复杂的现象。Van Kleef 等（2009）在探讨领导者的愉快和愤怒情绪对团队绩效的影响作用时，发现领导者的愉快情绪对下属的绩效并没有产生影响作用，领导者的愤怒情绪反而促进了下属绩效的提升。越来越多的研究观点证实了这种领导者情绪作用的非对称效果的存在（见表1）。Visser 等（2012）在领导效能的研究中，指出领导者的消极情绪，如悲伤，对于其客观领导效能（通过员工的实际绩效所衡量的领导效能）的影响并不一定消极。Wang 和 Seibert（2015）的研究也发现，领导者的积极情绪（愉快、热情、乐观、兴奋、兴趣）与下属的绩效之间并没有直接的正相关关系。

对于这些复杂的有争议性的影响，为了弄清领导者的情绪如何影响下属的绩效以及在什么时候对下属的绩效产生对称或非对称效果，研究者们基于情绪社会信息理论（emotion as social information）、情绪-认知双路径理论（emotional and cognitive complementary routes）等来解释或说明领导者的积极或消极情绪影响下属绩效的中介机制和调节机制。

4. 领导者的情绪对下属绩效产生影响的作用机制

4.1 领导者的情绪影响下属绩效的中介机制

研究者大多认同领导者的情绪通过下属的情绪情感和认知推理两条路径对下属的行为和绩效产生影响（见表2）。例如，情绪社会信息理论认为，领导者的情绪通过两个不同的中介机制对下属的行为、绩效产生影响：情感反应和推理过程（Van Kleef et al, 2009；Van Kleef, 2014）。其中，情感反应主要表现为情绪感染的过程，即个体常常自主地、无意识地捕捉、模仿他人情绪状态的过程。例如，一个人的快乐可以触发他人积极的情绪，同样的，一个人的愤怒可引起接收者相互的愤怒。除了情感反应外，感知他人的情绪表达可能引发接收者的推理过程。当认知-推理被激活，接收者不会自动地模仿发送者的情绪，相反，会积极地仔细检查发送者的情绪表达出的信息。例如，从领导者的愉快情绪中，下属可能会推理判断工作任务达到预期，不需要再做出行为改善或努力；而从领导者的愤怒情绪中，下属可能推理判断工作未达到预期，还需要再努力。下属正是通过这种逆向推理领导者的情绪表达来洞察和评估当前的绩效状况，进而做出相应的行为改变。Van Kleef等（2009）通过实证研究证实了这两种中介机制的存在。

同样，情绪-认知双路径理论也认为领导者的情绪通过下属的情绪路径和认知路径对下属的行为和绩效产生影响，并且，情绪路径与认知路径会产生交互作用（Miron-Spektor & Rafaeli, 2009）。在情绪路径上，下属的情绪在领导者的情绪与下属绩效之间起中介作用。不过，下属的情绪可能是通过情绪感染表现出的与领导者相一致的情绪，也可能是通过情绪响应（emotional reaction）产生的与领导者不一致的情绪，例如，领导者的愤怒可能会激起下属同样的愤怒情绪，但也可能会引发下属的羞愧或害怕情绪；领导者的愉快情绪可能会引起下属的愉快情绪，也可能会引起下属的自豪情绪（Koning & Van Kleef, 2015）。下属的情绪反应不同，进而对其绩效的影响不同。在认知路径上，下属的信息加工在领导者的情绪与下属绩效之间起中介作用。下属通过对领导者情绪的信息加工来推理判断当下环境和绩效状况，进而影响其行为和绩效。情绪路径与认知路径还存在交互作用：下属的情绪会影响其对领导者情绪信息的加工，包括信息加工的内容和方式；对领导者情绪信息的认知加工可能导致下属产生一定的情绪情感体验，这些均会影响下属的行为和绩效。马学谦等（2015）在领导者消极情绪对下属绩效的影响作用的整合模型中也强调了下属的情绪路径和认知路径的交互作用，以聚合（因与领导者感同身受，表现出相一致的情绪）、发散（因认知加工而产生与领导者不同的情绪）、对应（因领导者的情绪针对下属本人，下属产生相对应的情绪）的方式使下属产生与领导者相同或不同的情绪，进而影响其行为、绩效。

由此可见，领导者的情绪通过下属的情绪路径和认知路径影响下属的绩效。下属的情绪路径、认知路径以及两条路径的交互作用可能触发下属产生与领导者相同或不同的情绪和情感体验，或者形成对当下环境和绩效的推理判断，从而导致领导者的积极情绪并不总是促进下属的绩效，以及领导者的消极情绪可能对下属的绩效产生有益的影响。面对领导者的积极或消极情绪，下属何时做出何种情绪、情感反应和推理判断？何时导致积极或消极结果？答案取决于一些调节因素的影响。

4.2 领导者的情绪影响下属绩效的调节机制

领导者的情绪通过下属的情绪路径和认知路径及其交互作用对下属的绩效可能产生不同的影响作用。在这个过程中，同时存在一些因素调节着领导者情绪对下属的情绪情感、认知加工的影响作用，使下属产生一定的情绪情感，形成一定的推理判断，进而影响其行为和绩效等。越来越多的研究者从组织层面的因素、领导者的个体因素、下属个体的差异性等视角来探讨领导者的情绪影响下属的情绪情感、认知加工的调节效应(见表2)。

表2　　　　　　　　领导者的情绪对下属绩效产生影响的作用机制的代表性研究

领导者情绪的作用效果	中介机制	调节机制	研究者
领导者的积极情绪正向影响下属的行为绩效 领导者的消极情绪负向影响下属的行为绩效	下属的情绪感染	下属的敏感性高	Johnson（2008）
领导者的积极情绪对下属绩效有积极作用 领导者的愤怒情绪促进了下属的绩效	下属的情感反应 下属的绩效推理	下属的信息处理动机低 下属的信息处理动机高	Van Kleef 等，2009
领导者的愤怒情绪负向影响下属的行为绩效	下属的情感反应 下属的行为动机	情绪表达不合适	Koning & Van Kleef，2015
领导者的积极情绪频率与下属的绩效呈正相关关系 领导者的消极情绪对下属的绩效有建设性作用	未涉及	表面行为少 消极情绪表达的低频率	Wang & Seibert，2015

4.2.1 组织层面的因素

组织的情境、文化氛围等影响着领导者情绪对下属的情绪、情感以及绩效的作用效果。特定的情境制约着领导者的情绪表达及效果。例如，在公司经营困难、裁员时期，领导者表现出悲伤、感激、同情和遗憾，有利于激发下属的情感动机(Nelson，Michie & DeGroot，2008)。在组织危机情境下，领导者分别表现出愤怒或沮丧，或者同时表现出愤怒和沮丧情绪会导致不同的领导有效性评价。相较于仅仅表现出沮丧情绪或者同时表现沮丧和愤怒两种情绪，领导者单独表现出愤怒情绪对评价比较不利。不过，当领导者承认对危机的责任之后，这些影响消失了(Madera & Smith，2009)。Koning 和 Van Kleef(2015)研究发现下属如果认为领导者的愤怒情绪表达不合适，自己也会感到愤怒，不喜爱领导者，进而对下属的行为绩效有消极影响。这些研究结果既表明了领导者的不同离散情绪的不同影响作用，同时也强调了组织的情境因素对领导者的情绪表达及效果的制约作用。此外，组织的文化氛围也调节着领导者的情绪对下属的影响效果，Deng 和 Leung（2014）研究发现组织的公平氛围调节着领导者的消极情绪的影响作用。当公平氛围浓厚时，领导者的训斥对下属的绩效可能有积极影响作用。

组织的情境和文化氛围是影响领导者情绪表达效果的时机和背景因素，影响着下属对领导者情绪表达的合适性判断，进而影响下属的情绪、情感反应以及最终的结果。当下属认为领导者的情绪表达合乎组织和社会的规范，是合理的、公平的，会激发下属积极的情绪情感反应，最终实现领导者的积极情绪带来预期的积极效果，消极情绪带来积极的建设性结果。

4.2.2 领导者的个体因素

领导者情绪表达的真诚度、情绪表达的频率、领导类型以及领导者的性别等调节着领导者情绪表达的效果。例如，一些学者发现，与不诚恳的领导者相比，一个领导者分享真实的情感可以根本性地改变下属对领导者的评价（Van Kleef，Homan & Cheshin 2012；Eberly & Fong，2013；Gardner，Fischer & Hunt，2009）。如果下属感到领导者的情绪是真诚的，会认为领导者是正直可信赖的，对领导者也更信任和喜爱，与领导者的关系质量更高，进而，提高了下属的角色内和角色外绩效。

Wang 和 Seibert（2015）研究发现，领导者消极情绪的积极的建设性作用仅仅存在于那些在工作单位里不常对下属表达消极情绪的领导者中。对于那些经常对下属表达消极情绪的领导者，他们的消极情绪对承受消极情绪的下属的绩效不再有积极的影响。不过，实证研究没有支持积极情绪的表达频率与下属绩效的正相关关系。

Lewis（2000）研究发现男性领导者表达愤怒比表现出沮丧更易于被接受、更有效，然而，同样的现象并不适用于女性领导者。在西方文化中，女性比男性更易动感情这个观点是一个较强的性别刻板印象（Shields，2002），在东方文化中，同样如此。其结果导致：即使是有节制的某些情绪表达，女性领导者也可能处于不利的地位，特别是当情绪传递支配权的时候，如愤怒或者自豪，女性领导者更易于招致负面的评价。但是女性领导者不善于表达情绪也可能导致不利影响，因为非情感的女性可能被认为未能呈现她们作为女性应有的热情（Brescoll，2016）。这些性别刻板印象导致领导者的性别影响其情绪表达的效果，尤其对女性领导者来说，为了获得成功，不得不考虑女性适合表现哪些情绪以及表现多少。

此外，领导类型不同，能够被下属接受的情绪表达方式也不同，进而影响到领导者情绪表达的效果。例如，Griffith 等（2015）实证研究发现，魅力型领导者表达更多的积极情绪，在影响策略上多采用软策略（个人的影响力，如受欢迎、渊博知识、有能力）影响他人；思想型领导者表达更多消极的情绪，并且情绪也较反复无常，多采取硬策略（利用职位权力给予压力、责备或者打击）影响他人；务实型领导者被感知为更加真实，多采用理性说服来影响他人。领导类型不同，情绪表达方式不同，采取的影响策略不同，进而影响到领导有效性。

4.2.3 下属个体的差异性

面对领导者的积极或消极情绪，下属并不是一个被动的接受者和行动者，下属有其情绪和情感体验。但是，并不是所有的下属都同等地易受领导者情绪的影响。下属对领导者情绪的响应方面，存在着个体差异，例如，下属加工处理信息的动机水平影响着下属对领导者情绪的响应方式；下属的人际敏感度、情感特质、情绪智力等调节领导者情绪对下属情绪情感的影响作用。

Van Kleef 等（2009）研究发现低信息处理动机的团队成员在响应领导者的积极情绪时，绩效更高；但是，高信息处理动机的团队成员在响应领导者的消极情绪时，绩效更高。这可能是因为低信息处理动机的团队成员面对领导者的积极或消极情绪时，更多地表现出情感反应（积极的 VS 消极的情绪，以及对领导者的喜爱度），而高信息处理动机的团队成员对领导者的积极或消极情绪的响应方式主要是推理加工（关于绩效质量的推理）。Johnson（2008）研究发现当下属不易察觉或不易被领导者情绪感染时，即人际敏感度低时，领导者的积极或消极情绪对下属的情绪情感影响并不显著。Harvey 等（2007）研究发现，积极情感特质是下属应对上司消极情绪压力的一个重要心理资源，高积极情感特质的下属能够更好地应对上司的不当督导行为带来的压力。同样，情绪智力高的下属能够有效地认知评价领导者的情绪来指导自己的思想和行为，降低或避免领导者的消极情绪的不利影响（Kaplan et al，2014）。

在探讨领导者情绪与下属绩效关系的调节机制方面，大多数研究重点关注领导者的情绪与下属的情绪情感、认知加工之间的调节因素，使下属产生哪些情绪情感和推理判断。一般认为，下属不同的情绪情感和推理判断导致不同的绩效结果。不过，也有研究认为一些因素可能调节着下属的特定情绪情感与其绩效结果之间的关系，例如，马学谦等（2015）关于领导者消极情绪对下属绩效的影响作用的整合模型认为下属的消极情绪（由领导者的情绪引发的）对于分析型任务可能起促进绩效的作用，但对于创造型任务可能起阻碍绩效的作用。关于由领导者的情绪引发的下属的情绪情感、推理判断对下属绩效的影响及作用机制，还缺少实证探讨。

5. 研究展望

研究已证实领导者适宜、适当地表达自己的情绪并不是与工作无关的行为，它是领导者影响下属绩效的一个重要方式，而刻意地隐藏情绪可能会失去向下属传递绩效信息的有利机会。以往的领导理论，如特质理论、行为理论、权变理论以及变革型、伦理型、真诚型、辱虐型等领导类型理论，分别从领导者自身的特质、行为或领导者-下属的关系以及情境等视角来探讨如何实现有效领导，而领导者的情绪研究则从情绪的社会功能、领导者情绪的人际效应视角，探讨领导者的积极或消极情绪对下属产生影响的具体心理机制以及可能的绩效结果，成为领导有效性研究的一个新视角。未来关于领导者情绪对下属绩效的影响作用可围绕着文化情境、领导者、下属和组织因素，开展以下研究：

第一，关注中国情境下领导情绪的影响及其机制研究。现有的大多数领导者情绪与下属绩效等的关系研究是在西方文化背景下探讨的。中西方文化存在差异。中国的高权力距离下，领导者对下属在组织内的职业发展、晋升等有决定性影响，因而下属对领导者的情绪表露较为敏感，更加在意。但是，中国文化也强调领导者的隐忍、含蓄内敛，这可能会影响领导者的真情实感的流露方式和程度。例如，在领导者感到愤怒不满的特定情境下，领导者以合乎情境、合乎社会规范的方式含蓄内敛地表达情绪情感,可能会出现诸如愤而不怒、不怒自威的效果。但是,同样的情境,如果领导者的情绪情感的含蓄内敛与情境不相符合,甚至隐藏情绪,也可能会引起下属认知的混乱和内心不满;不过,对于有内省倾向、内控点个性特征的下属来说,也可能会引起他们的愧疚情绪和激发他们积极的行为。当然,领导者也可能根据情境需要将情绪鲜明地表达出来,同样可能对下属的行为和绩效产生显著的影响作用。这些还需要研究者的实证探讨。

第二,关注更多与领导活动有关的离散情绪的细致研究。领导者不同类型的积极情绪和消极情绪可能对下属有不同的影响作用。研究者已探讨了领导者的愤怒、愉快、希望等情绪的影响作用,未来的研究仍需继续探讨其他离散的消极情绪(内疚、失望、焦虑、紧张、害怕、沮丧等)、积极情绪(兴趣、兴奋等)和中性情绪(惊奇、平静或无情绪表现等)对下属绩效的影响作用,以及对于领导者情绪管理的意义。例如,还可探讨领导者的内疚情绪表达及其影响。内疚情绪通常与个体的错误行为相关联,它的一个关键特征是特定情境下的自我检讨、自我指责,从本质上看是对道德职责承担责任。随着错误行为的公开,内疚通常会引发修复行动,因而,一些研究者近年来开始关注领导者的内疚情绪研究。领导者的内疚情绪是一种复杂的社会道德性情绪表达,表明领导者深感事情糟糕想去弥补,体现了其责任感(Jordan & Lindebaum,2015)。不过,领导者表达过多的内疚情绪,会被认为不坚决果断或恶意维持关系(Fisher & Exline,2010),因而,领导者表达内疚情绪时,还应注意内疚情绪表达的频率和数量的制约作用。明显有错误的领导者表达适当频率和数量的内疚情绪时,下属才可能会认为领导者是真诚的,对领导者的人际接受度和喜爱度才会提升,进而愿意和领导者共同面对问题,提高绩效。未来的研究可予以实证探讨。

第三,关注使领导者的情绪给下属带来积极的情绪情感体验和绩效结果的调节效应研究。这其中,领导者情绪表达的情境合适性是一个特别需要关注的因素。情境合适性是指领导者的情绪表达应与组织的情境要求相一致(Jordan & Lindebaum,2015),这里的情境包括特定类型的事件、组织的文化氛围以及组织内的各种客观状态。在特定情境下,当下属感到领导者的情绪表达是合适的、可接受的时候,领导者的情绪对下属的情绪情感和行为、绩效等才有可能带来积极的影响作用。例如,领导者的愤怒作为一种表达不满、警醒下属的强烈的消极情绪,领导者不合适的愤怒表达会激起下属同样的愤怒情绪,研究已证实了这一现象。然而,当下属没有完成工作任务,违背领导者的信念,导致消极后果,此时领导者合乎情境的愤怒表达则可能让下属产生敬畏情绪。敬畏是一种混合了服从、钦佩等的复杂的积极情绪,反映了人们对某个人或事物既敬重又害怕的积极心理状态(董蕊、彭凯平、喻丰,2013)。敬畏起源于对拥有权力者服从的情绪反应。当人们面对比自己有权力、更优秀或者地位高的人时,第一反应可能是有威胁的,需要采取防备的态度,但最终人们会通过认知评价过程产生积极的评价,采取尊重和服从的态度(Schurtz,2012)。当领导者合乎情境地表达愤怒,下属可能会产生敬畏情绪,怀有敬畏之心的下属则可能采取有效行动,提升工作绩效。未来的研究可予以探讨检验。

另外,考虑到下属个体的差异性和领导者的特征可能调节领导者情绪对下属绩效的影响效果,未来的研究还需关注和探讨下属的动机、内外控人格、情绪调节策略以及领导者-成员的关系质量、领导者的职位层次、领导者的情绪表达频率等是否或如何调节领导者情绪与下属的情绪情感、绩效的关系。

第四，还需探讨由领导者的情绪引发的下属的情绪情感对下属绩效的影响及其作用机制。现有的研究多关注调节因素如何调节领导者的情绪对下属的情绪情感和认知加工的影响，对于接下来下属的特定情绪情感影响下属绩效的机制很少关注。情感事件理论认为个体的情绪情感反应可能直接影响其行为和绩效，也可能先影响其工作态度、动机，进而影响其工作行为和绩效；Miron-Spektor 和 Rafaeli（2009）指出任务的复杂性、创造性以及社会规范、下属的情绪智力等可能调节着下属的情绪情感对其绩效的影响效果；马学谦等（2015）关于领导者消极情绪对下属绩效的影响作用的整合模型也认为任务类型可能调节着下属的情绪情感与其绩效之间的关系。在领导者情绪与下属绩效之间关系的研究中，由领导者的情绪引发的下属情绪情感对下属绩效的影响也应受到研究者的关注。

第五，还需完善领导者情绪的研究方法和设计。目前该领域的实证研究多采取单一的问卷调研或实验室方法，结果的可靠性不足，应同时辅助以案例法、关键事件法、日记法和其他定性研究法，使研究结果更加可靠和有外部效度。

基于这些研究展望，本文提出一个有关中国情境下领导者的情绪对下属的绩效产生影响及其机制的研究构想，见图 1。

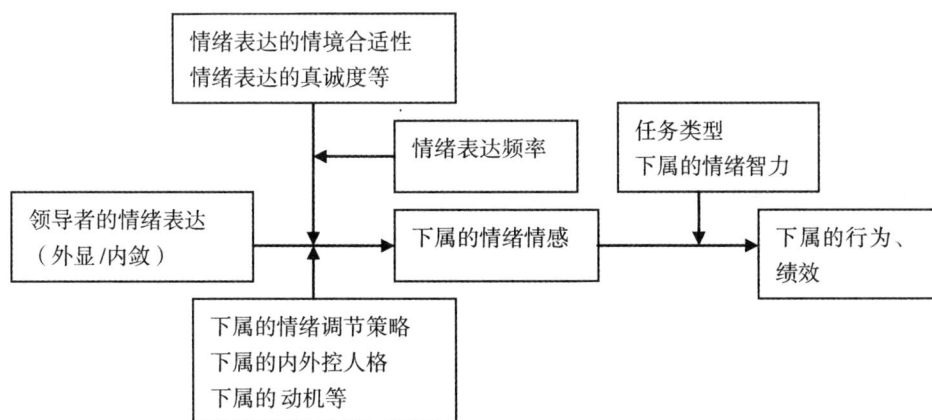

图 1　中国情境下领导者的情绪对下属绩效的影响及其机制

6. 结语

领导者的情绪及情绪表达方式可以通过一定的内在机制对下属的行为、绩效产生影响。在一定的文化背景和特定的情境下，大量的组织、个体层面的因素等影响着领导者情绪表达的效果。研究者可探讨在什么条件下领导者的积极情绪对下属的行为、绩效产生积极作用，以及在什么条件下领导者的消极情绪对下属的行为、绩效产生建设性的积极作用。在实践领域，为了提高领导者情绪表达的有效性，在特定情境下，领导者表达情绪时同样需考虑可能的中介因素、调节因素的影响和制约作用。

◎ 参考文献

［1］董蕊，彭凯平，喻丰. 积极情绪之敬畏［J］. 心理科学进展，2013，21(11).

［2］乐国安，董颖红. 情绪的基本结构：争议、应用及其前瞻［J］. 南开学报(哲社版)，2013(1).

［3］刘孟超，黄希庭. 希望：心理学的研究述评［J］. 心理科学进展，2013，21(3).

［4］马学谦，王虹，熊冠星，王笑天，颜亮，李爱梅. 领导的消极情绪对员工绩效的积极作用［J］. 心理科学进展，2015，23(11).

［5］张奇勇，卢家楣. 情绪感染的概念与发生机制［J］. 心理科学进展，2013，21(9).

［6］张亚军，张金隆，张千帆，梅秋艳. 考虑消极情绪和领导-成员交换影响的辱虐管理与用户抵制研究［J］. 管理学报，2015，12(12).

［7］Atwater, L. E., Camobreco, J. F., Dionne, S. D., et, al. Effects of rewards and punishments on leader charisma, leader effectiveness, and follower reactions［J］. *The Leadership Quarterly*, 1997, 8(2).

［8］Bono, J. E., Ilies, R. Charisma, positive emotions, and mood contagion［J］. *The Leadership Quarterly*, 2006, 17(4).

［9］Connelly, S., Gooty, J., Leading with emotion: An overview of the special issue on leadership and emotions［J］. *The Leadership Quarterly*, 2015, 26(4).

［10］Deng, H., Leung, K. Contingent punishment as a double-edged sword: A dual-pathway model from a sense-making perspective［J］. *Personnel Psychology*, 2014, 67(4).

［11］Fisher, M. L., Exline J. J. Moving toward self-forgiveness: Removing barriers related to shame, guilt, and regret［J］. *Social and Personality Psychology Compass*, 2010, 4(8).

［12］Gooty, J., Connelly, S., Griffth, J., et, al. Leadership, affect and emotions: A state of the science review［J］. *The Leadership Quarterly*, 2010, 21(6).

［13］Griffith, J., Connelly, S., Thiel, C., et, al. How outstanding leaders lead with affect: An examination of charismatic, ideological, and pragmatic leaders［J］. *The Leadership Quarterly*, 2015, 26(4).

［14］Harvey, P., Stoner, J., Hochwarter, W., et, al. Coping with abusive supervision: The neutralizing effects of ingratiation and positive affect on negative employee outcomes［J］. *The Leadership Quarterly*, 2007, 18(3).

［15］Johnson, S. K. I second that emotion: Effects of emotional contagion and affect at work on leader and follower outcomes［J］. *The Leadership Quarterly*, 2008, 19(1).

［16］Jordan, P. J., Lindebaum, D. A model of within person variation in leadership: Emotion regulation and scripts as predictors of situationally appropriate leadership［J］. *The Leadership Quarterly*, 2015, 26(4).

［17］Koning, L. F., Van Kleef, G. A. How leaders' emotional displays shape followers' organizational citizenship behavior［J］. *The Leadership Quarterly*, 2015, 26(4).

[18] Lewis, K. M. When leaders display emotion: How followers respond to negative emotional expression of male and female leaders[J]. *Journal of Organizational Behavior*, 2000, 21 (2).

[19] Madera, J. , Smith, D. B. The effects of leader negative emotions on evaluations of leadership in a crisis situation: The role of anger and sadness [J]. *The Leadership Quarterly*, 2009, 20(2).

[20] Miron-Spektor, E. , Rafaeli, A. The effects of anger in the workplace: When, where, and why observing anger enhances or hinders performance[J]. *Research in Personnel and Human Resource Management*, 2009(28).

[21] Schurtz, D. R. , Blincoe, S. , Smith, R. H. , et, al. Exploring the social aspects of goose bumps and their role in awe and envy[J]. *Motivation and Emotion*, 2012, 36(2).

[22] Van Kleef, G. A. , Homan, A. C. , Beersma, B. , et al. Searing sentiment or cold calculation? The effects of leader emotional displays on team performance depend on follower epistemic motivation[J]. *Academy of Management Journal*, 2009, 52(3).

[23] Van Kleef, G. A. , Homan, A. C. , Cheshin, A. Emotional influence at work: Take it EASI[J]. *Organizational Psychology Review*, 2012, 2(4).

[24] Van Kleef, G. A. Understanding the positive and negative effects of emotional expressions in organizations: EASI does it[J]. *Human Relations*, 2014, 67(9).

[25] Victoria, L. Brescoll. Leading with their hearts? How gender stereotypes of emotion lead to biased evaluations of female leaders[J]. *The Leadership Quarterly*, 2016, 27(3).

[26] Visser, V. A. , Van Knippenberg, D. , Van Kleef, G. A. , et al. How leader displays of happiness and sadness influence follower performance: Emotional contagion and creative versus analytical performance[J]. *The Leadership Quarterly*, 2012, 24(1).

[27] Wang, G. , Seibert, S. E. The impact of leader emotion display frequency on follower performance: Leader surface acting and mean emotion display as boundary conditions[J]. *The Leadership Quarterly*, 2015, 26(4).

The effects and mechanisms of leader's emotions on subordinates' performance

Sun Liping[1,2]   Long Lirong[3]   Liu Yunxiang[4]

(1 Department of Human Resource Management of Guangdong University of Finance, Guangzhou, 510521;

2, 3 Huazhong University of Science and Technology, Wuhan, 430074; 4 Human Resource Department

of the Second Engineering Company of CCCC Fourth Harbor Engineering Co. Ltd, Guangzhou, 510230)

Abstract: Existing leadership researches have paid more attention to leadership types, trait and behavior. Recently, the effectiveness of leader's emotion as a new research topic begins to attract the attention of the researchers. Traditional review believed leaders' positive emotions have positive effects on subordinates' behavior and performance, and leaders' negative emotions have negative impacts on subordinates' behavior and performance. But more and more empirical studies found that the leaders' positive emotions also may not have positive impacts on subordinates' behavior and performance, leaders' negative emotions may also promote the subordinates' performance instead. This paper introduces the connotation, operations and measurements, the different effects of leader' emotion, and emphasizes the mediation mechanism and moderation mechanism of leaders' emotional function, explains the reasons of the desired symmetric effect of leaders' positive emotion and the constructive asymmetric effect of leaders' negative emotions. The paper also proposes a research supposition to help understand the influential mechanism of leaders' emotions on the subordinates' performance. Finally this paper points out the future research direction.

Keywords: Leader's emotions; Subordinates' performance; Influential mechanism

专业主编：杜旌

关系型董事长与企业创新*

● 潘红波[1]　郑冬云[2]

（1，2 武汉大学经济与管理学院　武汉　430072）

【摘　要】本文以我国 2005—2014 年的上市公司为样本，分析集团股东委派董事担任成员公司董事长所形成的关系型董事长对成员公司创新的影响。研究结果发现，关系型董事长对公司创新有显著的负面影响，而且这种效应主要发生在国有企业，尤其是所处区域制度环境差的国有企业。本文的结果支持关系型董事长的"偏袒效应"，即关系型董事长会出于私心，在分配资源时偏袒所在成员公司，使得公司得到更多的资源，从而弱化公司的创新激励。进一步地，本文对"偏袒效应"的传导机制进行检验，发现关系型董事长导致了国有企业无效率投资和集团内非正常关联交易。本文的研究结果意味着，"任人唯亲"会扭曲国有企业的资源配置，进而降低国有企业的创新动力和激励，最终阻碍国有企业的发展和我国的经济增长。

【关键词】关系型董事长　偏袒效应　企业创新　国有企业　资源配置效率

中图分类号：F273.1　　　　　文献标志码：A

1. 引言

在我国当前的公司治理中，总经理的职权与西方首席执行官（CEO）不尽相同，董事长时常拥有比总经理更大的职权（田利辉、张伟，2013），董事长的产生来源无疑会对企业管理决策产生重大影响。相对于市场化机制聘任的"任人唯贤"的董事长，集团股东任命董事担任成员公司董事长则可能属于"任人唯亲"的范畴①。中国社会向来注重"人情关系"，这种社会传统深刻影响着公司治理，关系型董事长在中国普遍存在②。

* 基金项目：本文是国家自然科学基金项目（编号 71572133、71672134）的阶段性成果。

通讯作者：潘红波，E-mail：phb@ whu. edu. cn。

①　如果公司董事长同时在股东单位担任董事，并且在股东单位任职的时间早于其在公司任职的时间，则本文把该董事长定义为关系型董事长。

②　在本文的样本中，国有企业关系型董事长和总经理的比例分别为 45.9% 和 13.3%；民营企业的则分别为 52.3% 和 23.5%。2013 年 8 月 12 日，《证券日报》"'外来人'路通离任丰联，联想'自己人'陈绍鹏接管"的报道显示，联想控股下属集团丰联集团，在路通的带领下成功并购四家酒企之后，联想控股任命联想控股高管——"自己人"陈绍鹏接管丰联集团，同时担任丰联集团的董事长和总经理，而"外来人"路通离任丰联集团。

以往学者大多数从公司内部层面对"任人唯亲"现象进行探讨，发现公司的董事会成员倾向于聘请与自己有社会关系的"朋友"，如同事、老乡、校友等担任公司董事或总经理（Khanna 等，2015；戴亦一等，2016），并对企业违规（Khanna 等，2015；陆瑶、胡江燕，2016）、高管薪酬（郑志刚等，2012）等产生了重要影响。从企业集团层面对"任人唯亲"现象的研究则主要集中在，民营企业实际控制人任命家族成员担任公司高管对公司治理和财务决策的影响（Anderson 等，2012；李新春等，2015）。一些学者从总公司与分公司的层面对"任人唯亲"现象进行研究，发现公司总部的总经理委派与自己具有社会联系的"朋友"担任分公司的总经理时，会影响总公司对分公司的资源配置（Duchin & Sosyura，2013；Glaser 等，2013）。

然而，从企业集团层面来看，还普遍存在企业集团股东单位委派董事担任成员公司董事长的现象，但鲜有学者对其进行研究。改革开放以来，中国经济取得了举世瞩目的成就，但由于整体自主创新能力不强，经济增长的持续性难以为继，增长质量堪忧（温军、冯根福，2012）。企业作为国家创新体系的核心，如何促进企业创新以驱动经济可持续发展，成为我国当前亟待研究解决的重大现实课题（仲为国等，2016；2017）。上述事实引发了一个重要问题——关系型董事长对公司创新有何影响呢？

从先验上看，关系型董事长既可能促进企业创新也可能阻碍企业创新，这是一个需要实证检验的问题。"信息效应"假说认为：当股东单位的董事同时在公司担任董事长时，能够帮助股东更加了解公司，缓解公司与股东单位之间的信息不对称，以保障高风险、高投入、投资回收期长的创新活动得以持续下去，从而促进企业创新（Li，2011）。而"偏袒效应"假说则认为：出于偏爱，关系型董事长一方面可能会给所在成员公司分配更多的直接资源，而直接资源的增加将诱使公司采取低成本战略而非差异化战略，从而弱化其创新动力和激励（Leuz & Oberholzer-Gee，2006；袁建国等，2015）；另一方面可能给成员公司分配更多的渠道资源，而渠道资源的增加将促使公司与集团内其他成员公司发生更多的关联交易，公司产品不愁销路，公司面临的市场竞争将减弱，从而降低公司的创新动力和激励（Aghion 等，2005）。

本文以2005—2014 年 A 股上市公司为样本，研究了关系型董事长对企业创新的影响。结果发现，关系型董事长会阻碍企业创新，而且这种效应主要发生在国有企业，尤其是所处区域制度环境差的国有企业。本文的研究结果支持"偏袒效应"假说，即出于偏爱，关系型董事长在分配资源时向所在成员公司分配更多的直接资源和渠道资源，从而弱化公司创新动力和激励。在通过使用工具变量进行 Heckman 检验解决关系型董事长可能存在的内生性问题，以及其他一系列的稳健性检验后，本文的研究结果保持不变。

进一步的，本文对关系型董事长"偏袒效应"的传导机制进行检验，结果发现：（1）在国有企业中，关系型董事长促进了投资机会少的成员公司的投资，而对投资机会多的成员公司的投资没有显著影响。这表明，在国有企业中，关系型董事长会偏袒所在成员公司，向投资机会少的成员公司分配更多的直接资源。（2）相比其他成员公司，关系型董事长所在的成员公司发生了更多的集团内关联交易，尤其是集团内的非正常关联交易。这表明，关系型董事长偏袒所在成员公司，为其争取了更多的渠道资源。以上实证结果验证了关系型董事长"偏袒效应"的传导机制。

本文的研究在以下三个方面拓展和深化了相关文献：

首先，从集团股东单位委派董事视角丰富了关系型高管（董事和高管）的相关研究。以往关于关系型高管的研究多集中于公司内部层面，即董事会成员倾向于聘请与自己有社会关系的"朋友"担任公司高管及其经济后果（Khanna 等，2015；戴亦一等，2016）。在企业集团层面，已有研究发现，家族企业倾向于委派家族成员担任公司高管，并对企业财务决策产生重大影响（Anderson 等，2012；李新春等，2015）。一些学者研究总公司和分公司 CEO 之间的关系，发现这种关系会对公司资源配置效率产生影响（Duchin & Sosyura，2013；Glaser 等，2013）。扎根于中国制度背景，本文研究集团股东单位委派董事担任成员公司董事长所形成的关系型董事长的效应，发现关系型董事长不利于成员公司的创新，丰富了关系型高管的相关研究。

其次，从关系型董事长视角对企业创新的相关研究进行创新。已有研究主要从正式制度（Ang 等，2014；潘越等，2015）、非正式制度（Leuz & Oberholzer-Gee，2006；袁建国等，2015）、行业特征（Aghion 等，2005）和公司治理（李春涛、宋敏，2010；Aghion 等，2013）等方面研究企业创新的影响因素。然而，在中国转型经济条件下，鲜有学者研究关系型董事长这类普遍存在的公司治理因素对企业创新的影响。因此，本文拟研究关系型董事长对企业创新的影响，进而拓展企业创新的相关研究。

最后，丰富了企业集团内部资源配置效率的相关研究。关于集团内部资源配置效率主要有"阳光面"和"黑暗面"两种假说。支持"阳光面"的学者认为，根据集团内成员公司投资机会的高低，集团母公司将有限的资源分配到边际收益最高的公司，以实现"优胜者选拔"，从而达到高效率的资源配置（Stein，1997；Khanna & Yafeh，2007）。支持"黑暗面"的学者则认为，由于集团股东与成员公司存在代理问题和信息不对称，公司对资源的竞争将诱使公司高管的寻租行为，从而扭曲集团母公司的资源配置（陆正飞、张会丽，2010；Duchin & Sosyura，2013；Glaser 等，2013）。本文为"黑暗面"提供了经验证据：在国有企业中，关系型董事长促进了所在成员公司的无效率投资和集团内非正常关联交易。

本文的研究结果具有很强的政策含义。自《关于深化国有企业改革的指导意见》提出以来，政府出台了一系列的政策来促进国企改革，以提高国有企业的活力和效率，其中"市场化办法选聘经理人"成为国企改革的重点，尤其在 2017 年国务院国有企业改革领导小组研究决定开展的国企改革"十项改革试点"中，"市场化选聘经营管理者试点"、"推行职业经理人制度试点"位居第二和第三项。然而，对于国有企业一把手即董事长，通过市场化公开选聘的企业和相关制度则较少。本文研究表明，在国有企业中，"任人唯亲"产生的董事长存在"偏袒效应"，会降低企业集团的资源配置效率，进而会阻碍企业创新。因此，本文的政策建议是，借助 2017 年《国务院国资委以管资本为主推进职能转变方案》中落实董事会职权的契机，要基于"任人唯贤"通过市场化公开选聘董事会成员，避免"任人唯亲"的母公司或政府任命制度，以提高国有企业的资源配置效率和创新水平，最终促进国有企业的发展和我国经济的持续稳健增长。

2. 理论分析与研究假设

2.1 关系型董事长与企业创新

借鉴相关学者的研究（Duchin & Sosyura，2013；Glaser 等，2013），本文将从以下两个观点——"信息效应"假说和"偏袒效应"假说来论述关系型董事长如何影响企业创新。

"信息效应"假说认为，关系型董事长有利于企业创新。已有研究表明，由于存在信息不对称，企业无法令人信服地将其现有资产和投资机会的质量传递给市场，因而即使拥有良好的投资机会，也很难以合理的资本成本从市场筹集到足够的资金进行投资，导致实际投资低于信息完全对称时的最优投资，即存在投资不足（Cleary 等，2007）。以上投资指的是一般性投资，如实体项目投资等。根据 Li（2011）等学者的研究，创新具有不同于一般投资项目的特殊属性，使得创新项目在进行融资时面临更大的信息不对称问题：（1）创新的不确定性表明创新契约很难像一般的实体投资契约那样明确规定要达到的目标和特征；（2）创新的风险性表明创新失败概率高，创新者需要承担比一般的生产投资项目更大的风险；（3）创新的异质性意味着不同创新项目之间难以比较；（4）创新的人力资本密集性则表明，人力资本水平对创新项目具有重要的影响，而人力资本显然比物质资本更难以被评价；（5）创新的专业性则意味着研发投资往往技术含量很高，有高的知识和技术门槛。由此可见，创新项目融资面临高度信息不对称，而关系型董事长所形成的信息沟通网络将能够有效缓解公司与股东之间的信息不对称，帮助股东单位更加了解企业创新现状与投资机会，从而促进企业创新。

"偏袒效应"假说则认为，关系型董事长不利于企业创新。企业集团的主要功能之一就是对资源进行分配，当集团股东的董事同时在成员公司兼任董事长时，关系型董事长可能会出于私心偏袒所在成员公司，尽管所在公司没有更多的投资机会，还是会为其在股东单位争取更多的资源。与此同时，由于关系型董事长具有股东和公司两方的信息优势，而股东单位其他董事与公司之间存在信息不对称，这为关系型董事长利用关系和信息优势通过寻租（如耗费额外的成本来包装、虚夸本公司项目的盈利状况等一系列非生产性活动）来为所在公司争取更多的资源提供了便利（Shleifer & Vishny，1993；张会丽、吴有红，2011）。因此，当集团股东委派董事担任成员公司董事长时，该关系很可能使得该成员公司从集团中获取更多的资源，这主要体现为两个方面：一是直接资源的增加，即企业能够从集团获得更多的资金支持、融资优惠等；二是渠道资源的增加，即企业将与集团内关联方发生更多的交易以支持自己产品的销售。

然而，对于成员公司而言，获得更多的直接资源和渠道资源不一定有利于企业创新。首先，相比成员公司自身寻找投资机会以从集团股东那里获取资源来说，关系型董事长通过寻租为公司从集团股东那里争取资源则容易得多。关系型董事长所在成员公司能廉价地获得大量的资源，从而使单位产品的生产成本显著地下降，这将诱使公司采取低成本战略而不是研发的差异化战略来获取竞争优势。这是因为相比低成本战略而言，差异化战略实施起来更为困难，尤其在技术和法律因素使得该产品比较容易被模仿、消费群体对品质的偏好较弱,不愿意为高品质产品支付更高价格的情况下,企业通过研发就更难以赢得市场份额和利润,从而降低了研发的积极性,弱化企业创新动机和激励(Leuz & Oberholzer-Gee,2006;袁建国等,2015)。其次,大量研究表明,一定程度的市场竞争能够促进企业技术创新(Aghion 等,2005)。然而,关系型董事长会为所在公司争取更多的销售渠道资源,公司将与集团内其他成员公司发生更多的关联交易,公司的产品不愁销路,企业面临的内部市场竞争压力远小于外部市场。在公司面临的市场竞争压力减弱的情况下,企业通过创新来逃离竞争以获得利润的动机和激励也就减弱,进而降低企业的创新水平。因此,基于"偏袒效应"假说,关系型董事长会阻碍企业创新。

基于以上讨论,本研究提出如下对立假设。

H₁ₐ:在其他条件相同情况下,关系型董事长有利于企业创新;

H₁ᵦ:在其他条件相同情况下,关系型董事长不利于企业创新。

2.2 关系型董事长、产权性质与企业创新

Duchin & Sosyura(2013)、Glaser 等(2013)等学者研究发现,当分公司总经理与总公司总经理存在社会关系时,总公司总经理会出于偏爱,向分公司分配更多的资源,并且在治理环境差的公司中,这种效应更为明显。据此,本文认为,在治理环境较差的公司中,关系型董事长的"偏袒效应"将更强。不难理解,当集团股东或者成员公司治理环境较差时,关系型董事长出于私心偏袒所在成员公司,向其分配更多资源时更不易被察觉和发现,关系型董事长也更容易利用关系和信息优势为所在成员公司寻租以使其获得更多资源。

在我国转型经济条件下,国有企业和民营企业内部治理环境存在很大的差异。大多数学者研究表明,国有企业的治理环境差于民营企业:首先,国有企业股东监督激励不足。由于股东与企业高管之间存在代理问题,股东需要对高管进行监督(Jensen & Meckling,1976)。国有企业属于全民所有,实际所有者十分分散,因此,只能由国有股权代理机构代为行使股东的权利。然而,这些机构的政府官员并没有像民营企业股东那样拥有公司剩余索取权,他们的监督努力程度与其收入水平无关,从而导致其监督国有企业高管以改善公司治理的激励不足(刘瑞明,2013;Liao 等,2014)。其次,国有企业高管激励不足。已有研究表明,国有企业缺乏完善的薪酬激励机制,在自利行为下,高管将进行更多的在职消费,进而弱化公司治理(陈冬华等,2005)。再次,国有企业高管往往具有"准官员"的身份(刘瑞明,2013;Fan 等,2007),在晋升锦标赛的压力下以及经理人市场声誉、职业升迁对其激励产生异化的情况下(黎文靖等,2014),国企高管改善公司治理的激励也较弱。最后,国有企业存在政策性负担(林毅夫、李志赟,2004)。政策性负担会导致预算软约束问题,从而削弱国有企业治理的有效性,致使国有企业的治理机制流于形式。基于以上讨论,本文提出如下假设。

H₂:关系型董事长对企业创新的负面影响主要发生在国有企业。

2.3 关系型董事长、区域制度环境与企业创新

正如前文所述,集团股东单位或者成员公司内部治理环境越差,关系型董事长的"偏

祖效应"越明显。类似的，股东单位或者公司外部治理环境也会影响关系型董事长的"偏祖效应"。原因在于，作为内部治理环境的补充，外部治理环境能够约束企业管理者的经营管理行为。La Porta 等(1998)开创的"法与金融"文献发现，法律制度、产权保护和证券监管机制等外部治理因素的地区差异对企业经营决策有着重要的影响。针对中国市场，夏立军、方秩强(2005)研究发现，由于诉讼管辖通常采用"原告从被告"的原则，因此，在一个制度环境较好的地区，企业管理者或大股东的代理行为更可能会受到约束。刘启亮等(2012)研究发现，制度环境越好、市场化进程越快的地区，政府对市场的干预越少，市场的竞争越充分，政府将会更少地将其政策性负担转嫁到国有企业中，也更可能会约束自身的行为，因此，国有企业就越会通过正常经营而不是其他手段来获取利润，以满足国资委的业绩考核要求。基于以上分析，本文提出如下假设。

H₃：关系型董事长对企业创新的负面影响主要发生在区域制度环境差的地区。

3. 样本与研究方法

3.1 样本选择与数据来源

本文样本包括 2005—2014 年上市且发行了 A 股的非金融类上市公司。在此基础上，本文排除了财务信息无法得知的公司以及董事长或总经理发生变更当年的公司①，同时，还排除了主营业务发生变更当年的公司②。此外，为了排除异常值对检验结果的影响，本文剔除了存在 ST、PT 等特殊处理的企业，剔除了资产负债率大于等于 1 的企业，剔除了上市时间少于 2 年的企业，并对所有连续变量在 1% 上下水平进行 Winsorize 处理。最后，样本包括 1774 家公司，共 6355 个观察值。本文使用的专利数据根据国家知识产权局的专利服务平台手工整理而来；关系型董事长和关系型总经理数据、董事长和总经理学历背景数据根据国泰安数据库和年报中董事长和总经理的简介，同时，结合 Baidu、360 等搜索引擎手工收集整理而成；公司所在区域的知识产权保护水平等数据来自于樊纲等(2011)编制的中国各地区市场化指数；本文其他数据均来自 CSMAR 数据库。

3.2 模型设定和变量定义

为了检验假设 H₁ₐ或 H₁ᵦ，这里将待检验的回归模型设定为：

---

① 国泰安中的董事长和总经理名称数据库中，对于新上任的董事长或总经理，只要是当年上任，就认为新任董事长或总经理是当年的董事长或总经理。如：某一新任董事长赵某 2008 年 11 月 1 日上任公司董事长，国泰安数据库中则把赵某作为 2008 年董事长。本文认为，把 2008 年仅任职 2 个月的赵某作为该上市公司 2008 年的董事长不太合理。为了本文结论的可靠性，本文将发生董事长或总经理变更当年的上市公司删除。

② 由于重组或被借壳等原因，上市公司的主营业务会发生改变。如某上市公司 t 期属于食品行业，$t+1$ 期属于房地产行业，由于后文回归分析中会用到 t 期、$t+1$ 期以及 $t+2$ 期的专利数据，因此，为增加本文结论的可靠性，本文将发生主营业务变更当年的上市公司剔除。

$$\text{Innova}_{i,t+n} = \beta_0 + \beta_1 \text{Bl\_bef}_{i,t} + \beta_2 \text{Bl\_aft}_{i,t} + \beta_3 \text{Ml\_bef}_{i,t} + \beta_4 \text{Ml\_aft}_{i,t} + \beta'_5 X_{i,t} + \varepsilon_{i,t}$$

（1）

其中，Innova 是被解释变量，表示企业的创新水平。专利分为实用新型、外观设计和发明授权。与已有文献一致（李春涛、宋敏，2010；Tian & Wang，2014），本文通过三类企业专利数量之和加 1 取自然对数来度量企业创新，包括中国和国外的所有专利。由于专利申请年更能反映创新的时间，所以，专利的时间以申请年为准（温军、冯根福，2012；Tian & Wang，2014）。考虑到创新产出的延迟性，在回归分析中，本文同时考虑了当期、延迟 1 期和延迟 2 期的创新产出水平，即在模型（1）中，n 的取值分别为 0、1 和 2。

关系型董事长指集团股东委派董事担任成员公司的董事长，本文用 Bl_bef 表示：如果企业董事长同时在股东单位兼任董事并且该董事长在股东单位任职的时间早于在上市公司任职的时间，则 Bl_bef 取值为 1，否则为 0。升迁型董事长指公司董事长升迁至集团股东单位担任董事，用 Bl_aft 表示：如果企业董事长同时在股东单位兼任董事并且该董事长在股东单位任职的时间晚于在上市公司任职的时间，则取值为 1，否则为 0。除此之外，本文还控制了关系型总经理 Ml_bef 和升迁型总经理 Ml_aft，度量方式与关系型董事长和升迁型董事长相同。

X 是由多个控制变量构成的向量，根据已有的相关研究（李春涛、宋敏，2010；Tian & Wang，2014），本文考虑以下影响因素：（1）研发强度（R&D），定义为公司研究开发支出与总资产的比率。（2）公司财务特征变量。企业规模（Size），定义为公司总资产的自然对数。资产负债率（Lev），定义为总负债与总资产的比值。现金持有水平（Cash），定义货币资金与总资产的比值。成长性（Growth），定义为公司营业收入增长率。固定资产比率（Fixed），定义为固定资产净额与总资产的比率。息前税前利润率（Roa），定义为息前税前利润与总资产的比率。公司成立年限（Lage），定义为观测年度与公司成立年度之差取对数。公司上市年限（Mage），定义为观测年度和公司上市年度之差取对数。（3）公司治理变量。第一大股东持股比例（Top1），定义为年报中所披露的第一大股东的持股比例。股权集中度（Shrz），定义为公司第一大股东与第二大股东持股比例的比值。机构持股比例（Institu），定义为机构投资者持股占公司总股份的比例。四大会计师事务所（Audit4），如果公司由四大会计师事务所审计，则取值为 1，否则为 0。独立董事比例（Indepen），定义为独立董事占董事会的比例。董事会规模（Board），定义为董事会人数的自然对数。（4）董事长和总经理能力变量，用学历和薪酬来表示。学历按专科及以下学历、本科学历和研究生学历将学历分成三类，则董事长学历共得到两个虚拟变量，一个虚拟变量是董事长本科学历（Bbachb），若董事长就业前最高学历为本科学历，则取值 1，否则为 0，另一个虚拟变量为董事长专科及以下学历（Bunder），若董事长就业前最高学历为专科及以下学历，则取值为 1，否则为 0。同理可得到总经理本科学历虚拟变量（Mbachb）和总经理专科及以下学历虚拟变量（Munder）。其次是薪酬，董事长薪酬（Bpay），定义为前三名董事薪酬之和的自然对数。总经理薪酬（Mpay），定义为前三名高级管理人员薪酬之和的自然对数。

(5)知识产权保护水平(Law)①,来自于樊纲等(2011)编制的中国各地区市场化指数体系中的"5c 知识产权保护"的得分。得分越高,表示公司所在区域知识产权的保护越好。

(6)行业和年度变量。行业特征用行业虚拟变量(Ind)来表示,按照证监会的行业分类代码,本文除了将制造业按二级代码分类外,其余行业按一级代码分类,共得到 20 个行业虚拟变量。时间差异用年度虚拟变量(Year)来表示,共得到 9 个年度虚拟变量。

在模型(1)的基础上,分别对国企子样本和民企子样本进行回归,分析关系型董事长与企业创新的相关关系是否受企业产权性质的影响,以检验假设 H_2。

为了检验假设 H_3,本文将待检验的模型(2)设定为:

$$
\begin{aligned}
\mathrm{Innova}_{i,t+n} = {} & \beta_0 + \beta_1 \mathrm{Bl\_bef}_{i,t} + \beta_2 \mathrm{Bl\_aft}_{i,t} + \beta_3 \mathrm{Ml\_bef}_{i,t} + \beta_4 \mathrm{Ml\_aft}_{i,t} + \beta_5 \mathrm{Bl\_bef}_{i,t} \times \\
& \mathrm{Sym}_{i,t} + \beta_6 \mathrm{Bl\_aft}_{i,t} \times \mathrm{Sym}_{i,t} + \beta_7 \mathrm{Ml\_bef}_{i,t} \times \mathrm{Sym}_{i,t} + \beta_8 \mathrm{Ml\_aft}_{i,t} \times \mathrm{Sym}_{i,t} + \\
& \beta_9 \mathrm{Sym}_{i,t} + \beta'_{10} X_{i,t} + \varepsilon_{i,t}
\end{aligned}
\tag{2}
$$

模型(2)是在模型(1)的基础上,增加了外部制度环境 Sym,以及 Bl_bef、Bl_aft、Ml_bef、Ml_aft 与 Sym 的交乘项,用以检验在外部区域制度环境差的地区,关系型董事长对企业创新的负面影响是否更强。参考李延喜等(2015)的相关研究,本文使用上市公司所在地②的金融发展水平或法治水平来考察该地区外部制度环境的好坏。金融发展水平(Sym)用樊纲等(2011)编制的中国各地区市场化指数体系中的"4a 金融市场化程度"的得分来表示,得分越高表示该地区外部制度环境越好。相应的,作为稳健性检验,本文将市场化指数体系中的"5 中介组织发育和法律"的得分(S_Sym)作为衡量该地区制度环境的替代变量。

本文的数据是时间跨度小而横截面观察点很多的面板数据,所以,在使用固定效应模型进行检验时,本文对标准误差进行了企业层面的群聚调整(Petersen,2009)。

3.3 描述性统计特征

表1列出了国有企业和民营企业中,创新水平、关系型董事长等主要变量的描述性统计特征。表 1 的数据显示,在国有企业中,Innova 的平均值和标准差分别为 1.280(2.6 个专利)和 1.610,而民营企业的平均值和标准差则分别为 1.439(3.2 个专利)和 1.480。这表明,国有企业的创新产出水平低于民营企业,而且国有企业间创新水平的差异高于民营企业间创新水平的差异。在国有企业中 Bl_bef 的平均值为 0.459,在民营企业中为 0.523,表明我国企业中关系型董事长的现象十分普遍。Bl_aft 的均值在国有企业和民营企业中分

① 需要注意的是,樊纲等(2011)的市场化指数体系只涵盖到 2009 年,而本研究的样本期间为 2005—2014 年。对于 2010—2014 年的指数,本文采用 2009 年的数值来替代,而对于 2009 年及以前的指数,则采用樊纲等(2011)指数的原始值。后文涉及樊纲指数的均按此处理。

② 上市公司所在区域制度环境和股东单位所在区域制度环境均可能会对关系型董事长的"偏袒效应"产生影响,且上市公司和集团股东单位所在地并非总在同一省份或直辖市,因此,在正文中,本文研究上市公司所在区域制度环境是否会影响关系型董事长与企业创新之间的相关关系,在后文稳健性检验中研究集团股东单位所在区域制度环境是否会影响关系型董事长与企业创新之间的相关关系。

别为 0.089、0.017，可见，升迁型董事长的比例远低于关系型董事长的比例。

表 1   主要变量的描述性统计特征

	国企子样本						民企子样本					
	N	Mean	Sd	Min	Max	Median	N	Mean	Sd	Min	Max	Median
Innova	3500	1.280	1.610	0.000	5.974	0.693	2855	1.439	1.480	0.000	5.974	1.099
Bl_bef	3500	0.459	0.498	0.000	1.000	0.000	2855	0.523	0.500	0.000	1.000	1.000
Bl_aft	3500	0.089	0.284	0.000	1.000	0.000	2855	0.017	0.129	0.000	1.000	0.000
Ml_bef	3500	0.133	0.339	0.000	1.000	0.000	2855	0.235	0.424	0.000	1.000	0.000
Ml_aft	3500	0.069	0.254	0.000	1.000	0.000	2855	0.037	0.190	0.000	1.000	0.000
R&D	3500	0.001	0.004	0.000	0.035	0.000	2855	0.002	0.006	0.000	0.035	0.000

4. 结果与分析

4.1 关系型董事长与企业创新

表 2 列示了关系型董事长对企业创新影响的检验结果。在全样本中，Bl_bef 的回归系数均在 1% 的统计水平上显著为负。这表明，总体而言，关系型董事长不利于企业创新，验证了假设 H_{1b}，即关系型董事长的"偏袒效应"假说。进一步的结果显示，在国企子样本中，Bl_bef 的回归系数均显著为负，但在民企子样本中，Bl_bef 的回归系数在统计上不显著。这支持了本文的研究假设 H_2，即关系型董事长对公司创新的负面影响主要集中在国有企业。

表 2   关系型董事长与企业创新

	全样本			国企子样本			民企子样本		
	(1)	(2)	(3)	(4)	(5)	(6)	(7)	(8)	(9)
Variables	$Innova_t$	$Innova_{t+1}$	$Innova_{t+2}$	$Innova_t$	$Innova_{t+1}$	$Innova_{t+2}$	$Innova_t$	$Innova_{t+1}$	$Innova_{t+2}$
Bl_bef	−0.164***	−0.192***	−0.217***	−0.239***	−0.255***	−0.245***	0.103	0.093	−0.059
	(−2.934)	(−2.978)	(−3.054)	(−3.569)	(−3.248)	(−2.996)	(0.914)	(0.754)	(−0.380)
Bl_aft	0.017	−0.044	0.044	−0.016	−0.103	0.013	−0.301	0.267	0.279
	(0.175)	(−0.430)	(0.451)	(−0.152)	(−0.835)	(0.121)	(−0.863)	(1.136)	(0.931)
Ml_bef	−0.045	0.094	0.059	−0.010	0.131	0.106	−0.121	0.011	−0.097
	(−0.592)	(1.020)	(0.601)	(−0.080)	(0.879)	(0.699)	(−1.244)	(0.106)	(−0.839)

	全样本			国企子样本			民企子样本		
	（1）	（2）	（3）	（4）	（5）	（6）	（7）	（8）	（9）
Ml_aft	0.019	0.058	−0.008	0.035	0.128	−0.041	−0.085	−0.286	−0.280*
	（0.144）	（0.420）	（−0.066）	（0.226）	（0.775）	（−0.275）	（−0.441）	（−1.205）	（−1.714）
R&D	−1.711	−7.318	−7.838	1.317	−4.881	−6.427	−4.909	−12.685	−16.347
	（−0.333）	（−1.108）	（−0.961）	（0.170）	（−0.577）	（−0.660）	（−0.816）	（−1.241）	（−1.144）
Size	0.254***	0.232***	0.156**	0.316***	0.269***	0.214**	0.186*	0.210*	0.094
	（4.429）	（3.547）	（2.225）	（4.118）	（2.981）	（2.403）	（1.847）	（1.882）	（0.710）
Lev	−0.040	0.178	0.222	−0.391	−0.197	0.084	0.144	0.565*	−0.079
	（−0.227）	（0.931）	（1.038）	（−1.567）	（−0.757）	（0.311）	（0.541）	（1.878）	（−0.212）
Cash	0.110	0.494**	0.464*	0.215	0.204	0.743**	0.047	1.011***	0.123
	（0.542）	（2.388）	（1.783）	（0.692）	（0.671）	（2.093）	（0.182）	（3.462）	（0.323）
Growth	−0.095***	−0.030	−0.060	−0.091*	−0.008	−0.108**	−0.092*	−0.067	−0.000
	（−2.727）	（−0.802）	（−1.514）	（−1.751）	（−0.163）	（−2.094）	（−1.888）	（−1.138）	（−0.007）
Fixed	0.246	0.438**	0.315	0.245	0.393	0.389	0.250	0.443	0.021
	（1.205）	（2.199）	（1.559）	（0.922）	（1.585）	（1.613）	（0.762）	（1.195）	（0.049）
Roa	0.214	0.638	0.791*	−0.304	0.647	0.621	0.667	0.567	0.893
	（0.596）	（1.568）	（1.881）	（−0.688）	（1.156）	（1.072）	（1.160）	（0.959）	（1.511）
Lage	0.436	0.239	0.550	0.955**	0.715	1.032**	−0.421	−0.693	−0.538
	（1.266）	（0.635）	（1.280）	（2.138）	（1.440）	（1.986）	（−0.771）	（−1.113）	（−0.656）
Mage	−0.003	0.050	0.109	0.072	−0.000	0.238	0.196	0.380*	0.426
	（−0.029）	（0.345）	（0.649）	（0.388）	（−0.001）	（1.003）	（1.155）	（1.732）	（1.645）
Top1	−0.001	−0.004	−0.001	−0.001	−0.001	0.000	−0.004	−0.010**	−0.008
	（−0.227）	（−1.062）	（−0.337）	（−0.093）	（−0.207）	（0.047）	（−1.063）	（−2.096）	（−1.615）
Shrz	−0.001	0.001	0.001	−0.001	−0.000	0.001	0.001	0.004**	0.004
	（−0.927）	（0.545）	（1.127）	（−0.901）	（−0.139）	（0.817）	（0.542）	（2.171）	（1.618）
Institu	−0.003	0.002	0.006*	−0.004	0.003	0.006	−0.002	−0.002	0.007
	（−1.384）	（0.523）	（1.738）	（−1.359）	（0.680）	（1.485）	（−0.408）	（−0.414）	（1.162）
Audit4	0.043	−0.107	−0.116	0.030	−0.141	−0.207	0.069	−0.116	0.450
	（0.309）	（−0.911）	（−0.912）	（0.205）	（−1.090）	（−1.452）	（0.174）	（−0.450）	（1.554）

	全样本			国企子样本			民企子样本		
	（1）	（2）	（3）	（4）	（5）	（6）	（7）	（8）	（9）
Indepen	0.272	0.221	0.017	0.703	0.412	−0.048	−0.347	−0.482	−0.577
	（0.576）	（0.415）	（0.029）	（1.138）	（0.642）	（−0.073）	（−0.465）	（−0.473）	（−0.534）
Board	−0.032	0.024	0.261	−0.058	0.025	0.560*	0.064	0.014	−0.118
	（−0.179）	（0.120）	（1.014）	（−0.242）	（0.093）	（1.731）	（0.241）	（0.054）	（−0.380）
Bbachb	0.132	0.217*	0.143	0.145	0.230*	0.210	0.201	−0.007	−0.313
	（1.153）	（1.872）	（1.183）	（1.064）	（1.736）	（1.562）	（0.961）	（−0.024）	（−1.208）
Bunder	0.108	0.264**	0.187	0.129	0.289*	0.338**	0.139	0.122	−0.293
	（0.892）	（2.111）	（1.417）	（0.862）	（1.868）	（2.114）	（0.648）	（0.471）	（−1.167）
Mbachb	0.124	0.006	−0.036	0.187	0.109	0.044	0.099	−0.116	−0.187
	（1.353）	（0.053）	（−0.231）	（1.546）	（0.655）	（0.214）	（0.726）	（−0.947）	（−1.028）
Munder	0.179*	−0.041	−0.032	0.253*	0.101	0.076	0.253	−0.119	−0.054
	（1.688）	（−0.330）	（−0.211）	（1.879）	（0.584）	（0.370）	（1.316）	（−0.686）	（−0.233）
Bpay	0.026	−0.064	−0.045	0.084	−0.025	−0.025	−0.045	−0.165*	−0.183*
	（0.467）	（−1.112）	（−0.791）	（1.146）	（−0.331）	（−0.335）	（−0.490）	（−1.820）	（−1.830）
Mpay	0.010	0.111	0.034	0.026	0.119	0.039	0.027	0.145	0.099
	（0.155）	（1.540）	（0.457）	（0.280）	（1.214）	（0.383）	（0.276）	（1.361）	（0.862）
Law	−0.005	−0.005	−0.008**	−0.008**	−0.007	−0.007	0.008	0.005	−0.002
	（−1.584）	（−1.381）	（−2.321）	（−2.128）	（−1.634）	（−1.617）	（1.246）	（0.858）	（−0.291）
Constant	−6.001***	−5.652***	−4.151**	−9.278***	−8.093***	−7.756***	−2.906	−2.282	2.417
	（−3.997）	（−3.365）	（−2.174）	（−4.756）	（−3.447）	（−3.135）	（−1.185）	（−0.855）	（0.734）
Ind	YES	YES	YES	YES	YES	YES	YES	YES	YES
Year	YES	YES	YES	YES	YES	YES	YES	YES	YES
N	6355	5226	4285	3500	3078	2705	2855	2148	1580
Adj. R^2	0.102	0.094	0.074	0.174	0.139	0.129	0.033	0.053	0.020

注：***、**和*分别表示1%、5%和10%的显著性水平。

Bl_aft 的回归系数不显著，说明升迁型董事长对企业创新没有显著的影响，其可能的原因在于：升迁型董事长所形成的"关系"没有关系型董事长所形成的"关系"密切，由此导致"偏袒效应"较弱。此外，Ml_bef 和 Ml_aft 的回归系数在统计上基本不显著。这表明，相对于总经理，董事长对企业决策具有更大的影响力，这与田利辉、张伟（2013）的研究发现一致。

4.2 关系型董事长、治理环境与企业创新

这里进一步检验在不同外部治理环境下，关系型董事长对企业创新的影响是否存在差异，表3列示了相应的检验结果。在全样本中，交乘项 Bl_bef×Sym 的回归系数均显著为正，表明区域制度环境缓解了关系型董事长对企业创新的不利影响，验证了本文研究假设 H_3。在区分了国企子样本和民企子样本后，国企子样本的 Bl_bef×Sym 的回归系数均显著为正，而民企子样本中 Bl_bef×Sym 的回归系数均不显著，这进一步支持了研究假设 H_2。

表3 关系型董事长、区域制度环境和企业创新

	全样本			国企子样本			民企子样本		
	（1）	（2）	（3）	（4）	（5）	（6）	（7）	（8）	（9）
Variables	$Innova_t$	$Innova_{t+1}$	$Innova_{t+2}$	$Innova_t$	$Innova_{t+1}$	$Innova_{t+2}$	$Innova_t$	$Innova_{t+1}$	$Innova_{t+2}$
Bl_bef	−0.958***	−1.185***	−0.938***	−1.211***	−1.263***	−1.052***	0.274	−0.403	0.005
	（−3.296）	（−3.868）	（−2.934）	（−3.804）	（−3.639）	（−2.923）	（0.414）	（−0.612）	（0.007）
Bl_aft	0.509	−0.411	0.136	0.752	−0.183	0.461	−0.115	0.715	−1.746
	（0.871）	（−0.659）	（0.219）	（1.082）	（−0.249）	（0.670）	（−0.100）	（0.552）	（−1.192）
Ml_bef	0.483	0.456	0.584	0.337	0.265	0.493	0.106	0.195	0.218
	（1.073）	（0.960）	（1.328）	（0.600）	（0.433）	（0.834）	（0.129）	（0.249）	（0.302）
Ml_aft	−0.323	−0.130	0.009	−0.215	−0.043	0.106	−0.963	−1.835	−0.530
	（−0.654）	（−0.225）	（0.017）	（−0.350）	（−0.060）	（0.163）	（−0.966）	（−1.592）	（−0.625）
Bl_bef×Sym	0.078***	0.098***	0.073**	0.097***	0.101***	0.082**	−0.015	0.046	−0.004
	（2.820）	（3.475）	（2.378）	（3.215）	（3.143）	（2.418）	（−0.237）	（0.777）	（−0.057）
Bl_aft×Sym	−0.046	0.039	−0.006	−0.073	0.011	−0.041	−0.013	−0.036	0.200
	（−0.831）	（0.647）	（−0.106）	（−1.113）	（0.154）	（−0.609）	（−0.105）	（−0.283）	（1.283）
Ml_bef×Sym	−0.052	−0.037	−0.053	−0.037	−0.016	−0.042	−0.022	−0.018	−0.032
	（−1.263）	（−0.855）	（−1.296）	（−0.722）	（−0.301）	（−0.753）	（−0.294）	（−0.242）	（−0.467）
Ml_aft×Sym	0.034	0.018	−0.002	0.028	0.019	−0.013	0.079	0.139	0.020
	（0.731）	（0.333）	（−0.030）	（0.466）	（0.269）	（−0.186）	（0.865）	（1.424）	（0.285）
Sym	0.064**	0.028	0.046	0.021	0.014	0.015	0.110***	0.018	0.063
	（2.152）	（0.930）	（1.353）	（0.508）	（0.339）	（0.335）	（2.586）	（0.410）	（1.134）
X	YES	YES	YES	YES	YES	YES	YES	YES	YES
N	6355	5226	4285	3500	3078	2705	2855	2148	1580
Adj. R^2	0.108	0.102	0.080	0.182	0.146	0.135	0.035	0.054	0.019

注：***、**和*分别表示1%、5%和10%的显著性水平。为了节省篇幅，这里没有列示其他控制变量和常数项的检验结果(下同)。

4.3 稳健性检验

（1）内生性问题——Heckman 两阶段检验。本文的研究结果可能受到内生性问题的影响：一方面，可能存在某些无法观测或者度量的因素同时影响关系型董事长和企业创新，进而导致二者的"相关关系"；另一方面，企业创新可能反过来影响关系型董事长的任命。因此，本文选取工具变量进行 Heckman 两阶段检验，以增强文章结果的稳健性。本文利用上市公司和控股股东所在地是否为同一省份或直辖市这一虚拟变量作为关系型董事长（Bl_bef）的工具变量，变量名为 Cross_pro。当上市公司和控股股东在同一省份或直辖市时，Cross_pro 取值为 1，否则为 0。变量 Cross_pro 满足工具变量的条件：一方面，当上市公司与控股股东在同一省份或者直辖市时，出于管理方便，集团股东倾向于委派董事担任公司董事长。但是，当上市公司与控股股东不在同一省份或者直辖市时，为了能够监督和控制上市公司，集团股东也可能倾向于委派董事担任公司董事长。另一方面，上市公司与控股股东是否属于同一个省份或直辖市，属于地理位置的变量，与企业创新的潜在遗漏变量不相关，而且其对企业创新的影响主要通过关系型董事长发挥作用。具体而言，本文首先在控制年度和行业效应的情况下用 probit 模型对关系型董事长 Bl_bef 进行回归，求出逆米尔斯比率 Mills，然后将 Mills 代入模型（1）中进行回归，检验在控制关系型董事长可能的内生性情况下，关系型董事长是否仍然对企业创新产生显著的负面影响。

表 4 是 Heckman 第一阶段的检验结果。关系型董事长 Bl_bef 与工具变量 Cross_pro 正相关，系数为 0.360，且在 1% 的统计水平上显著。这表明，与二者不在同一省份或者直辖市相比较，当上市公司与控股股东在同一省份或者直辖市时，上市公司存在关系型董事长的概率高出 36%，即当上市公司与控股股东在同一省份或者直辖市时，控股股东出于对上市公司进行更便利的监督与管理，更可能派相关董事兼任上市公司董事长。

表 4   **Heckman 模型第一阶段检验结果**

	（1）	（2）
	Bl_bef	Mills
Cross_pro	0.360***	
	(8.789)	
Ml_bef	1.632***	
	(28.372)	
X	YES	
Mills		−0.194
		(−0.882)
N	6355	6355
Adj. R^2		0.102

注：***、**和*分别表示 1%、5% 和 10% 的显著性水平。

在控制逆米尔斯比率 Mills 后，关系型董事长与企业创新的回归结果如表 5 所示。在全样本中，Bl_bef 的回归系数均在统计上显著为负，进一步的，在国企子样本中 Bl_bef 的回归系数均显著为负，而在民企子样本中均不显著，表明关系型董事长对企业创新的不利影响主要发生在国有企业中，与前文研究结果一致。这些检验结果表明，在控制关系型董事长可能的内生性问题后，其对企业尤其是国有企业创新的影响仍然显著为负，本文的研究结果是可靠的①。

表5　　　　　　　　　　　关系型董事长和企业创新——基于 Heckman 的检验结果

	全样本			国企子样本			民企子样本		
	(1)	(2)	(3)	(4)	(5)	(6)	(7)	(8)	(9)
Variables	$Innova_t$	$Innova_{t+1}$	$Innova_{t+2}$	$Innova_t$	$Innova_{t+1}$	$Innova_{t+2}$	$Innova_t$	$Innova_{t+1}$	$Innova_{t+2}$
Bl_bef	−0.163***	−0.191***	−0.217***	−0.239***	−0.255***	−0.245***	0.109	0.097	−0.063
	(−2.912)	(−2.958)	(−3.055)	(−3.568)	(−3.243)	(−2.999)	(0.960)	(0.782)	(−0.405)
Bl_aft	0.017	−0.043	0.044	−0.015	−0.098	0.015	−0.294	0.269	0.276
	(0.184)	(−0.420)	(0.450)	(−0.135)	(−0.796)	(0.142)	(−0.836)	(1.145)	(0.918)
Ml_bef	0.074	0.334	0.013	0.172	0.626	0.310	0.109	0.140	−0.316
	(0.271)	(1.132)	(0.037)	(0.436)	(1.332)	(0.574)	(0.260)	(0.367)	(−0.686)
Ml_aft	0.020	0.061	−0.008	0.037	0.134	−0.039	−0.085	−0.286	−0.278*
	(0.155)	(0.443)	(−0.070)	(0.237)	(0.819)	(−0.259)	(−0.444)	(−1.210)	(−1.699)
Mills	0.154	0.317	−0.061	0.247	0.681	0.281	0.289	0.165	−0.285
	(0.458)	(0.858)	(−0.137)	(0.468)	(1.089)	(0.392)	(0.590)	(0.340)	(−0.498)
X	YES	YES	YES	YES	YES	YES	YES	YES	YES
N	6355	5226	4285	3500	3078	2705	2855	2148	1580
Adj. R^2	0.102	0.094	0.074	0.174	0.139	0.129	0.033	0.052	0.019

注：***、**和*分别表示 1%、5%和 10%的显著性水平。

（2）内生性问题——PSM。为了进一步巩固本文的检验结果，本文借鉴相关学者的研究（Chan 等，2014），采用倾向得分匹配方法（PSM）来控制样本选择偏误。本文选取模型（1）的控制变量作为 PSM 倾向得分匹配的匹配变量，进行半径为 0.1 的一对一匹配，并进

---

① 在本文的稳健性检验中，主要列示了模型（1）的稳健性检验结果，我们在对模型（2）做相应的稳健性检验时，发现：将 Mills 代入模型（2）中进行回归，Bl_bef×Sym 的回归系数仍显著为正，并且主要表现在国有企业中；对 PSM 后的样本进行模型（2）的回归，Bl_bef×Sym 的回归系数仍显著为正，并主要表现在国有企业中。这些检验结果均与前文检验结果一致，但由于篇幅限制，未在文中列示。

行重复匹配,即重复使用两次 PSM 模型进行样本匹配(Chan 等,2014)。进一步的,本文从标准偏差和组间均值差异两个角度来进行平衡性假设检验。结果发现,在进行 PSM 之后,匹配变量标准偏差的绝对值都控制在 5% 之内,且组间均值差异均不显著,所以,平衡性假设得到了满足。

进行 PSM 倾向得分匹配后,将匹配后的样本按模型(1)进行回归,回归结果如表 6 所示。这些检验结果表明,在控制样本可能存在的选择偏差问题后,关系型董事长对企业创新的影响仍然为负。本文的研究结果较为稳健。

表6 关系型董事长与企业创新(PSM 后)

Variables	全样本			国企子样本			民企子样本		
	(1)	(2)	(3)	(4)	(5)	(6)	(7)	(8)	(9)
	$Innova_t$	$Innova_{t+1}$	$Innova_{t+2}$	$Innova_t$	$Innova_{t+1}$	$Innova_{t+2}$	$Innova_t$	$Innova_{t+1}$	$Innova_{t+2}$
Bl_bef	−0.226***	−0.243***	−0.266***	−0.292***	−0.309***	−0.322***	0.128	0.101	−0.153
	(−3.221)	(−2.992)	(−3.099)	(−3.658)	(−3.256)	(−3.329)	(0.725)	(0.664)	(−0.640)
Bl_aft	0.002	−0.108	−0.062	−0.015	−0.130	−0.047	−0.144	0.309*	0.525*
	(0.017)	(−0.959)	(−0.567)	(−0.119)	(−1.010)	(−0.390)	(−0.673)	(1.797)	(1.804)
Ml_bef	−0.165	−0.135	−0.121	−0.185	−0.200	−0.238	0.065	−0.264	−0.259
	(−0.878)	(−0.616)	(−0.793)	(−0.729)	(−0.710)	(−1.377)	(0.351)	(−1.187)	(−0.949)
Ml_aft	0.127	0.120	0.112	0.142	0.184	0.078	−0.027	−0.273	−0.395**
	(0.875)	(0.873)	(0.875)	(0.780)	(1.223)	(0.489)	(−0.121)	(−0.946)	(−2.376)
X	YES	YES	YES	YES	YES	YES	YES	YES	YES
N	3782	3173	2670	2297	2021	1787	1485	1152	883
Adj. R^2	0.135	0.136	0.101	0.200	0.172	0.148	0.052	0.100	0.048

注: ***、** 和 * 分别表示 1%、5% 和 10% 的显著性水平。

(3)集团股东单位所在区域制度环境(G_Sym)的稳健性检验。本文认为,股东单位的外部治理环境同样会对"偏袒效应"造成影响,集团股东单位外部治理环境越差,"偏袒效应"将会越强。因此,本文将以集团控股股东所在区域制度环境(G_Sym)作为上市公司区域制度环境(Sym)的替代变量,代入模型(2)中进行回归,结果如表 7 所示。与前文检验结果一致,Bl_bef×G_Sym 的回归系数在全样本和国企子样本中均显著为正,而在民企子样本中均不显著。

表7 关系型董事长、集团股东单位区域制度环境（G_Sym）和企业创新

| Variables | 全样本 | | | 国企子样本 | | | 民企子样本 | | |
| | （1） | （2） | （3） | （4） | （5） | （6） | （7） | （8） | （9） |
	Innova$_t$	Innova$_{t+1}$	Innova$_{t+2}$	Innova$_t$	Innova$_{t+1}$	Innova$_{t+2}$	Innova$_t$	Innova$_{t+1}$	Innova$_{t+2}$
Bl_bef	−0.939***	−1.062***	−0.744**	−1.115***	−1.138***	−0.862**	0.157	−0.370	0.037
	（−3.171）	（−3.373）	（−2.307）	（−3.420）	（−3.204）	（−2.347）	（0.219）	（−0.506）	（0.049）
Bl_aft	0.205	−0.673	−0.179	0.442	−0.458	0.093	−0.492	0.522	−1.650
	（0.286）	（−0.875）	（−0.230）	（0.525）	（−0.513）	（0.107）	（−0.460）	（0.476）	（−1.203）
Ml_bef	0.446	0.351	0.464	0.139	0.017	0.292	0.254	0.246	0.126
	（0.946）	（0.724）	（1.035）	（0.236）	（0.027）	（0.471）	（0.286）	（0.306）	（0.175）
Ml_aft	−0.239	−0.012	0.013	−0.326	−0.052	0.007	−0.255	−1.079	−0.476
	（−0.476）	（−0.020）	（0.025）	（−0.513）	（−0.070）	（0.010）	（−0.242）	（−0.810）	（−0.596）
Bl_bef×G_Sym	0.076***	0.086***	0.053*	0.088***	0.090***	0.064*	−0.004	0.043	−0.008
	（2.717）	（2.968）	（1.734）	（2.844）	（2.697）	（1.829）	（−0.062）	（0.670）	（−0.112）
Bl_aft×G_Sym	−0.017	0.065	0.024	−0.044	0.038	−0.005	0.020	−0.021	0.190
	（−0.251）	（0.855）	（0.316）	（−0.535）	（0.432）	（−0.057）	（0.186）	（−0.201）	（1.288）
Ml_bef×G_Sym	−0.048	−0.026	−0.041	−0.017	0.010	−0.020	−0.035	−0.022	−0.023
	（−1.121）	（−0.596）	（−0.974）	（−0.313）	（0.170）	（−0.349）	（−0.438）	（−0.296）	（−0.333）
Ml_aft×G_Sym	0.026	0.007	−0.002	0.038	0.019	−0.004	0.015	0.074	0.016
	（0.545）	（0.123）	（−0.045）	（0.610）	（0.261）	（−0.052）	（0.152）	（0.631）	（0.240）
G_Sym	0.028	0.014	0.035	0.000	−0.004	0.006	0.062	−0.011	0.033
	（0.983）	（0.488）	（1.061）	（0.006）	（−0.088）	（0.135）	（1.569）	（−0.234）	（0.612）
X	YES	YES	YES	YES	YES	YES	YES	YES	YES
N	6355	5226	4285	3500	3078	2705	2855	2148	1580
Adj. R^2	0.106	0.099	0.077	0.179	0.144	0.131	0.033	0.052	0.018

注：***、**和*分别表示1%、5%和10%的显著性水平。

（4）企业创新替代指标（Inven）的稳健性检验。在前文回归分析中，本文以企业三类专利数量之和加1取自然对数（Innova）来度量企业创新。然而，三种类型专利对企业创新度量程度不同，其中发明授权专利与企业创新的关联度最高。因此，本文以发明授权专利

数量加 1 取自然对数(Inven)来替代 Innova，回归结果保持不变。

(5)区域制度环境替代指标(S_Sym)的稳健性检验。在前文回归分析中，我们以樊纲等(2011)编制的中国各地区市场化指数体系中的"4a 金融市场化程度"的得分(Sym)来表示区域制度环境。作为稳健性检验，本文以市场化指数体系中的"5 中介组织发育和法律"的得分(S_Sym)作为衡量地区制度环境的替代变量，检验结果保持不变。

5. 传导机制分析

5.1 关系型董事长与投资效率

前文的理论分析表明，集团股东委派董事担任成员公司董事长时，基于"偏袒效应"假说，成员公司能够从企业集团获得更多的直接资源，促使成员公司采用低成本战略而非差异化战略(创新)来获取竞争优势，从而弱化其创新的动机和激励。然而，企业从股东单位获得资源的多少并不能直接有效地度量，根据已有研究(Duchin & Sosyura，2013；Glaser 等，2013)，本文将企业的投资支出作为获得资源多少的间接度量指标，企业投资支出越多，其获得的资源可能越多。

无论根据"信息效应"假说还是"偏袒效应"假说，具有关系型董事长的成员公司都能从集团股东单位获得更多的直接资源进行投资。然而，不同的是，"信息效应"假说认为，成员公司是基于投资机会获得资源，而"偏袒效应"假说认为，成员公司是基于关系获得资源。换而言之，"信息效应"中投资机会多的成员公司会进行更多的投资，而"偏袒效应"中投资机会少的成员公司会进行更多的投资(Duchin & Sosyura，2013；Glaser 等，2013)。因此，本文将通过检验关系型董事长与成员公司投资以及投资效率之间的关系，以验证"偏袒效应"的传导机制。

参考相关学者的研究(陈艳艳、罗党论，2012；Duchin & Sosyura，2013；Glaser 等，2013)，本文构建如下模型：

$$\mathrm{Inv}_{i,t} = \beta_0 + \beta_1 \mathrm{Bl\_bef}_{i,t} + \beta_2 \mathrm{Bl\_aft}_{i,t} + \beta_3 \mathrm{Ml\_bef}_{i,t} + \beta_4 \mathrm{Ml\_aft}_{i,t} + \beta_5' Y + \varepsilon_{i,t} \quad (3)$$

其中，因变量 Inv 用来衡量投资支出，定义为现金流量表中的"构建固定资产、无形资产和其他长期资产的现金支出"除以年初总资产[①]。关系型董事长(Bl_bef)、升迁型董事长(Bl_aft)、关系型总经理(Ml_bef)和升迁型总经理(Ml_aft)与前文定义一致。Y 表示其他控制变量的集合，本文控制了年初企业规模(LSize)，即年初总资产的自然对数；年初资产负债率(LLev)，即年初总负债除以年初总资产；年初公司现金持有水平(LCash)，即年初货币资金与年初总资产的比值；经营活动现金流量(OCF)，即公司经营活动产生的现金净流量与年初总资产的比值；公司成立年限(Lage)，为观测年度与公司成立年度之差取对数；滞后一期的投资机会(LTobinQ)，即滞后一期的企业市场价值与账面价值的比

---

① S_Inv 定义为"构建固定资产、无形资产和其他长期资产的现金支出"减去"处置固定资产、无形资产和其他长期资产收回的现金净额"，得到的差额再除以年初总资产。用 S_Inv 替换 Inv 代入模型(3)中，得到的结果与表 8 的结果一致，由于篇幅限制，未在文中列示。

值；滞后一期的第一大股东持股比例（LTop1）；滞后一期的股权集中度（LShrz），即滞后一期的公司第一大股东与第二大股东持股比例的比值。此外，本文还控制了行业（Ind）和年份（Year）。

参考 Duchin & Sosyura（2013）的做法，本文将样本公司分为低投资机会组和高投资机会组，分别对模型（3）进行广义最小二乘回归（GLS），结果如表 8 所示。High 是虚拟变量，如果某公司某年的滞后一期的投资机会（LTobinQ）大于该年该公司所在行业所有公司的滞后一期的投资机会的中位数，则取值为 1，否则取值为 0，即 High = 0 表示低投资机会组，High = 1 表示高投资机会组。在全样本中，低投资机会组的 Bl_bef 的回归系数在统计上不显著，而高投资机会组的 Bl_bef 的回归系数却显著为负，该结果表明，关系型董事长抑制了高投资机会的企业的投资，这与关系型董事长"信息效应"假说的预期相反。进一步的，在国企子样本中，低投资机会组的 Bl_bef 的回归系数在统计上显著为正，这表明，关系型董事长加剧了低投资机会的国有企业的投资，这与关系型董事长"偏袒效应"假说的预期一致①。

表 8   关系型董事长与企业投资

	全样本		国企子样本		民企子样本	
	High = 0	High = 1	High = 0	High = 1	High = 0	High = 1
Variables	Inv	Inv	Inv	Inv	Inv	Inv
Bl_bef	-0.000	-0.008**	0.008**	-0.007	-0.014**	-0.012**
	(-0.126)	(-2.467)	(2.142)	(-1.382)	(-2.532)	(-2.237)
Bl_aft	0.005	-0.021**	0.010	-0.023**	-0.057***	-0.038*
	(0.885)	(-2.569)	(1.429)	(-2.115)	(-2.859)	(-1.883)
Ml_bef	0.010***	0.016***	-0.002	0.013	0.021***	0.019***
	(2.640)	(4.029)	(-0.336)	(1.523)	(3.904)	(3.478)
Ml_aft	-0.001	0.020***	-0.017**	0.046***	0.025**	-0.003
	(-0.157)	(3.321)	(-2.106)	(5.612)	(2.510)	(-0.210)
LSize	0.010***	0.000	0.016***	-0.003	0.004	0.008***
	(6.625)	(0.012)	(7.867)	(-1.146)	(1.601)	(2.664)
LLev	-0.005	0.004	-0.006	0.003	-0.002	0.008
	(-0.471)	(0.357)	(-0.403)	(0.181)	(-0.103)	(0.552)

---

① 本文考察区域制度环境对传导机制的影响时，发现：Bl_bef×Sym 的回归系数在国企子样本中的低投资机会组中为负，但统计上不显著；Bl_bef×S_Sym 的回归系数在国企子样本中的低投资机会组中显著为负。

	全样本		国企子样本		民企子样本	
	High = 0	High = 1	High = 0	High = 1	High = 0	High = 1
LCash	−0.048***	−0.036***	−0.117***	−0.002	−0.041**	−0.061***
	(−3.431)	(−3.131)	(−5.285)	(−0.092)	(−2.279)	(−3.775)
OCF	0.186***	0.156***	0.223***	0.216***	0.178***	0.094***
	(10.611)	(9.550)	(9.054)	(8.139)	(6.492)	(4.143)
Lage	−0.023***	−0.030***	−0.040***	−0.034***	−0.004	−0.018***
	(−5.620)	(−8.099)	(−6.406)	(−4.742)	(−0.710)	(−3.684)
LTobinQ	0.023***	0.001	0.030***	0.000	0.036***	0.003
	(6.313)	(0.450)	(5.639)	(0.220)	(6.664)	(1.580)
LTop1	−0.000	0.000**	−0.000**	0.000	0.000	0.001***
	(−0.062)	(2.084)	(−2.021)	(1.105)	(1.475)	(3.681)
LShrz	−0.000*	−0.000***	−0.000	−0.000**	−0.000**	−0.001***
	(−1.809)	(−4.170)	(−0.698)	(−2.199)	(−2.469)	(−3.887)
Constant	−0.090***	0.157***	−0.181***	0.191***	−0.022	−0.028
	(−2.732)	(4.393)	(−3.889)	(3.254)	(−0.375)	(−0.473)
Ind	YES	YES	YES	YES	YES	YES
Year	YES	YES	YES	YES	YES	YES
N	3147	3044	2026	1416	1121	1628
Adj. R^2	0.159	0.127	0.211	0.220	0.148	0.132

注：***、**和*分别表示1%、5%和10%的显著性水平。

5.2 关系型董事长与关联交易

"偏袒效应"假说认为，关系型董事长促使所在成员公司与集团内其他公司进行更多的关联交易，成员公司商品不愁销路，降低了成员公司面临的市场竞争压力，进而弱化其创新的动力和激励。本文将检验关系型董事长与关联交易之间的关系，以验证上述传导机制是否存在①。参考现有文献（Jian & Wong，2010；黄蓉等，2013），本文构建如下模型（4）来检验关系型董事长与集团内关联交易的关系：

$$\text{RPT}_{i,t} = \beta_0 + \beta_1 \text{Bl\_bef}_{i,t} + \beta_2 \text{Bl\_aft}_{i,t} + \beta_3 \text{Ml\_bef}_{i,t} + \beta_4 \text{Ml\_aft}_{i,t} + \beta'_5 Z + \varepsilon_{i,t} \quad (4)$$

RPT作为被解释变量用来衡量关联交易，包括RPT_1、RPT_2和RPT_3。集团内关联交易

---

① 我们检验上市公司与集团内其他成员公司进行的关联交易是否会降低企业创新。结果发现，集团内关联交易会降低企业创新水平，而且这种效应主要发生在集团内非正常关联交易中。这表明，非市场化的交易会弱化市场竞争，进而不利于企业创新。

（RPT$_1$）定义为集团内发生的关联交易除以年末总资产。CSMAR 数据库中"中国上市公司关联交易研究数据库中的关联关系"对上市公司与关联方之间的关联关系进行了详细分类，本文把属于"01 上市公司的母公司"、"03 与上市公司受同一母公司控制的其他企业"、"04 对上市公司实施共同控制的投资方"归为集团内公司，上市公司与这些公司发生的关联交易即为集团内关联交易。另外，本文参考潘红波、余明桂（2014），根据集团内关联交易是否按照市场化方式进行定价，将进一步细分出集团内非正常关联交易（RPT$_2$）和正常关联交易（RPT$_3$）。Z 为其他控制变量集合，包括年初企业规模（LSize）、年初资产负债率（LLev）、年初公司现金持有水平（LCash）、年初公司成长性（LGrowth）、滞后一期的第一大股东持股比例（LTop1）、滞后一期的股权集中度（LShrz）、行业（Ind）和年份（Year）。除年初公司成长性（LGrowth）定义为年初营业收入与上年年初营业收入的差额除以上年年初营业收入的比值之外，其他控制变量均与前文定义一致。

参考 Caramanis & Lennox（2008）、黄蓉等（2013）等学者的研究，为了避免截断偏误，本文采用截断回归方法 Tobit 对模型（4）进行回归，结果如表 9 所示。结果表明，在全样本、国企子样本和民企子样本中，关系型董事长均显著促进了集团内的关联交易，尤其是集团内非正常的关联交易。表 9 的结果证实了"偏袒效应"的传导机制①，即关系型董事长为成员公司分配更多的渠道资源，促使成员公司发生更多的集团内关联交易尤其是非正常关联交易，减弱公司面临的市场竞争压力，从而弱化公司的创新动力和激励。

表9　　　　　　　　　　　　　　　　关系型董事长和关联交易

	全样本			国企子样本			民企子样本		
	（1）	（2）	（3）	（4）	（5）	（6）	（7）	（8）	（9）
Variables	RPT$_1$	RPT$_2$	RPT$_3$	RPT$_1$	RPT$_2$	RPT$_3$	RPT$_1$	RPT$_2$	RPT$_3$
Bl_bef	0.046***	0.031**	0.011	0.045***	0.039**	−0.003	0.054***	0.044**	0.040***
	(5.427)	(2.346)	(1.515)	(3.773)	(2.299)	(−0.314)	(5.004)	(2.060)	(3.979)
Bl_aft	0.045***	0.060**	0.024*	0.004	0.020	0.007	0.110***	0.097	0.024
	(2.678)	(2.292)	(1.711)	(0.216)	(0.684)	(0.461)	(3.195)	(1.443)	(0.778)
Ml_bef	−0.031***	−0.015	−0.014	−0.033**	−0.038	−0.014	−0.014	0.038	−0.005
	(−2.919)	(−0.880)	(−1.506)	(−1.979)	(−1.604)	(−1.036)	(−1.152)	(1.642)	(−0.543)
Ml_aft	−0.009	−0.030	0.022*	−0.045**	−0.051	0.013	0.067***	0.025	0.031*
	(−0.552)	(−1.152)	(1.647)	(−2.080)	(−1.640)	(0.748)	(2.859)	(0.537)	(1.800)
LSize	−0.001	−0.014**	0.002	−0.013**	−0.023***	−0.005	−0.012**	−0.039***	−0.000
	(−0.312)	(−2.466)	(0.708)	(−2.494)	(−3.245)	(−1.253)	(−2.251)	(−3.559)	(−0.009)

---

① 本文考察区域制度环境对传导机制的影响，在以 RPT$_1$ 为被解释变量时，Bl_bef×Sym 的回归系数在国企子样本中显著为负，而在民企子样本中不显著。由于篇幅限制，未在文中列示。

	全样本			国企子样本			民企子样本		
	（1）	（2）	（3）	（4）	（5）	（6）	（7）	（8）	（9）
LLev	0.337***	0.269***	−0.019	0.252***	0.197***	−0.026	0.371***	0.267***	−0.050*
	（13.785）	（7.064）	（−0.926）	（7.352）	（4.086）	（−0.964）	（11.658）	（4.396）	（−1.778）
LCash	−0.222***	−0.155***	−0.055**	−0.178***	−0.079	−0.009	−0.139***	−0.099	−0.062*
	（−6.829）	（−2.992）	（−1.985）	（−3.487）	（−1.095）	（−0.224）	（−3.706）	（−1.362）	（−1.906）
LGrowth	0.002	−0.016	−0.005	0.019	0.003	0.005	0.003	−0.009	−0.002
	（0.179）	（−0.927）	（−0.545）	（1.158）	（0.151）	（0.397）	（0.252）	（−0.390）	（−0.147）
LTop1	0.004***	0.005***	0.001***	0.005***	0.006***	0.001***	0.002***	0.002***	0.001**
	（14.035）	（10.463）	（5.200）	（11.769）	（9.346）	（4.319）	（6.315）	（3.395）	（2.546）
LShrz	0.001***	0.001***	0.000***	0.000**	−0.000	0.000***	0.002***	0.002***	−0.000
	（5.859）	（2.621）	（3.899）	（2.196）	（−0.504）	（3.137）	（5.223）	（4.815）	（−0.105）
Constant	−0.238***	−0.184	−0.260***	−0.012	0.064	−0.146*	0.039	0.315	−0.111
	（−3.018）	（−1.498）	（−3.881）	（−0.111）	（0.416）	（−1.662）	（0.337）	（1.376）	（−1.111）
Ind	YES	YES	YES	YES	YES	YES	YES	YES	YES
Year	YES	YES	YES	YES	YES	YES	YES	YES	YES
N	6353	6353	6353	3498	3498	3498	2855	2855	2855
Sigma_cons	0.276***	0.357***	0.143***	0.300***	0.361***	0.154***	0.216***	0.325***	0.097***
	（96.126）	（53.714）	（30.422）	（76.205）	（44.993）	（25.983）	（58.567）	（29.541）	（16.044）

注：***、**和*分别表示1%、5%和10%的显著性水平。

6. 研究结论

本文以我国2005—2014年A股上市公司为样本，检验关系型董事长对企业创新的影响。结果发现，关系型董事长对企业创新有显著的负面影响，而且这种效应主要发生在国有企业，尤其是所处区域制度环境差的国有企业中。本文结果支持了"偏袒效应"假说，即在集团股东单位分配资源时，关系型董事长会出于私心，偏袒所在成员公司，使得成员公司得到更多的直接资源，并和集团内其他成员公司发生更多的非正常关联交易。而上述廉价直接资源的获得将促使企业采取低成本战略而非差异化的创新战略，非市场化的集团内关联交易将弱化企业创新的动力和激励。进一步的，本文对"偏袒效应"的传导机制进行了检验，发现关系型董事长促进了无效率的企业投资和集团内非正常关联交易。本文的研究结论具有很强的政策含义，即在国有企业总经理逐步市场化选聘的情况下，对于国有企业的一把手即董事长，也需要基于"任人唯贤"通过市场化进行选聘，以提高国有企业的资源配置效率和创新水平，最终促进我国经济的高质量增长。

在注重人情关系的中国，"任人唯亲"现象十分普遍，其中关系型董事长作为集团层面"任人唯亲"的一种典型代表，更是在我国广泛存在。关系型董事长的研究是公司治理方面的新兴研究领域，在这个领域，有很多非常有趣的问题有待进一步研究。例如，关系型董事长是否以及如何影响成员公司的高管构成和更替？是否以及如何影响成员公司的高管激励？是否以及如何影响成员公司的全员劳动生产率和公司价值？

◎ 参考文献

[1]陈冬华，陈信元，万华林.国有企业中的薪酬管制与在职消费[J].经济研究，2005（2）.

[2]陈艳艳，罗党论.地方官员更替与企业投资[J].经济研究，2012（2）.

[3]戴亦一，肖金利，潘越."乡音"能否降低公司代理成本——基于方言视角的研究[J].经济研究，2016（12）.

[4]樊纲，王小鲁，朱恒鹏.中国市场化指数——各地区市场化相对进程 2011 年报告[M].北京：经济科学出版社，2011.

[5]黄蓉，易阳，宋顺林.税率差异、关联交易与企业价值[J].会计研究，2013（8）.

[6]黎文靖，岑永嗣，胡玉明.外部薪酬差距激励了高管吗——基于中国上市公司经理人市场与产权性质的经验研究[J].南开管理评论，2014（4）.

[7]李春涛，宋敏.中国制造业企业的创新活动：所有制和 CEO 激励的作用[J].经济研究，2010（5）.

[8]李新春，韩剑，李炜文.传承还是另创领地——家族企业二代继承的权威合法性建构[J].管理世界，2015（6）.

[9]李延喜，曾伟强，马壮，等.外部治理环境、产权性质与上市公司投资效率[J].南开管理评论，2015（1）.

[10]林毅夫，李志赟.政策性负担、道德风险与预算软约束[J].经济研究，2004（2）.

[11]刘启亮，罗乐，何威风，等.产权性质、制度环境与内部控制[J].会计研究，2012（3）.

[12]刘瑞明.中国的国有企业效率：一个文献综述[J].世界经济，2013（11）.

[13]陆瑶，胡江燕.CEO 与董事间"老乡"关系对公司违规行为的影响研究[J].南开管理评论，2016（2）.

[14]陆正飞，张会丽.所有权安排、寻租空间与现金分布——来自中国 A 股市场的经验证据[J].管理世界，2010（5）.

[15]潘红波，余明桂.集团内关联交易、高管薪酬激励与资本配置效率[J].会计研究，2014（10）.

[16]潘越，潘健平，戴亦一.公司诉讼风险、司法地方保护主义与企业创新[J].经济研究，2015（3）.

[17]田利辉，张伟.政治关联影响我国上市公司长期绩效的三大效应[J].经济研究，2013（11）.

[18]温军，冯根福.异质机构、企业性质与自主创新[J].经济研究，2012（3）.

［19］夏立军，方轶强．政府控制、治理环境与公司价值——来自中国证券市场的经验证据［J］．经济研究，2005(5)．

［20］袁建国，后青松，程晨．企业政治资源的诅咒效应——基于政治关联与企业技术创新的考察［J］．管理世界，2015(1)．

［21］张会丽，吴有红．企业集团财务资源配置、集中程度与经营绩效——基于现金在上市公司及其整体子公司间分布的研究［J］．管理世界，2011(2)．

［22］郑志刚，孙娟娟，Rui Oliver．任人唯亲的董事会文化和经理人超额薪酬问题［J］．经济研究，2012(12)．

［23］仲为国，李兰，路江涌，等．企业进入创新活跃期：来自中国企业创新动向指数的报告——2016·中国企业家成长与发展专题调查报告［J］．管理世界，2016(6)．

［24］仲为国，李兰，路江涌，等．中国企业创新动向指数：创新的环境、战略与未来——2017·中国企业家成长与发展专题调查报告［J］．管理世界，2017(6)．

［25］Aghion, P., Bloom, N., Blundell, R., et al. Competition and innovation: An inverted-u relationship［J］. *The Quarterly Journal of Economics*, 2005, 120(2).

［26］Aghion, P., Van Reenen, J., Zingale, L. Innovation and institutional ownership［J］. *American Economic Review*, 2013, 103(1).

［27］Anderson, R.C., Reeb, D.M., Zhao, W. Family-controlled firms and informed trading: Evidence from short sales［J］. *The Journal of Finance*, 2012, 67(1).

［28］Ang, J.S., Cheng, Y., Wu, C. Does enforcement of intellectual property rights matter in China? Evidence from financing and investment choices in the high-tech industry［J］. *Review of Economics and Statistics*, 2014, 96(2).

［29］Caramanis, C., Lennox, C. Audit effort and earnings management［J］. *Journal of Accounting and Economics*, 2008, 45(1).

［30］Chan, L.H., Chen, K.C., Chen, T.Y., et al. Substitution between real and accruals-based earnings management after voluntary adoption of compensation clawback provisions［J］. *The Accounting Review*, 2014, 90 (1).

［31］Cleary, S., Povel, P., Raith, M. The u-shaped investment curve: theory and evidence［J］. *Journal of Financial and Quantitative Analysis*, 2007, 42(1).

［32］Duchin, R., Sosyura, D. Divisional managers and internal capital markets［J］. *The Journal of Finance*, 2013, 68(2).

［33］Fan, J.P., Wong, T.J., Zhang, T. Politically connected CEOs, corporate governance, and post-ipo performance of China's newly partially privatized firms［J］. *Journal of Financial Economics*, 2007, 84(2).

［34］Glaser, M., Lopez-De-Silanes, F., Sautner, Z. Opening the black box: Internal capital markets and managerial power［J］. *The Journal of Finance*, 2013, 68(4).

［35］Jensen, M.C., Meckling, W.H. Theory of the firm: Managerial behavior, agency costs and ownership structure［J］. *Journal of Financial Economics*, 1976, 3(4).

［36］Jian, M., Wong, T.J. Propping through related party transactions［J］. *Review of Accounting Studies*, 2010, 15(1).

[37] Khanna, T., Yafeh, Y. Business groups in emerging markets: Paragons or parasites[J]. *Journal of Economic Literature*, 2007, 45(2).

[38] Khanna, V., Kim, E., Lu, Y. CEO connectedness and corporate fraud[J]. *The Journal of Finance*, 2015, 70(3).

[39] La Porta, R., Lopez-de-Silanes, F., Shleifer, A., et al. Law and finance[J]. *Journal of Political Economy*, 1998, 106(6).

[40] Leuz, C., Oberholzer-Gee, F. Political relationships, global financing, and corporate transparency: Evidence from indonesia[J]. *Journal of Financial Economics*, 2006, 81(2).

[41] Li, D. Financial constraints, R&D investment, and stock returns[J]. *Review of Financial Studies*, 2011, 24(9).

[42] Liao, L., Liu, B., Wang, H. China's secondary privatization: Perspectives from the split-share structure reform[J]. *Journal of Financial Economics*, 2014, 113(3).

[43] Petersen, M. A. Estimating standard errors in finance panel data sets: Comparing approaches[J]. *Review of Financial Studies*, 2009, 22(1).

[44] Shleifer, A., Vishny, R. W. Corruption[J]. *The Quarterly Journal of Economics*, 1993, 108(3).

[45] Stein, J. C.. Internal capital markets and the competition for corporate resources[J]. *The Journal of Finance*, 1997, 52(1).

[46] Tian, X., Wang, T. Y. Tolerance for failure and corporate innovation[J]. *The Review of Financial Studies*, 2014, 27(1).

Relational chairman and corporate innovation

Pan Hongbo[1]   Zheng Dongyun[2]

(1, 2 Economics and Management School of Wuhan University, Wuhan, 430072)

Abstract: This paper, using data of listed firms from 2005 to 2014, examines the effect of relational chairman, whom serves on boards of directors of controlling shareholder, on the innovation of affiliated firms. We find that the firms with relational chairman are significantly less innovative than those without such relationship, which becomes more pronounced in the state-owned firms, especially those with poor institutions. This results support the "favoritism effect" that relational chairman will favor his firm and allocate more resources to it, which will weaken the incentives of corporate innovation. Furthermore, we provide evidence on the "favoritism effect" that relational chairman of state-owned firms is associated with lower resource allocation efficiency and more abnormal intra-group transactions. The results suggest that "cronyism" will distort the resource allocation of state-owned enterprises, reduce their innovation incentive, and ultimately hinder the development of state-owned enterprises and China's economic growth.

Key words: Relational chairman; Favoritism effect; Corporate innovation; State-owned enterprises; Resource allocation efficiency

责任编辑：路小静

银行业竞争、金字塔结构与融资动机
——来自中国民营上市公司的经验证据[*]

● 于文超[1]　高　楠[2]　秦晓丽[3]

（1 西南政法大学经济学院　重庆　401120；2 中南财经政法大学文澜学院　武汉　430073；
3 山西财经大学经济学院　太原　030006）

【摘　要】本文利用手工收集的商业银行分支机构信息构建城市层面的银行业竞争指标，基于中国民营上市公司数据，从融资优势的视角探讨民营上市公司金字塔结构的形成机理。研究发现，银行业竞争将弱化民营上市公司构建金字塔结构进行融资的动机，降低民营上市公司所处的金字塔层级。这一结论在控制潜在因素影响、考虑截面异方差与变量内生性、变换关键指标等稳健性检验之后依然成立。进一步研究表明，银行业竞争有助于减少金字塔层级这一效应对那些获得较少银行贷款、面临较强融资约束的民营上市公司而言更显著。本文既为理解金融发展影响经济增长的微观机制提供了崭新证据，也丰富和拓展了中国民营上市公司金字塔结构形成机理的研究文献。

【关键词】银行业竞争　金字塔结构　融资约束
中图分类号：F272.3　　　　　文献标识码：A

1. 引言

　　自 2003 年开始，中国正式启动新一轮银行业改革，国有大型商业银行的垄断地位逐步削弱，银行业竞争度不断提升。国家"十三五"规划明确提出将"构建多层次、广覆盖、有差异的银行机构体系"作为加快金融体制改革的重要目标。图 1 给出了 2003—2014 年不同类型银行机构所占市场份额变化趋势①。不难发现，大型商业银行所占市场份额从 2003 年的 58.03% 下降到 2014 年的 41.21%；股份制商业银行所占市场份额从 2003 年的

　　* 基金项目：教育部人文社科研究青年基金项目"地方官员更替对企业避税的影响及其机制研究"（项目编号：16YJC790129）；重庆市社会科学规划青年项目"重庆经济绿色化发展水平测度与实现路径研究"（项目编号：2016QNJJ11）；西南政法大学校级课题"十九大"专项项目"新时代民营企业创新发展的理论框架、驱动机制与实现路径研究"。

　　通讯作者：于文超，E-mail：yuwenchao2000@163.com。
　　① 作者根据《中国银行业监督管理委员会 2014 年报》提供的数据自行计算。

10.70%上升到 2014 年的 18.21%；农村商业银行和农村信用社所占份额从 2003 年的 9.72%上升到 2014 年的 11.81%；城市商业银行和城市信用社所占份额从 2003 年的 5.82%上升到 2014 年的 10.49%。由此可见，大型商业银行所占市场份额显著下降，银行业金融机构呈现多元化发展格局。

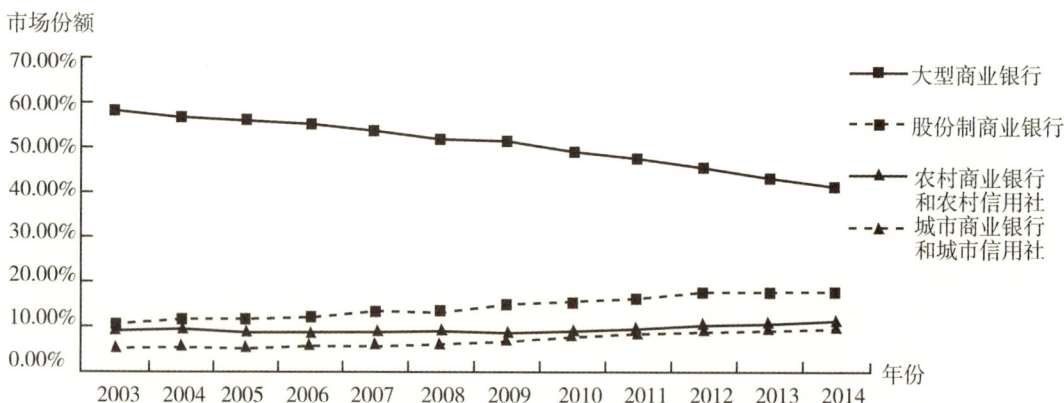

市场份额

图 1　不同类型银行业金融机构市场份额(按资产计算，2003—2014 年)

银行业竞争对企业融资活动的影响一直是国外学者关心的热点话题，围绕银行业竞争与企业融资可得性之间的关系，现有文献形成"市场力量假说"和"信息假说"两种基本观点。其中，"市场力量假说"认为，银行业竞争促使银行降低贷款利率，提升经营效率和服务质量，进而增加企业融资可得性(Benfratello 等，2008)；相比之下，"信息假说"认为，银行业竞争会促使银行行为趋于短视，缺乏激励去挖掘以企业家才能、品格为代表的"软信息"，阻碍长期银企关系的形成(Petersen and Rajan，1995；陈刚，2015)，从而降低企业融资可得性。在经验研究方面，学者们也并未取得一致意见，他们各自提供了支持上述两种论点的经验证据(Di Patti and Dell' Ariccia，2004；Beck 等，2004；Strahan and Cetorelli，2004；Zarutskie，2006；Love and Peria，2012；Leroy，2016；Fungacova 等，2016)。

在银行业主导中国金融体系的背景下，银行业竞争对中国企业经营行为的影响也是国内学者关心的热点话题。对于中国目前的经济发展阶段而言，最优金融结构应以区域性中小银行为主导，因此，银行竞争度提升意味着现有金融结构的不断优化，对推动企业发展具有积极意义(林毅夫等，2009；方芳和蔡卫星，2016)。一系列经验研究表明，中国银行业竞争在缓解企业融资约束、加快企业资本结构调整、推动企业研发创新、促进企业成长等方面发挥了积极作用(蒋海、廖志芳，2015；方芳、蔡卫星，2016；蔡竞、董艳，2016；边文龙等，2017；Jiang 等，2017)。

但值得注意的是，上述文献并未将研究视角拓展到企业股权结构层面。本文将通过手工收集商业银行分支机构信息和上市公司金字塔层级数据，从经验上识别银行业竞争对企业金字塔股权结构的影响。本文发现，银行业竞争有助于减少民营上市公司所处的金字塔层级。同时，无论是考虑地区相关因素影响，还是控制截面异方差和变量内生性，抑或变换银行竞争度这一关键指标，上述基本结论依然成立。相比于股份制商业银行，国有商业银行竞争度提升更有助于降低民营上市公司金字塔层级。分样本估计显示，对于获得较少银行贷款、面临较强融资约束的民营上市公司而言，银行业竞争对金字塔层级的减弱作用更显著。

相比于已有文献，本文边际贡献体现在如下两方面：第一，为理解金融发展影响经济增长的机制提供了微观证据。一系列经典文献证实了金融发展对于经济增长的重要推动作用（Levine 等，2000）；然而，在正规金融发展不完善的中国，非正规金融被视为中国经济快速发展的重要推动力量（Allen 等，2005）。本文的研究不仅丰富了"金融与经济"领域的相关文献，而且证实以银行业为代表的正规金融发展，日益成为推动中国企业发展的重要外部因素。第二，印证了民营上市公司金字塔股权结构的融资动机。金字塔股权结构作为转型国家广泛存在的现象，其形成机理一直是公司治理领域的热点话题。本文有助于我们从融资优势视角理解民营上市公司构建金字塔结构的动机，为改善民营上市公司治理结构和外部融资环境提供政策借鉴。

本文后续结构安排如下：第二部分为文献综述和研究假设；第三部分为研究设计，包括数据来源、模型设定和主要变量描述性统计；第四部分为实证结果分析，包括基准回归和一系列稳健性检验；第五部分为研究结论。

2. 文献综述与研究假设

金融发展与经济增长之间的关系一直是文献研究的热点话题。早期文献利用国家层面横截面数据证实了金融发展对经济增长的促进作用（King and Levine，1993；Levine 等，2000）。后续文献为了解决因果关系识别问题，逐渐重视考察金融发展影响经济增长的微观机制，而考察银行业竞争对企业行为的影响正是检验这一机制的重要内容。

无论是理论还是实证上，银行业竞争对企业融资可得性（access to finance）都存在不确定性，主要包括"市场力量假说"和"信息假说"两种基本观点。一方面，大量文献证实银行竞争度与企业融资可得性显著正相关，从而支持"市场力量假说"。例如，Beck 等（2004）、Strahan 和 Cetorelli（2004）的研究都发现，较低的银行竞争度会加剧企业融资困难，提高企业融资成本。Love 和 Peria（2012）利用 53 个国家的企业调查数据发现，银行竞争度提升有助于改善企业融资可得性，且这一效应会受到外部金融环境的调节作用。同时，中国银行业竞争对企业融资可得性的正向影响也得到普遍证实。例如，蒋海、廖志芳（2015）、边文龙等（2017）证实银行业竞争能增加中小企业贷款，有效缓解中小企业融资约束；方芳、蔡卫星（2016）利用商业银行分支机构数据构建银行业竞争指标，证实银行业竞争能通过降低融资约束、扩大商业信用促进工业企业成长。蔡竞、董艳（2016）也按照类似思路构造银行业竞争指标，发现银行竞争度提升能促进工业企业研发创新。Jiang等（2017）考察了银行业竞争对中国上市公司杠杆率调整速度的影响，研究发现银行业竞争度越高，上市公司越能快速地调向目标杠杆率，对小企业和非国有企业而言，这种影响更强。

另一方面，诸多研究支持"信息假说"，即银行竞争度提升会降低企业融资可得性，加剧融资约束。诸如，Zarutskie(2006)考察了美国20世纪90年代放宽银行跨州设立分支机构对企业投融资活动的影响，研究发现，由此产生的银行竞争度外生增加导致新成立企业的外部负债和投资更少。Delis等(2015)基于美国296家银行和9029家非金融企业的研究证实，较高的银行市场势，即较低的银行竞争度对业绩不佳企业的融资和绩效存在显著正向影响。Fungacova等(2016)也发现了类似结论，他们利用欧洲20个国家企业的数据发现，银行业竞争会提高债务融资成本，且这一效应对小企业而言更显著。Leroy(2016)证实当银行业竞争度提高时，金融依赖(financial dependence)行业的全要素生产率的增长率会更低。此外，Di Patti和Dell' Ariccia(2004)的研究证实，银行集中度与新设立企业之间存在"钟形曲线"关系，即随着银行集中度提高(银行竞争度降低)，新企业设立概率先增加后降低。

尽管银行业竞争对企业行为的影响得到了文献普遍重视，但银行业竞争对企业股权结构的影响却缺乏系统的实证研究。本文将着眼于考察银行业竞争与民营上市公司金字塔结构之间的关系，评估银行业竞争对民营上市公司所处金字塔层级的实际效应。金字塔结构是世界范围内普遍存在的企业股权安排。已有文献认为，国有上市公司金字塔结构更多是出于"政府放权"需要；相比之下，民营上市公司金字塔结构往往产生"融资效应"和"攫取效应"(苏坤，2016)，上述观点得到了基于不同国家数据经验研究的广泛支持(Baek等，2006；刘启亮等，2008；李增泉等，2008；Chong，2010；Masulis等，2011；韩忠雪、崔建伟，2014)。

从"融资效应"的视角而言，由于中国金融市场不甚完善，相比于国有企业，民营企业在融资活动中面临更多所有权歧视和融资约束，因此，民营企业有较强动机通过替代性机制克服融资约束带来的障碍。金字塔股权结构形成的内部资本市场及其产生的杠杆效应，有助于增加企业外部融资能力，自然成为民营上市公司提升自身融资能力的重要途径之一(刘行、叶康涛，2014；李维安、韩忠雪，2013)。具体而言，随着民营上市公司所处的金字塔层级增加，其所处的内部资本市场将扩大，而且控股股东可以获取较高的债务乘数效应，债务融资能力将相应提升。基于这一理论逻辑，银行业竞争能够改善企业融资环境，进而弱化民营上市公司构建金字塔结构的动机。由此，我们提出如下研究假说：

假说1：地区银行竞争度提高，民营上市公司通过金字塔股权结构进行融资的动机减弱，其所处金字塔层级将减少。

银行竞争度也可能通过"攫取效应"影响民营上市公司的金字塔股权结构。金字塔结构的"攫取效应"源于，随着上市公司金字塔层级和复杂度增加，公司财务透明度将降低，公司内部人和中小股东之间的信息不对称增加，这导致中小股东难以有效监督控股股东的掏空、资金占用等自利行为(刘启亮等，2008；韩忠雪、崔建伟，2014)；但较低的财务透明度也产生相应"成本"，会增加公司内部人和外部借款者之间的信息不对称，增加公司外部融资困难和融资约束(刘行、叶康涛，2014)。因此，控股股东需要对财务透明度降低带来的"收益"和"成本"做出权衡。然而，银行竞争度提升会带来金融结构优化，这提高了公司在信贷市场上的"谈判"能力和融资可得性，弱化了控股股东对财务透明度降低导致外部融资困难的"顾虑"，强化其通过金字塔结构攫取控制权私利的动机。据此，本文提出第二个研究假说：

假说 2：地区银行竞争度提高，控股股东通过金字塔股权结构进行攫取的动机增强，民营上市公司所处金字塔层级将增加。

3. 研究设计

3.1 数据来源

本文研究样本为沪深两市 2007—2013 年 A 股民营上市公司，我们依次剔除金融保险类、样本期间被 PT 或 ST、资料不全或数据缺失的样本数据。金字塔层级数据为作者针对年报控股关系图手工整理获得，其他相关财务数据主要源于国泰安（CSMAR）、色诺芬（CCER）等上市公司数据库。银行竞争度数据来源于中国银监会网站，通过查询各商业银行分支机构的金融许可证信息，获得各家银行的支行、网点设立情况，包括设立时间，地理位置等。城市经济增长率、民营经济比重等城市层面数据来自对应年份的《中国城市统计年鉴》，政府质量数据来自世界银行 2006 年发布的研究报告《政府治理、投资环境与和谐社会：中国 120 个城市竞争力的提高》。为了消除极端值可能带来的回归偏误，我们还对净资产收益率、营业增长率、第一大股东持股比重、资产负债率等连续变量进行了前后 1% 水平的 Winsorize 缩尾处理。

3.2 模型设定

我们通过方程(1)考察银行业竞争对民营上市公司金字塔层级的影响：

$$\text{layer}_{it} = \alpha_0 + \alpha_1 \text{bank}_{ct} + \alpha_2 \text{Control}_{it} + \sum \text{industry}_j + \sum \text{year}_t + \varepsilon_{it} \tag{1}$$

方程(1)中，layer 代表民营上市公司所处的金字塔层级，当实际控制人直接控制上市公司时，layer 赋值为 1；当实际控制人通过控制某公司从而控制上市公司时，layer 赋值为 2，依次类推。当最终控制人与上市公司有多个链条控制关系时，我们以实际控制人最大控制权控制链条的层数为准。为了表述方便，本文将变量 layer 取值越大视为民营上市公司所处的金字塔层级越高，反之亦然。关键解释变量 bank 代表上市公司所处城市的银行业竞争度，我们使用银行分支机构赫芬达尔指数(bank_hhi)和集中度(bank_cr5)两项指标衡量。具体计算公式如下：

$$\text{bank\_hhi} = \sum\nolimits_{s=1}^{N_c} (\text{number}_{sc} / \sum\nolimits_{s=1}^{N_c} \text{number}_{sc})^2 \tag{2}$$

$$\text{bank\_cr5} = \sum\nolimits_{u=1}^{5} (\text{numb}_{uc}) / \sum\nolimits_{s=1}^{N_c} \text{number}_{sc} \tag{3}$$

其中，N_c 代表城市 c 内所有类型银行数量，number_{sc} 代表银行 s 在城市 c 中的分支行数量，numb_{uc} 下标 u 取值 1 到 5，代表城市 c 中分支行数量前五大的银行。变量 bank_hhi 和 bank_cr5 是衡量城市银行竞争度的逆向指标，取值越小代表城市银行竞争度越高。在实际回归中，本文按照公式 $(X_i - X_{\min})/(X_{\max} - X_{\min})$ 对上述两个指标进行标准化，使得变量 bank_hhi 和 bank_cr5 取值介于 0 到 1 之间。如果结果证实方程(1)中 bank_hhi、bank_cr5 系数显著为正，则表明随着银行集中度降低，银行竞争度提高，民营上市公司所处的金字塔层级减少，假说 1 成立，即金字塔股权结构主要体现为"融资效应"；否则，bank_hhi、 bank_cr5 系数显著为负，则说明随着银行竞争度提高，民营上市公司所处的金字塔层级会增加，假说 2 成立，即金字塔股权结构主要体现为"攫取效应"。考虑到方程(1)中被解释变量 layer 为离散整数值，数值越大代表企业所处的金字塔层级越大，我们主要利用 Ordered Probit 模型展开实证估计。

另外，Control 代表可能影响民营上市公司金字塔结构的因素。借鉴已有研究(陈德球等，2011)，我们选取如下控制变量：净资产收益率(roe)、第一大股东持股比重(first)、营业增长率(growth)、企业年龄自然对数(lnage)、资产负债率(lev)、总资产自然对数(lnasset)以及行业(industry)、年份(year)虚拟变量等。

3.3 描述性统计

表 1 给出了主要变量的描述性统计。变量 layer 均值为 2.0256，说明民营上市公司所处金字塔层级的均值略大于 2；变量 bank_hhi、bank_cr5 均值分别为 0.1101、0.4447，表明中国银行业集中度普遍较高；变量 roe、growth 离散系数分别为 1.1146、1.8806，这说明样本公司的盈利能力、营业增长率存在明显差异；变量 first 的均值为 0.3421，表示样本企业第一大股东持股比例均值为 34% 左右，民营上市公司"一股独大"现象较为明显。

表 1   主要变量描述性统计

变量	观测值	均值	标准差	最小值	最大值
layer	4883	2.0256	0.9454	1.0000	8.0000
bank_hhi	4914	0.1101	0.0939	-0.0000	1.0000
bank_cr5	4914	0.4447	0.2303	0.0000	1.0000
roe	4910	9.6255	10.7289	-35.8894	41.9495
first	4914	0.3421	0.1486	0.0812	0.7500
growth	4914	18.1707	34.1716	-60.2719	176.7009
lnage	4914	2.4721	0.4828	0.0000	3.5264
lev	4914	41.3639	20.2584	4.0869	85.7038
lnasset	4914	21.4231	1.0106	17.8227	25.4003

表 2 给出了主要变量的相关系数。可以看出，变量 bank_hhi、bank_cr5 都与变量 layer 之间呈显著的正相关关系，初步证实了银行竞争度与民营上市公司所处金字塔层级负相关这一结论。同时，净资产收益率、营业增长率与金字塔层级显著负相关，而第一大股东持股比例、企业年龄、资产负债率、规模与金字塔层级显著正相关。另外，绝大多数变量的相关系数都在 0.300 以下，表示变量之间的共线性问题并不严重。需要说明的是，相关性分析并未考虑其他因素，更准确的研究结论还需通过多元回归分析获得。

表2 相关性分析

	layer	bank_hhi	bank_cr5	roe	first	growth	lnage	lev	lnasset
layer	1.000								
bank_hhi	0.039***	1.000							
bank_cr5	0.062***	0.861***	1.000						
roe	−0.028**	−0.001	−0.001	1.000					
first	0.045***	−0.057***	−0.096***	0.213***	1.000				
growth	−0.031**	−0.002	−0.002	0.310***	0.079***	1.000			
lnage	0.325***	−0.014	0.009	−0.110***	−0.183***	−0.087***	1.000		
lev	0.223***	−0.026*	0.007	−0.065***	0.004	0.067***	0.229***	1.000	
lnasset	0.159***	−0.075***	−0.074***	0.173***	0.132***	0.094***	0.168***	0.412***	1.000

注：***、**、*分别代表1%、5%、10%的显著性水平。

如表3所示，本文利用样本公司的金字塔层级计算城市层面均值，取值最高的5个城市依次是漯河（5.4286）、宝鸡（4.4000）、西安（3.7000）、韶关（3.3333）、海口（3.2264），取值最低的5个城市依次为陇南（1.0000）、莆田（1.0000）、自贡（1.0000）、濮阳（1.0000）、德州（1.1111），而这些城市的银行业赫芬达尔指数和银行业集中度也报告在表3中。比较这些城市的银行竞争度和金字塔层级均值，并未发现明显相关性。

表3 部分城市金字塔层级均值和银行竞争度均值

Panel A 金字塔层级均值最大的5个城市

城市	金字塔层级	银行业赫芬达尔指数	银行业集中度
漯河	5.4286	0.2323	0.9431
宝鸡	4.4000	0.2334	0.9601
西安	3.7000	0.1370	0.7658
韶关	3.3333	0.2411	0.9891
海口	3.2264	0.1632	0.8539

Panel B 金字塔层级均值最小的5个城市

城市	金字塔层级	银行业赫芬达尔指数	银行业集中度
陇南	1.0000	0.3098	0.9987
莆田	1.0000	0.1973	0.9090
自贡	1.0000	0.3129	0.9032
濮阳	1.0000	0.2108	0.9215
德州	1.1111	0.2580	0.8281

注：城市层面的金字塔层级均值是指处于同一城市的样本公司金字塔层级的平均值，为了避免公司样本数过少可能带来的偏误，我们将样本公司观测值少于5个的城市剔除。银行竞争度均值是指同一城市不同年度银行竞争度（包括赫芬达尔指数和集中度）得分的平均值。

为从整体层面描述银行业竞争与金字塔层级之间的相关性，图 2 汇报了城市层面金字塔层级均值与银行业集中度均值之间的散点图。可以看出，随着银行业集中度提升，城市金字塔层级均值呈现相对微弱的上升趋势①。这在某种程度上证实，随着银行业集中度提升带来的银行竞争度降低，民营上市公司所处的金字塔层级会相应增加。但这一发现并未控制其他因素影响，更准确的结论有待于后文实证方程回归分析。

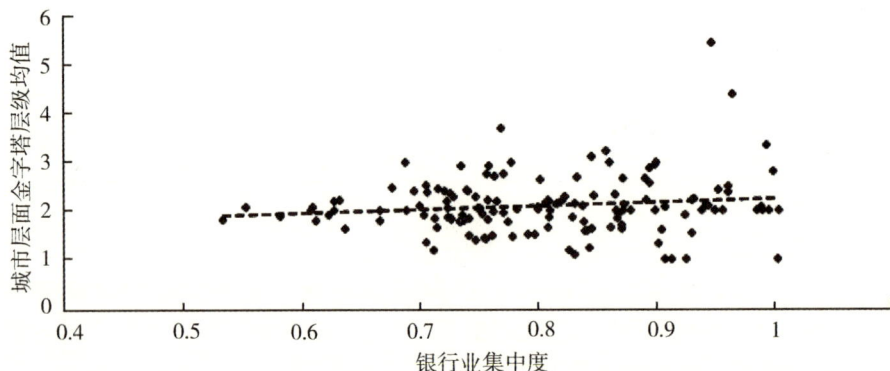

图 2 城市层面金字塔层级均值与银行业集中度之间的散点图

4. 实证结果分析

4.1 基准回归

本文首先关注银行业竞争对民营上市公司金字塔层级的影响，表 4 的结果表明，无论是 OLS 还是 Ordered Probit 模型估计结果，变量 bank_hhi 和 bank_cr5 系数为正且在 1% 水平上显著，这说明随着银行集中度增加，银行竞争度降低，民营上市公司所处的金字塔层级会明显增加，这初步证实了假说 1。即民营上市公司的金字塔股权结构主要体现为"融资效应"，因为金字塔结构带来的债务融资放大效应和内部资本市场将有助于提升企业内外部融资能力(李增泉等，2008)。

控制变量中，净资产收益率 roe 为负且至少在 5% 水平上显著为负，说明盈利能力更好的民营企业其所处的金字塔层级更低，这可能源于盈利能力较好的企业能获得较为充盈的内部现金流，弱化了企业通过金字塔结构进行融资的动机。企业年龄 lnage 系数在 1% 水平上显著为正，表明企业年龄对金字塔层级有显著的正向影响。同时，营业增长率 growth 系数显著为负，资产负债率 lev、资产规模 lnasset 系数显著为正，这说明成长性越好，民营上市公司所处的金字塔层级越低，而资产负债率越高、规模越大，民营上市公司

---

① 城市层面金字塔层级均值与银行业赫芬达尔指数均值之间也呈现类似关系。

所处的金字塔层级越高，这一系列结论与陈德球等（2011）的研究相一致。成长性越好的上市公司外部融资能力越强，控股股东通过构建金字塔股权结构进行融资的动机越弱，而规模越大、负债率越高的民营上市公司融资需求往往越高，控股股东越有动机构建金字塔结构，以提高企业内外部融资能力。

表4   银行业竞争与金字塔结构：基准回归

解释变量	OLS	OLS	OrderedProbit	OrderedProbit
	（1）	（2）	（3）	（4）
bank_hhi	0.3963***		0.5092***	
	（0.1432）		（0.1758）	
bank_cr5		0.1772***		0.2177***
		（0.0563）		（0.0724）
roe	−0.0029**	−0.0029**	−0.0046***	−0.0045***
	（0.0014）	（0.0014）	（0.0017）	（0.0017）
first	0.6724***	0.6812***	1.1434***	1.1532***
	（0.0906）	（0.0912）	（0.1148）	（0.1154）
growth	−0.0008*	−0.0008*	−0.0011**	−0.0011**
	（0.0004）	（0.0004）	（0.0005）	（0.0005）
lnage	0.6039***	0.6001***	0.8725***	0.8675***
	（0.0272）	（0.0273）	（0.0406）	（0.0407）
lev	0.0027***	0.0027***	0.0045***	0.0045***
	（0.0008）	（0.0008）	（0.0010）	（0.0010）
lnasset	0.0896***	0.0885***	0.1188***	0.1174***
	（0.0182）	（0.0182）	（0.0205）	（0.0205）
截距项	−1.3929***	−1.4111***		
	（0.3699）	（0.3696）		
行业	控制	控制	控制	控制
年份	控制	控制	控制	控制
R^2	0.1883	0.1885		
Prob>chi2			0.0000	0.0000
观测值	4815	4815	4815	4815

注：***、**、*分别代表1%、5%、10%的显著性水平，小括号内给出了经过white-robust调整的稳健标准误。

4.2 考虑地区相关因素影响

前文结果初步证实，有效的银行业竞争有助于降低民营上市公司所处的金字塔层级，但上述结论并未剔除其他城市因素的影响。在政府质量较高、民营经济更发达的城市，金融资源配置更加公平且效率更高，金融市场上交易双方之间的信任程度更高，民营企业的融资可得性更高，通过金字塔结构进行融资的动机更弱；而城市经济增长较快，民营企业更容易发展壮大，更可能形成以金字塔结构为组织架构的企业集团。同时，政府质量更高、城市经济增长更快、民营经济更发达的城市更容易吸引银行分支机构进入，由此提升当地银行业竞争度。

基于上述分析，本文将在方程（1）中加入城市民营经济比重（private）、经济增长率（gdpgro）、政府质量（djd、court、customs）等指标，并重新估计方程。其中，城市民营经济比重使用城镇私营和个体从业人员数除以年末单位从业人员数衡量，政府质量分别选用世界银行 2006 年报告中提供的"企业与政府打交道时间"（djd）、"当地企业对法庭的信心"（court）、"通关天数"（customs）三项指标衡量。表 5 提供了加入城市民营经济比重、经济增长率、政府质量之后的 Ordered Probit 模型估计结果。可以看出，变量 bank_hhi、bank_cr5 的系数依然在 1% 水平上显著为正，说明基准回归所得结论是稳健的。城市经济增长率 gdpgro 的系数显著为正，说明经济发展越快的城市，民营上市公司金字塔层级越高，这与前述理论分析相符。变量 court 的系数显著为负，而 djd、customs 的系数并不显著，这部分证明了政府质量的改善会降低民营上市公司的金字塔层级。另外，民营经济比重 private 的系数在一定程度上显著为负，这说明民营经济比重越高的城市，民营上市公司的金字塔层级越低。可能的原因在于，民营经济发展越好的地区，金融资源配置的市场化程度更高，民营上市公司面临的融资约束更少，通过金字塔结构进行融资的动机更弱。

表 5　银行业竞争与金字塔结构：加入城市层面变量（Ordered Probit）

解释变量	（1）	（2）	（3）	（4）	（5）	（6）
bank_hhi	1.0311 *** (0.2612)	0.9195 *** (0.2631)	0.9992 *** (0.2659)			
bank_cr5				0.3465 *** (0.0936)	0.2980 *** (0.0955)	0.3380 *** (0.0962)
其他变量	控制	控制	控制	控制	控制	控制
private	−0.0680 * (0.0350)	−0.0723 ** (0.0347)	−0.0656 * (0.0346)	−0.0542 (0.0354)	−0.0601 * (0.0353)	−0.0523 (0.0351)
gdpgro	0.0221 ** (0.0089)	0.0249 *** (0.0088)	0.0223 ** (0.0089)	0.0234 *** (0.0089)	0.0261 *** (0.0087)	0.0239 *** (0.0088)
djd	0.0003 (0.0008)			0.0004 (0.0008)		

解释变量	（1）	（2）	（3）	（4）	（5）	（6）
court		−0.0023**			−0.0021*	
		（0.0011）			（0.0011）	
customs			0.0011			0.0005
			（0.0034）			（0.0034）
Prob>chi2	0.0000	0.0000	0.0000	0.0000	0.0000	0.0000
观测值	4097	4097	4097	4097	4097	4097

注：***、**、* 分别代表 1%、5%、10%的显著性水平，小括号内给出了经过 white-robust 调整的稳健标准误。由于世界银行(2006)仅提供了中国 120 个城市的投资环境指标，本表使用的观测值会有所减少。

需要说明的是，本文在实证处理过程中将民营上市公司总部所在城市与该城市银行竞争度匹配，而诸多民营上市公司总部位于大城市，这需要在方程估计中控制聚类效应。因此，在表 5 回归结果的基础上，本文进一步对标准误进行城市层面聚类(cluster)调整，结果表明，变量 bank_hhi、bank_cr5 的系数依然显著为正，说明银行竞争度对民营上市公司的金字塔层级有显著负向影响，前述结论依然稳健。同时，本文还尝试控制地区固定效应，但考虑到样本考察期内，同一城市的银行竞争度随时间变化较小，控制城市固定效应会严重削弱银行竞争度的解释力，我们加入省份固定效应重复表 5 中的实证过程，结果表明，前文主要结论未发生实质性变化①。

4.3 考虑截面异方差和变量内生性

由于样本数据时间跨度较短，但截面个体数量较多，为了消除截面异方差可能造成的估计偏误，本文进一步使用面板 GLS 估计方程(1)，结果列示在表 6 第(1)、(2)列。结果表明，变量 bank_hhi、bank_cr5 的系数显著为正且在 1%水平上显著，可见"银行竞争度提升有助于降低金字塔层级"这一结论是稳健的。

需要说明的是，方程(1)中的变量银行业竞争度可能存在内生性问题。这源于，金字塔结构影响着企业融资能力，而企业融资能力会影响银行分支机构进入；同时还存在不可观测的因素会同时影响城市银行竞争度和民营上市公司金字塔结构。为有效解决变量内生性带来的回归偏误，我们需要在构造工具变量基础上展开 2SLS 估计。借鉴蔡竞、董艳(2016)的研究，本文将样本城市划分为三类：副省级城市、直辖市、同一省份内其他城市(副省级城市除外)，使用同一类型城市的银行竞争度均值作为工具变量。本文首先关注工具变量有效性，Weaker IV 检验给出的 Cragg-Donald Wald F 值分别为 3273.440、1786.275，远远大于 16.38 的临界值(10%的显著性水平)，说明弱工具变量问题并不存在；外生性检验给出的 DWH 值分别为 15.1813、8.2685，在 1%的显著性水平上拒绝了

---

① 感谢匿名审稿人提出的宝贵意见。对该部分稳健性检验结果感兴趣的读者可以向作者索取。

bank_hhi、bank_cr5 是外生变量的原假设。表 6 第(3)、(4)列汇报的 2SLS 估计结果表明，变量 bank_hhi、bank_cr5 的系数依然显著为正且系数值显著增加。可以得出结论：考虑变量内生性之后，银行竞争度增加依然有助于减少民营上市公司金字塔层级。

表 6　　　　　　　　　银行业竞争与金字塔结构：面板 GLS 和 2SLS 估计

解释变量	面板 GLS		2SLS	
	（1）	（2）	（3）	（4）
bank_hhi	0.2784*** （0.0383）		1.0332*** （0.2925）	
bank_cr5		0.1356*** （0.0135）		0.4436*** （0.1129）
其他变量	控制	控制	控制	控制
Prob>chi2	0.0000	0.0000		
R^2			0.1846	0.1848
观测值	4815	4815	4815	4815
Weaker IV 检验			3273.440	1786.275
外生性检验			15.1813	8.2685

注：***、**、*分别代表 1%、5%、10%的显著性水平，小括号内给出了经过 white-robust 调整的稳健标准误。2SLS 估计中 Weaker IV 检验给出了 Cragg-Donald Wald F 值，外生性检验给出了 Durbin-Wu-Hausman 统计量。

4.4　剔除北京和上海的样本

本文剔除北京和上海的民营上市公司样本重新估计方程(1)。因为，北京是很多商业银行总部所在地，而上海作为国际金融中心，也集聚了大量商业银行分支机构。表 7 前两列报告了剔除北京、上海两个特殊城市的样本之后的回归结果。不难发现，变量 bank_hhi 和 bank_cr5 的系数在 1%水平上显著为正，这说明银行业分支机构赫芬达尔指数和集中度增加，银行竞争度降低，会提高民营上市公司所处的金字塔层级。

4.5　变换关键指标

本文还使用原始的(而非标准化之后的)银行业赫芬达尔指数和集中度衡量银行竞争度，展开稳健性检验，结果列示在表 7 第(3)、(4)列。另外，我们还使用各城市分支行数量前三大银行集中度 bank_cr3 作为银行竞争度的逆指标，按照公式（$ X_i - X_{min})/(X_{max} - X_{min}$)进行标准化，相应回归结果列示在表 7 第(5)列；同时，使用 bank_cr3 原始指标估计的结果列示在表 7 第(6)列。不难发现，即使我们变换了银行竞争度指标，银行业竞争有助于降低民营上市公司金字塔层级这一结论依然稳健。另外，我们还直接使用所有银行分支行总数年度变化情况 bank_cha 衡量银行竞争度，变量 bank_cha 的具体定义为：（本年度银行分支行总数−上年度银行分支行总数）/本年度银行分支行总数。表 7 第（7）报告了相应估计结果，变量 bank_cha 的系数显著为正，表明前述结论依然成立①。

表 7　　　　　　　银行业竞争与金字塔结构：稳健性检验（Ordered Probit）

解释变量	（1）	（2）	（3）	（4）	（5）	（6）	（7）
bank_hhi	0.5409*** (0.1810)		0.8285*** (0.2861)				
bank_cr5		0.2421*** (0.0742)		0.4295*** (0.1428)			
bank_cr3					0.3607*** (0.0946)	0.5387*** (0.1412)	
bank_cha							0.0024* (0.0014)
其他变量	控制	控制	控制	控制	控制	控制	控制
Prob>chi2	0.0000	0.0000	0.0000	0.0000	0.0000	0.0000	0.0000
观测值	4379	4379	4815	4815	4815	4815	4579

注：***、**、*分别代表1%、5%、10%的显著性水平，小括号内给出了经过 white-robust 调整的稳健标准误。

4.6　不同类型银行比较

本文进一步探讨大型国有商业银行、股份制商业银行两种类型银行具体效应的差异。我们参照前文计算方法，利用各城市大型国有商业银行、股份制商业银行分支行信息构建这两类银行的赫芬达尔指数，并按照公式 $(X_i - X_{min})/(X_{max} - X_{min})$ 进行标准化处理，得到变量 bank_hhi_s 和 bank_hhi_j。表 8 中的回归结果表明，无论是分别加入还是同时加入，变量 bank_hhi_s 的系数都显著为正，而变量 bank_hhi_j 的系数显著为负，这意味着，随着大型国有商业银行竞争度提升（赫芬达尔指数下降），民营上市公司所处的金字塔层级将减少，这与前文的发现相一致，然而，股份制商业银行竞争度提升却提高民营上市公司所处的金字塔层级。这一结果差异可能的解释在于：与大量非上市企业相比，本文所关注的民营上市公司大多是实力较强的大型企业，在地区经济增长、税收增加、就业稳定等方面扮演着重要角色，地方政府有较强动机干预国有商业银行决策，从而为民营上市公司提供信贷支持；同时，国有商业银行出于实现稳健业绩目标的考虑，也更愿意向国有企业和实力较强、信誉较好的民营上市公司提供贷款。相比之下，股份制商业银行由于在产权背景、组织架构、获取信息等方面的优势，其经营策略更加灵活，具有更强的经营自主

① 感谢匿名审稿人对指标设计提出的建设性意见。

权，信息传递更快捷(蔡竞、董艳，2016；Chong 等，2013)，这导致股份制银行有更强优势和动机为诸多非上市中小企业提供信贷支持，而股份制商业银行竞争度提升一定程度上"挤出"了对民营上市公司的资金支持。

表8 银行业竞争与金字塔结构：不同类型银行比较(Ordered Probit)

解释变量	(1)	(2)	(3)
bank_hhi_s	0.8924 ***		0.6938 **
	(0.2683)		(0.2764)
bank_hhi_j		−0.4189 ***	−0.3655 ***
		(0.0860)	(0.0889)
其他变量	控制	控制	控制
Prob>chi2	0.0000	0.0000	0.0000
观测值	4815	4815	4815

注：*** 、** 、* 分别代表1%、5%、10%的显著性水平，小括号内给出了经过 white-robust 调整的稳健标准误。

4.7 分样本比较

前述分析表明，银行业竞争有助于弱化民营上市公司构建金字塔结构进行融资的动机，但这一影响是否随着银行贷款多寡、融资约束强弱而发生改变？本部分将针对这一问题展开实证检验。首先，我们使用短期借款与长期借款之和除以总资产衡量银行贷款，使用 SA 指数衡量融资约束[①]。其次，利用银行贷款的中位数将样本企业分为银行贷款较少组、银行贷款较多组，分样本估计方程(1)。表9中的前四列结果表明，在银行贷款较少样本组，变量 bank_hhi、bank_cr5 的系数为正且在 1% 水平上显著，相比之下，在银行贷款较多样本组，变量 bank_hhi、bank_cr5 的系数并不显著。这说明，银行业竞争降低金字塔层级这一影响对银行贷款较少的民营上市公司而言更显著。表9第(5)列中变量 bank_hhi 系数的 p 值为 0.011，接近 1% 的显著性水平，而第(6)列中变量 bank_hhi 系数的 p 值为 0.046，接近 5% 的显著性水平。同时，第(7)列中变量 bank_hhi 在 1% 水平上显著为正，第(8)列中变量 bank_hhi 并不显著。这从总体上说明，相对于融资约束较弱样本组，银行业竞争降低金字塔层级这一影响在融资约束较强样本组更显著。由此可见，银行业竞争弱化金字塔结构融资动机这一效应，对那些外部融资方面处于弱势地位的民营上市公司

① SA 指数的具体计算公式为 $-0.737×lnasset+0.043×(lnasset)^2−0.04×age$，其中 asset 代表总资产，age 代表企业年龄，SA 指数为负且绝对值越大代表企业受到的融资约束越强。SA 指数仅使用外生性较强的两个变量企业规模和年龄构建，而不依赖于具有较强内生性的财务指标，是刻画企业融资约束的良好指标，得到文献较为普遍的应用(Hadlock and Pierce，2010；鞠晓生等，2013；卢太平、张东旭，2014)。

而言尤为明显。

表9　　　　　　　银行业竞争与金字塔结构：分样本比较（Ordered Probit）

解释变量	银行贷款				融资约束			
	较少	较多	较少	较多	较强	较弱	较强	较弱
	（1）	（2）	（3）	（4）	（5）	（6）	（7）	（8）
bank_hhi	0.6737***	0.3600			0.6734**	0.4967**		
	（0.2272）	（0.2860）			（0.2662）	（0.2483）		
bank_cr5			0.3339***	0.1047			0.3841***	0.1083
			（0.1032）	（0.1040）			（0.1041）	（0.1041）
其他变量	控制	控制	控制	控制	控制	控制	控制	控制
Prob>chi2	0.0000	0.0000	0.0000	0.0000	0.0000	0.0000	0.0000	0.0000
观测值	2407	2408	2407	2408	2426	2389	2426	2389

注：***、**、*分别代表1%、5%、10%的显著性水平，小括号内给出了经过 white-robust 调整的稳健标准误。

5. 结论与建议

金字塔股权结构是世界范围内普遍存在的现象。现有文献证实，对国有上市公司而言，金字塔股权结构是政府进行放权改革的重要途径，对民营上市公司而言，金字塔股权结构有助于提升企业融资能力（李维安、韩忠雪，2013）。因此，民营上市公司金字塔结构的融资动机成为学者们关注的热点话题之一。近年来，随着银行业改革深入推进，多元化的银行机构体系逐渐形成，商业银行竞争度不断提升，这为我们识别民营上市公司金字塔结构的融资动机提供了良好视角。本文利用手工收集的商业银行分支机构信息衡量银行竞争度，实证评估银行业竞争对中国民营上市公司金字塔结构的影响，并得到如下基本结论：银行业竞争会降低民营上市公司所处的金字塔层级，且这一效应对银行贷款较少、融资约束更强的企业样本而言更显著。相比于股份制商业银行，国有商业银行竞争度提升更有助于降低民营上市公司金字塔层级。

本文结论意味着，银行竞争度提升有助于改善上市公司外部融资环境，进而影响其股权安排和治理结构，这为我们评估银行业结构性改革的经济效应，理解金融发展影响经济增长的微观机制提供了新证据。自党的十八大以来，新一届中央政府一直强调提升金融服务实体经济的效率和水平。中国银监会也于2017年4月出台《关于提升银行业服务实体经济质效的指导意见》，提出深化普惠金融机制改革，推动民间资本进入银行业等重要举措。就现阶段而言，有序放宽银行业准入门槛、构建多层级银行业体系，将有助于增加银行业服务实体经济的内生动力，改善民营上市公司发展的外部融资环境。这对于提升中国企业可持续发展能力，推进中国经济转型升级，实现金融业发展与实体经济发展的"良性互动"无疑具有重要意义。

需要指出的是，本文仅利用商业银行分支机构数信息构建银行竞争度指标，忽略了不同分支机构经营效率上的差异；同时，商业银行分支机构数仅反映了信贷市场的"供给"信息，而信贷市场的"需求"信息未被纳入研究框架，因此，从上述两方面完善银行竞争度指标，将有助于我们得到更稳健可靠的研究结论。

◎ **参考文献**

[1]边文龙，沈艳，沈明高．银行业竞争度、政策激励与中小企业贷款——来自14省90县金融机构的证据[J]．金融研究，2017(1)．

[2]蔡竞，董艳．银行业竞争与企业创新——来自中国工业企业的经验证据[J]．金融研究，2016(11)．

[3]陈德球，金鑫，刘馨．政府质量、社会资本与金字塔结构[J]．中国工业经济，2011(7)．

[4]陈刚．金融如何促进创业：规模扩张还是主体多样[J]．金融经济学研究，2015(5)．

[5]方芳，蔡卫星．银行业竞争与企业成长：来自工业企业的经验证据[J]．管理世界，2016(7)．

[6]韩忠雪，崔建伟．金字塔结构、利益攫取与现金持有——基于中国民营上市公司的实证分析[J]．管理评论，2014(11)．

[7]蒋海，廖志芳．银行业竞争与中小企业融资约束[J]．广东财经大学学报，2015(6)．

[8]鞠晓生，芦获，虞义华．融资约束、营运资本管理与企业创新可持续性[J]．经济研究，2013(1)．

[9]李维安，韩忠雪．民营企业金字塔结构与产品市场竞争[J]．中国工业经济，2013(1)．

[10]李增泉，辛显刚，于旭辉．金融发展、债务融资约束与金字塔结构——来自民营企业集团的证据[J]．管理世界，2008(1)．

[11]林毅夫，孙希芳，姜烨．经济发展中的最优金融结构理论初探[J]．经济研究，2009(8)．

[12]刘行，叶康涛．金融发展、产权与企业税负[J]．管理世界，2014(3)．

[13]刘启亮，李增泉，姚易伟．投资者保护、控制权私利与金字塔结构——以格林柯尔为例[J]．管理世界，2008(12)．

[14]卢太平，张东旭．融资需求、融资约束与盈余管理[J]．会计研究，2014(1)．

[15]苏坤．国有金字塔层级对公司风险承担的影响——基于政府控制级别差异的分析[J]．中国工业经济，2016(6)．

[16]Allen，F.，Qian，J.，Qian，M. Law，finance and economic growth in China[J]．*Journal of Financial Economics*，2005，77(1)．

[17]Baek，J. S.，Kang，J. K.，Lee，I. Business groups and tunneling：Evidence from private securities offerings by Korean chaebols[J]．*Journal of Finance*，2006，61(5)．

[18] Beck, T., Demirguc-Kunt, A., Maksimovic, V. Bank competition and access to finance: International evidence[J]. *Journal of Money, Credit and Banking*, 2004, 36(3).

[19] Benfratello, L., Schiantarelli, F., Sembenelli, A. Banks and innovation: Microeconomics evidence on Italian firms[J]. *Journal of Financial Economics*, 2008, 90(2).

[20] Chong, B. S. The impact of divergence in voting and cash-flow rights on the use of bank debt[J]. *Pacific-Basin Finance Journal*, 2010, 18(2).

[21] Chong, T. T. L., Lu, L., Ongena, S. Does banking competition alleviate or worsen credit constraints faced by small-and medium-sized enterprises? Evidence from China[J]. *Journal of Banking & Finance*, 2013, 37(9).

[22] Delis, M., Kokas, S., Ongena, S. Bank market power and corporate performance[R]. *University of Cyprus Working Paper*, 2015.

[23] Di Patti, E. B., Dell' Ariccia, G. Bank competition and firm creation[J]. *Journal of Money, Credit and Banking*, 2004, 36(2).

[24] Fungacova, Z., Shamshur, A., Weill, L. Does bank competition reduce cost of credit? Cross-county evidence from Europe[R]. *SSRN Working Paper*, 2016.

[25] Hadlock, C. J., Pierce, J. R. New evidence on measuring financial constraints: Moving beyond the KZ index[J]. *Review of Financial Studies*, 2010, 23(5).

[26] Jiang, F., Jiang, Z., Huang, J., et al. Bank competition and leverage adjustments[J]. *Financial Management*, 2017, 46(4).

[27] King, R., Levine, R. Finance and growth: Schumpeter might be right[J]. *The Quarterly Journal of Economics*, 1993, 108(3).

[28] Leroy, A. Bank competition, financial dependence and productivity growth in Europe[J]. *International Economics*, 2016, Forthcoming.

[29] Levine, R., Loayza, N., Beck, T. Financial inter-mediation and growth: Causality and causes[J]. *Journal of Monetary Economics*, 2000, 46(1).

[30] Love, I., Peria, M. S. M. How bank competition affects firms' access to finance[R]. *World Bank Policy Research Working Paper*, No. 6163, 2012.

[31] Masulis, W. R., Pham, K. P., Zein, J. Family business groups around the world: Financing advantages, control motivations and organizational choices[J]. *Review of Financial Studies*, 2011, 24(11).

[32] Peterson, M. A., Rajan, R. G. The effect of credit market competition on lending relationships[J]. *The Quarterly Journal of Economics*, 1995, 110(2).

[33] Strahan, P. E., Cetorelli, N. Finance as a barrier to entry: Bank competition and industry structure in local US markets[R]. *NBER Working Paper*, No. 10832, 2004.

[34] Zarutskie, R. Evidence on the effects of bank competition on firm borrowing and investment[J]. *Journal of Financial Economics*, 2006, 81(3).

Bank competition, pyramidal structure and financing incentive: The empirical evidence from Chinese private listed firms

Yu Wenchao[1]   Gao Nan[2]   Qin Xiaoli[3]

(1 School of Economics of Southwest University of Political Science & Law, Chongqing 401120;

2 Wenlan School of Business of Zhongnan University of Economics and Law, Wuhan 430073;

3 School of Economics of Shanxi University of Finance & Economics, Taiyuan 030006)

Abstract: Using Chinese private listed firms as sample, this paper constructs city-level's banking competition index and studies the endogenous determinant of the pyramidal structure of private listed firms from the angel of financing advantages. The results suggest that, banking competition weakens the financing incentive of private listed firms through building pyramidal structure, and reduces the pyramidal layers of private listed firms. These findings are robust after eliminating the impact of potential factors, taking the cross section heteroskedasticity and endogenous variable into account, and changing key indicators. Further research implies the negative effect of banking competition on pyramidal layers is more significant for the firms with less bank loan and stronger financial constraint. This paper not only provides new micro-level evidence to understand the relationship between the financial development and economic growth, but also expands the research about the formation mechanism of Chinese private listed firms' pyramidal structure.

Key words: Bank competition; Pyramidal structure; Financial constraint

责任编辑：路小静

技术员工高比例的反噬效应：来自债券市场的证据*

● 林晚发[1] 刘苏琳[2]

（1，2 武汉大学经济与管理学院 武汉 430072）

【摘 要】直觉上，技术员工比例越高，企业科研产出越高，企业价值越高。然而上述结论忽略了技术员工的谈判能力与搭便车现象（技术员工高比例的反噬效应）。为了验证反噬效应的存在性，本文利用中国债券市场 2008—2014 年上市公司发债数据，分析技术员工比例对债券信用利差的影响。研究发现，技术员工比例越高，债券信用利差越大，体现出一定的反噬效应。进一步的，本文也分析了反噬效应存在的原因：技术员工比例越高暗示了技术员工存在一定的谈判能力，要求企业提高员工薪酬与 R&D 投入，从而影响企业资本回报与现金流，继而导致信用利差增大。另外也发现技术员工比例与创新产出呈倒"U"形关系，即技术员工之间存在搭便车现象。上述研究结论有利于企业正确认识技术员工比例对于企业的影响，从而促进人力资源的合理配置。

【关键词】技术员工比例 债券信用利差 结构模型 专利产出

中图分类号：F830 文献标识码：A

1. 问题的提出

创新技术是第一生产力。党的十八大报告中明确提出实施创新驱动发展战略。当前我国正处于经济转型期，创新驱动已经成为企业发展的核心和关键。所以如何促进企业的创新产出将显得十分重要。现有研究主要从国家宏观层面（比如社会资本存量、知识产权保护力度以及金融发展水平）、行业特征（市场集中度、国家支持行业）以及企业特征（机构持股、管理层特征以及企业财务特征）角度对企业创新的影响因素进行了分析（Akcomak & Weel，2009；Chava 等，2013；李春涛和宋敏，2013；温军和冯根福，2012；潘越等，

---

* 基金项目：本文系国家自然科学基金青年项目（71602148）、国家社会科学基金重大项目（15ZDB137）、教育部人文社科青年项目（16YJC630065）、武汉大学自主科研项目（人文社会科学）的阶段性成果，得到"中央高校基本科研业务费专项资金"资助。

通讯作者：林晚发，E-mail：linwanfa2013@163.com。

2015；袁建国等，2015）。尽管如此，企业创新需要人才的积累，所以企业内部技术员工的比例对于企业创新有着重要影响。在直觉上，我们认为企业内部技术员工比例越高，企业创新产出越多，企业价值越高。然而现阶段，越来越多的文献对技术员工囤积现象进行了批评。第一，有文献认为技术员工越多，搭便车的可能性越大，从而制约技术员工功能的实现（张玲玲等，2009；周燕等，2015）。第二，技术员工存在谈判能力，技术员工比例越高代表谈判能力越强（Rupert 等，2009；Dumont 等，2006；詹宇波和张军，2015），从而影响企业盈利与价值变化。综上，技术员工高比例可能会降低企业的经营效益。

本文以债券市场为研究对象，分析技术员工比例对债券信用利差的影响，以此解释技术员工高比例对企业的影响。为了实现上述目的，本文利用 2008—2014 年中国上市公司发债数据进行实证检验，研究结果表明：第一，企业技术员工比例越高，债券信用利差越高，表明技术员工高比例存在反噬效应。第二，通过一系列回归分析证实了技术员工比例越大，员工的谈判能力越强，使得企业提高了员工薪酬与 R&D 投入，从而影响企业资本回报与现金流，继而导致信用利差增大。第三，发现技术员工比例越大，他们之间的"搭便车"现象越严重，企业专利产出可能下降。

本文的研究贡献在于以下两个方面：第一，无论从专利产出还是行业垄断角度，以往研究都认为技术员工比例越高，企业价值越大。然而，本文通过研究发现技术员工高比例增大了员工谈判能力以及技术员工之间"搭便车"现象，即所谓的技术员工高比例的反噬效应。这个结论有利于企业深刻认识到人力资源配置的重要性。第二，扩展了信用利差之谜的研究，以往研究从企业特征、债券特征与市场环境角度（周宏等，2015；林晚发等，2013）进行了分析，然而本文从人力资本角度分析了影响信用利差的因素，从而为企业的信用风险管理提供了参考。

2. 理论分析与研究假设

2.1 债券信用利差影响因素

Merton（1974）最早提出了信用风险度量的结构模型，后续的研究都在此基础上进行了相应的扩展。Merton 的结构模型假定公司价值服从一定的扩散过程，当且仅当公司的价值小于到期债务面值（违约阈值）时，公司才可能发生违约。该模型对于公司价值的估计则基于期权理论对股票市场价值的估价，所以影响期权价值的因素（比如，资产波动，杠杆率）也会影响债券价值。然而，已存在相关文献对结构模型进行了扩展，即在结构模型中加入其他的风险变量，比如，利率（Longstaff & Schwartz，1995），最优资本结构（Leland & Toft，1996），违约门槛的时间变化（Collin-Dufresneand，2001），信息不对称（Duffie & Lando，2001；周宏等，2012）以及违约事件风险（Driessen，2005），上述分析说明系统性风险和公司的特殊风险都能影响企业信用风险。最近的研究证实了公司特质风险在解释利差时起着重要作用（Campbell & Taksler，2003），且这个特质风险来源于企业特征或者真实的活动。尽管如此，鲜有研究分析公司内部员工异质性风险与公司真实活动之间的关系。

2.2 技术员工比例与债券信用利差

鉴于劳动法等相关法律赋予员工更多议价的权利，且这种权利已在市场中得到了体现，并结合 Dumont 等（2012）与 Dumont 等（2006）的研究结论（认为高技术员工拥有更强的议价能力），本文认为技术员工比例越高，议价能力越强。基于上述分析，本文将从 Merton（1974）结构模型中的三个视角来分析技术员工比例对企业信用风险的潜在影响，这三个视角分别为：资产回报、资产波动和违约门槛。

对于资产回报，Lewis（1986）认为员工谈判时往往会要求更多的工资与薪酬，这将会导致企业承受过多额外的生产成本，所以员工谈判能力会影响企业的生产与盈利能力（Vender & Gallaway，2002）。Bronars & Deere（1994）也发现较高的薪酬要求将会导致企业更多的生产成本与较低的盈利。相似的，技术员工比例越高，相应的谈判能力越强，如果一旦技术员工离职，技术岗位的不可替代性使得企业承受更多的直接损失，又或者企业将会花费更多的成本去搜寻与培训相似的技术员工，所以技术员工更会影响企业资本回报。此外，Becker & Olson（1986）认为员工的罢工将会使得企业失去销售量与利润，继而导致股东财富与企业价值减少①。基于上述分析，在薪酬要求与罢工的影响下，技术员工高比例导致的谈判能力使得企业经营现金流与资产回报减小。

对于资产波动，主要从两个视角进行分析。一是，经营利润的不确定性，二是，R&D 投入与风险投资项目的增加。Becker & Olson（1986）发现在 1862—1984 年，罢工企业的股票价格平均下降 4.1%，这说明在企业与员工谈判不顺利时，将会存在罢工现象，这会导致企业经营业绩的波动性增大，也会增加企业资产价值分布的波动。技术员工会要求过多的薪酬，这无形增加了企业的 R&D 投入以及其他配套投入，由此带来的高风险也会增大资产回报的波动。相似的，企业也会过多地投入风险较高的项目，以获得超额收入，从而造成资产波动增大。

对于违约门槛，主要从两个视角进行分析。一是资本结构，二是企业破产偿还的优先权。在风险补偿理论下，由于人力资本具有不可分离性、专用性和团队性，这三个特性决定了人力资本所有者无法逃避企业的风险，是企业风险最终的承担者，其理应在承受风险时受到补偿。Berk 等（2010）认为在其他条件不变的情况下，高杠杆率与高薪酬相关，薪酬对于企业杠杆比率具有解释力，另外 Chemmanur 等（2008）也发现了薪酬和杠杆率之间的正向关系。更为重要的是，由于技术员工在劳动市场上仅仅只存在摩擦性失业的情况，技术员工为了更多的薪酬会使得企业进行高负债经营。企业破产法规定了如果企业处于破产清算过程中时，职工比债权人有着优先一级的索偿权。所以，员工的薪酬越高，债权人破产时获得的索偿越小，将会使得债权人初始要求的索偿值加大，这实际上提高了企业的违约门槛。

上述分析从结构模型框架的三个视角总结了技术员工谈判能力的影响。本文初步提

---

① 已经发生的罢工事件也证实了这一点。比如，2015 年 9 月以来，德国汉莎航空公司员工罢工，影响巨大，使得该公司亏损，社会不安定。

出，技术员工高比例的谈判能力降低了企业资产回报，增大了资产波动与违约门槛。在 Merton（1974）的结构模型中，资产回报与信用风险负向相关，资产波动和违约门槛与信用风险正向相关。所以，本文假设技术员工高比例与信用风险有着正向关系。基于此，本文提出相应的研究假设：

H1a：在结构模型框架下，企业技术员工比例越大，债券信用利差越大。

尽管如此，上述关系也存在逆向的可能。这是因为技术员工比例越大，未来专利产出越多，企业价值越大（Lutz 等，2010；卢馨，2013），企业的违约风险越小，自然而然企业债券信用利差越小。基于此，本文也提出一个竞争性假设：

H1b：在专利视角下，企业技术员工比例越大，债券信用利差越小。

3. 研究设计

3.1 数据来源与样本选择

本文采用 2008—2014 年上市公司发债企业数据为研究样本。首先，本文的财务数据主要来自于 Wind 数据库，企业特征数据也来源于 Wind 数据库，企业技术员工比例数据则根据 Wind 数据库整理得到。其次，由于 Wind 数据库里只提供上市公司技术员工比例数据，本文只选择上市公司发债企业作为研究对象。最后，本文删除了可转债、金融公司发债以及城投债等样本，经过整理、删除缺失值与重复值后，得到本文的研究样本数为 1103 个。相应的财务数据等连续变量进行 1% 的缩尾处理。

3.2 研究模型与变量定义

$$\mathrm{CS}_{it} = \alpha + \beta_1 \mathrm{Tech}_{it} + \beta_2 \mathrm{Roa}_{it} + \beta_3 \mathrm{Size}_{it} + \beta_4 \mathrm{Lev}_{it} + \beta_5 \mathrm{Cu\_ass}_{it}$$
$$+ \beta_6 \mathrm{Cu\_lia}_{it} + \beta_7 \mathrm{Matunie}_{it} + \beta_8 \mathrm{Lffl}_{it} + \beta_9 \mathrm{Credit}_{it} + \mathrm{Industry} + \mathrm{Year} + \varepsilon \quad (1)$$

模型（1）是本文的主要回归模型，变量的具体含义如下：

因变量：本文的因变量为债券的信用利差（CS），即债券的风险溢价水平，定义为债券的到期收益率与相同剩余期限的国债无风险收益率之差。由于债券数据是一个日度交易数据，为了研究需要，本文使用年末最后一个星期的平均信用利差（CS1）进行相关分析。

主要自变量：Tech，技术员工比例。本文采用企业内部员工中技术员工比例来替代。另外，根据相应的研究，技术员工比例越高，表明员工与企业之间的议价能力越强，从而会增加企业的风险，即如果 Tech 的符号显著为正，则假设 H1a 成立。

控制变量：表 1 给出了本文相关控制变量的定义、符号与预期符号。表 1 中列示了本文主回归模型中所使用的控制变量，以及行业与年度控制变量。本文预期企业规模越大、企业绩效越好、杠杆率水平越低、流动资产比例越大、流动负债比例越低、债券发行期限越短、剩余期限越长、债券信用评级越高，债券的信用利差越小。

表1		控制变量列示表		
变量名称	定义		符号	预期符号
企业盈利能力	净利润与总资产的比率		Roa	−
企业规模	企业总资产的对数		Size	−
企业杠杆率	企业负债与总资产的比率		Lev	+
流动资产比例	流动资产与总资产的比率		Cu_ass	−
流动负债比例	流动负债与总负债的比率		Cu_lia	+
债券期限	债券发行期限		Matunie	+
债券剩余期限	定义为当前年与发行年的差值+1		LFFL	+
信用评级	信用等级进行赋值，AAA = 7，AA$^+$ = 6，AA = 5，AA$^-$ = 4，A$^+$ = 3，A = 2，A$^-$ = 1		Credit	−
行业变量	虚拟变量		Industry	
年度变量	虚拟变量		Year	

4. 实证分析

4.1 样本描述性统计分析

表2提供了各主要变量的描述性统计结果。信用利差的均值为2.59，说明在中国债券市场中，发债企业的信用风险是存在的，另外信用利差的极小值为0.5，极大值为6.87，这说明发债企业之间的风险情况存在很大的差异。主要因变量企业技术员工比例的均值为16.4%，同时技术员工比例变量的极大值为74%，极小值为0%，这说明中国企业技术员工比例存在显著差异。在本文所使用的控制变量中，企业规模的均值为14.4，企业杠杆率的均值为58.4%，企业盈利能力的均值为5.68%，企业流动资产比例的均值为44%，企业流动负债比例的均值为60.6%，债券发行期限均值为6.42，债券剩余期限均值为4.2，债券信用评级的均值为6.17。

表2			各主要变量的统计描述			
	样本量	均值	中位数	标准差	极大值	极小值
CS	1103	2.59	2.44	1.23	6.87	0.5
Tech(%)	1103	16.4	13.2	13.8	74	0
Size	1103	14.4	14.2	1.51	19.2	11.8
Lev(%)	1103	58.4	58.8	14.5	85.6	25.5
Roa(%)	1103	5.68	5.2	4.34	17.7	−8.98

	样本量	均值	中位数	标准差	极大值	极小值
Cu_ass(%)	1103	44	42	23.1	93.4	4.96
Cu_lia(%)	1103	60.6	62.4	17.3	90.8	19
Matunie	1103	6.42	5	2.01	15	2
LFFL	1103	4.2	4	1.26	7	1
Credit	1103	6.17	6	2.02	16	3

4.2 多元回归分析

(1)技术员工比例与债券信用利差

为了分析技术员工比例与债券信用利差的关系,本文在控制企业层面、债券层面以及年份与行业因素,并对异方差进行怀特异方差调整后,对模型(1)进行回归。表3报告了相应的回归结果。回归结果表明技术员工比例变量都在5%水平上显著为正,且技术员工比例每变动一个标准差,债券信用利差变动11%(0.007×13.8)。然而,对于信用评级与杠杆率每变动一个标准差,信用利差分别变动40%(0.186×2.02)与9%(0.006×14.5),所以技术员工比例对于债券信用利差的影响与杠杆率相当,同时是信用评级作用的1/4。这说明企业技术员工比例越大,该企业债券信用利差越高,证实了假设H1a的正确性,技术员工比例越高,企业债券信用利差越高,从而体现出技术员工的谈判能力。

另外,在控制变量层面,企业规模越大、杠杆率越小、流动负债比例越小、企业业绩越好、信用评级越高、剩余期限越长,债券信用利差越小,这些变量的预测结果与以往文献(周宏等,2014)研究一致。

表3　　　　　　　　　　　技术员工比例与债券信用利差的回归结果

变量	(1)	(2)	(3)
	CS	CS	CS
Tech	0.007 **	0.009 **	0.007 **
	(2.32)	(2.45)	(2.31)
Size			−0.242 ***
			(−7.16)
Lev			0.006 **
			(2.13)
Roa			−0.054 ***
			(−6.83)

变量	(1)	(2)	(3)
	CS	CS	CS
Cu_ass			0.003
			(1.35)
Cu_lia			0.005**
			(2.29)
Matunie			0.039
			(1.59)
Credit			−0.186***
			(−4.73)
LFFL			−0.077***
			(−3.09)
年份	NO	YES	YES
行业	NO	YES	YES
Constant	2.469***	1.854***	5.677***
	(41.93)	(3.91)	(9.04)
样本量	1,103	1,103	1,103
Adj_R^2	0.006	0.333	0.516

注：***、**与*分别表示系数在1%、5%与10%的显著性水平上显著。括号内为系数的 t 值，t 值来源于怀特异方差调整。

(2)技术员工谈判能力的进一步证实

第一，为了进一步证实技术员工的谈判能力，本文按照技术员工比例的中位数与四分位数分组进行分析。相应的回归结果见表4。

从表4的回归结果可以得出，在技术员工比例高组中，技术员工比例与债券信用利差的正向关系显著，而在技术员工比例低组中，技术员工比例变量(Tech)系数从小于中位数组的正向不显著变为小于1/4分位数组的负向不显著，这说明技术员工高比例的反噬效应(谈判能力)在降低，技术员工的积极效应在提高。

表4　　　　　　　　　　　　技术员工比例分组的回归结果

变量	中位数		四分位	
	大于中位数	小于中位数	大于3/4分位	小于1/4分位
Tech	0.010*	0.010	0.007*	−0.004
	(1.87)	(1.21)	(1.72)	(−0.22)

变量	中位数		四分位	
	大于中位数	小于中位数	大于3/4分位	小于1/4分位
Size	−0.461***	−0.236***	−0.641***	−0.471***
	(−6.08)	(−5.85)	(−8.29)	(−6.32)
Lev	0.014**	0.004	0.021***	0.016***
	(2.12)	(1.25)	(2.68)	(2.98)
Roa	−0.051***	−0.055***	−0.065***	−0.029**
	(−3.15)	(−5.51)	(−4.05)	(−2.21)
Cu_ass	0.010***	0.000	0.013***	−0.011***
	(2.67)	(0.15)	(2.61)	(−3.15)
Cu_lia	0.007	0.006**	0.015***	0.009**
	(1.43)	(2.18)	(3.11)	(2.59)
Matunie	0.201***	0.016	0.274***	0.027
	(4.02)	(0.49)	(4.86)	(0.55)
Credit	0.018	−0.238***	0.140**	−0.080
	(0.21)	(−5.99)	(2.12)	(−1.42)
LFFL	−0.226***	−0.040	−0.298***	−0.091*
	(−5.10)	(−1.26)	(−5.78)	(−1.84)
Constant	7.663***	5.579***	10.919***	8.712***
	(6.06)	(7.90)	(8.21)	(8.21)
年份	YES	YES	YES	YES
行业	YES	YES	YES	YES
样本量	396	707	276	276
Adj_R^2	0.542	0.554	0.606	0.627

注：***、**与*分别表示系数在1%、5%与10%的显著性水平上显著。

第二，如果技术员工存在谈判能力，那么这种谈判能力将受到企业谈判能力的影响。基于此本文构建5个变量来衡量企业的谈判能力。第一个变量为管理层是否有技术背景。根据类我效应，如果管理层有相应的技术背景，他们就愿意雇佣更多的技术员工。一方面是由于管理层对于技术员工的看重，另一方面是由于管理层能在他们身上找到成就感。所以，如果管理层有着技术背景，技术员工的谈判能力会更强。第二个变量是企业的杠杆率水平。企业的杠杆率水平越高，企业的破产风险越大（Bronars & Deere, 1991），由于技术员工在劳动市场只存在摩擦性失业,所以技术员工的谈判能力会更强,他们会要求更多的风险补偿。第三个变量是企业的现金流水平。当企业拥有更多的现金流时,技术员工会要求更多的薪酬与利益。所以企业会保持较少的现金流水平来提高自身的议价能力(Klasa等,2009),以此减少员工罢工的发生。第四个变量是企业的现金流波动。较高的现金流波动增加了企业履行相关业务的不确定性(这里包括劳动支出)。Chen 等(2009)研究发现企业现金流波动与企业破产风险正相关。所以,与杠杆率类似,当企业现金流波动越小时,企业的谈判能力越强。最后一个变量为信息不对称。相对于企业管理层,技术员工是一个不知情的参与者,如果两者之间的信息不对称程度大,企业将会有着更大的谈判权利。Hilary(2006)认为企业为了获得更大谈判权利,将会减少信息披露,增大信息不对称程度,减小信息透明度。

按照上述分析,本部分将使用总经理与董事长是否具有技术背景(总经理有技术背景时,JL=1,反之,JL=0;相似的,董事长有技术背景时,DSZ=1,反之亦然)、企业杠杆率(LEV)、现金流(CH)、现金流波动(CFV)以及信息不对称指标(无形资产,INTAN;分析师跟踪人数,NA-NAL)。本部分将对模型(1)进行分组回归,即按照上述变量的中位数分组并进行相应的回归,以检验技术员工比例变量系数在两组中的差异,确定企业议价能力对技术员工谈判能力的影响,以此确定技术员工谈判能力的存在性。

表5报告了相关结果。结果表明,Tech 变量只在第(2)、(4)、(6)、(8)、(11)列中显著为正,在其他列中不显著。另外,虽然 Tech 变量在第(13)~(14)列中都显著为正,但第(14)列中的 Tech 变量系数大于第(13)列中 Tech 变量系数。所以,表5的结果表明当企业具有更大的议价能力时(国有企业、管理层非技术出身、低杠杆率、低现金流、低现金流波动以及信息不对称程度大时),技术员工比例对于债券信用利差的影响会减弱。进一步证实了技术员工议价能力的存在性。

表5　　　　技术员工议价能力、企业议价能力与债券信用利差的回归结果

	(1)	(2)	(3)	(4)	(5)	(6)	(7)
分组变量	JL=0	JL=1	DSZ=0	DSZ=1	LEV=0	LEV=1	CH=0
Tech	0.011	0.010***	0.013	0.011***	0.006	0.008**	0.008
	(1.41)	(2.96)	(1.63)	(3.15)	(1.19)	(2.37)	(1.29)
控制变量	YES	YES	YES	YES	YES	YES	YES
样本量	357	671	292	678	550	553	506
Adj_R^2	0.600	0.527	0.584	0.566	0.543	0.551	0.564

	（8）	（9）	（10）	（11）	（12）	（13）	（14）
分组变量	CH=1	CFV=0	CFV=1	INTAN=0	INTAN=1	NA-NAL =0	NA-NAL =1
Tech	0.008***	0.002	0.009*	0.010**	0.002	0.006*	0.009*
	（2.85）	（0.61）	（1.86）	（2.02）	（0.54）	（1.69）	（1.82）
控制变量	YES	YES	YES	YES	YES	YES	YES
样本量	597	599	504	584	519	538	565
Adj_R^2	0.545	0.509	0.556	0.506	0.559	0.548	0.543

注：***、**与*分别表示系数在1%、5%与10%的显著性水平上显著。括号内为系数的 t 值，t 值来源于怀特异方差调整。其他说明，对于变量=0的情况，为变量小于中位数的组别，反之，变量=1，则为变量大于中位数的组别。

第三，技术员工高比例的反噬效应：基于技术员工"搭便车"的分析。表6给出了技术员工比例与专利产出的回归结果。第（1）与（2）列分别为技术员工比例与当期专利产出和后一期专利产出的回归结果。从结果上看，Tech 变量系数为正，且在5%水平上显著，而 Tech 的二次项为负，且在5%水平上显著，这说明技术员工比例与专利产出之间存在非线性关系（倒"U"形关系），即随着技术员工比例的增加，专利产出的增长速度在下降。这个结论暗示了，技术员工比例越大，专利产出可能下降，从而体现了技术员工高比例的反噬效应。所以，上述分析在一定程度上减弱了技术员工比例通过影响专利产出继而影响债券信用利差的结论，从而证实了假设 H1a 的正确性，假设 H1b 没有得到证实。

表6 技术员工比例与专利产出的关系

变量	（1） Patent	（2） F. Patent
Tech	0.036**	0.049**
	（2.13）	（2.14）
$Tech^2$	-0.001**	-0.001**
	（-2.05）	（-2.04）
控制变量	控制	控制
年份	控制	控制
行业	控制	控制
Constant	-3.660*	-5.178*
	（-1.93）	（-1.87）

变量	(1) Patent	(2) F. Patent
样本量	414	204
Adj_R^2	0.259	0.362

注：***、**与*分别表示系数在1%、5%与10%的显著性水平上显著。括号内为系数的 t 值，t 值来源于怀特异方差调整。Patent 的定义为(企业当年专利申请成功数+1)的对数，企业专利申请成功数则来源于国家知识产权网。控制变量如下，Size、RD、Lev、Roa、SoE，Growth(利润增长率)，Frate(第一大股东持股比例)，Age 为(已存在年限)。

4.3 稳健性检验

4.3.1 技术员工谈判能力的其他替代变量

本部分将使用三个变量来替代技术员工谈判能力。第一，企业研究生人数比例(GR)。一般情况下，员工知识水平越高，对相关法律法规的了解与关注更强，有着一定的维权意识，导致谈判能力越强。第二，借鉴 Hilary(2006)的研究，使用技术员工人数对数与总资产对数的比值(LINT)来替代技术员工谈判能力。其原理在于劳动力人数与资本是生产函数的两个重要指标，如果当技术员工人数在生产函数中占有较小的比例时，那么将不会影响企业的决策，也就是说当企业资本相对较大时，企业将不会关注员工的需求。所以，LINT 值越大，说明技术员工谈判能力越强。第三，科学技术是第一生产力。技术员工的作用主要体现在提高企业技术效率上，所以说如果一个企业的技术效率高于行业均值(中位数时)，该企业会更加重视技术效率的提升，从而对技术员工更加看重，导致技术员工的谈判能力增大。本部分采用随机前沿生产函数，在构建技术效率指标的前提下，按照技术效率的行业均值(中位数)把样本分为技术效率高组与技术效率低组，构建相应的虚拟变量 EFF1(EFF2)。

从表7我们可以得到，企业研究生人数比例(GR)变量都在一定的显著性水平上为正；技术员工人数与总资产比值(LINT)变量在1%水平上显著为正，而对于基于企业技术效率构建的虚拟变量 EFF1 与 EFF2 的系数都在5%水平上显著为正。上述结果说明，企业员工知识程度越高，技术员工人数与总资产比例越大，技术效率越高时，债券信用利差越大，从而支持了技术员工谈判能力越强，债券信用利差越大的假设 H1。

表7　　　　　　技术员工谈判能力其他替代变量的回归结果

变量	(1) CS	(2) CS	(3) CS	(4) CS
GR	0.006* (1.93)			

变量	(1) CS	(2) CS	(3) CS	(4) CS
LINT		14,887.095***		
		(6.42)		
EFF1			0.134**	
			(2.10)	
EFF2				0.136**
				(2.10)
Size	−0.254***	−0.093**	−0.275***	−0.275***
	(−5.09)	(−2.39)	(−7.23)	(−7.24)
LEV	0.008**	0.009***	0.005	0.005
	(2.07)	(2.75)	(1.60)	(1.61)
Roa	−0.071***	−0.057***	−0.069***	−0.069***
	(−6.69)	(−6.21)	(−7.05)	(−7.04)
Cu_ass	0.004	0.002	0.002	0.002
	(1.41)	(0.84)	(1.11)	(1.10)
Cu_lia	0.009***	0.006***	0.005**	0.005**
	(3.02)	(2.72)	(2.38)	(2.38)
Matunie	0.016	0.042*	−0.014	−0.014
	(0.56)	(1.75)	(−0.53)	(−0.53)
Credit	−0.190***	−0.212***	−0.225***	−0.227***
	(−3.53)	(−5.18)	(−5.59)	(−5.62)
LFFL	−0.069**	−0.085***	0.017	0.017
	(−2.26)	(−3.36)	(0.70)	(0.68)
Constant	5.348***	3.277***	7.100***	7.111***
	(6.75)	(4.48)	(19.42)	(19.38)
样本量	737	1,044	1,103	1,103
Adj_R^2	0.489	0.519	0.334	0.335

注：***、**与*分别表示系数在1%、5%与10%的显著性水平上显著。括号内为系数的 t 值，t 值来源于怀特异方差调整。这里的随机前沿生产函数的因变量为营业收入的对数，自变量为固定资产对数，员工人数的对数，以及年度与行业控制变量，所以在表7的回归中，（3）～（4）列没有控制行业年度固定效应，而（1）～（2）列则控制了行业年度固定效应。定义 EFF1 = 1（EFF2 = 1），企业技术效率高于行业均值（中位数）。

4.3.2 行业特征的影响

先前的研究认为行业特征会对企业债券信用利差产生影响（Harris & Raviv, 1991），他们认为杠杆率高以及风险投资较大的行业，其风险成本较大。所以，对于高新技术行业，一方面其固有的投资风险较高，未来盈利的不确定性较大，导致违约风险增大，信用利差增高；另一方面，高新技术行业，其内部的技术员工比例相对较高。基于此，技术员工比例与信用利差之间的关系可能是行业特征的影响导致的。为了减弱上述结论，本部分从中国科技部网站，按照相应代码对高新技术企业进行分类，把样本分为高新技术行业与非高新技术行业，然后进行相应的主回归。表 8 中的实证结果表明无论是在高新技术企业还是非高新技术企业中，技术员工谈判权利与企业债券信用风险之间的关系仍然存在。

表 8 行业特征影响的回归结果

变量	高新技术行业		非高新技术行业	
	（1）	（2）	（3）	（4）
	CS	CS1	CS	CS1
Tech	0.009 *	0.009 *	0.007 **	0.007 **
	（1.77）	（1.91）	（2.19）	（2.18）
Size	-0.502 ***	-0.489 ***	-0.095 **	-0.099 ***
	（-8.40）	（-8.27）	（-2.56）	（-2.72）
Lev	0.010 *	0.010 *	0.005	0.005
	（1.93）	（1.93）	（1.49）	（1.57）
Roa	-0.063 ***	-0.059 ***	-0.033 **	-0.030 *
	（-6.16）	（-5.98）	（-2.12）	（-1.96）
Cu_ass	0.003	0.002	0.001	0.001
	（0.91）	（0.82）	（0.38）	（0.43）
Cu_lia	0.009 **	0.009 **	-0.002	-0.002
	（2.53）	（2.55）	（-0.72）	（-0.63）
Matunie	0.076 *	0.089 **	0.005	0.012
	（1.89）	（2.24）	（0.16）	（0.41）
Credit	-0.066	-0.062	-0.305 ***	-0.307 ***
	（-1.16）	（-1.09）	（-6.88）	（-6.96）
LFFL	-0.092 **	-0.110 ***	-0.062 **	-0.065 **
	（-2.08）	（-2.59）	（-2.08）	（-2.25）
年份	YES	YES	YES	YES
行业	YES	YES	YES	YES

变量	高新技术行业		非高新技术行业	
	（1）	（2）	（3）	（4）
	CS	CS1	CS	CS1
Constant	9.218***	9.094***	4.640***	4.663***
	（10.48）	（10.17）	（6.90）	（6.91）
样本量	639	639	464	464
Adj_R^2	0.455	0.466	0.570	0.570

注：***、**与*分别表示系数在1%、5%与10%的显著性水平上显著。括号内为系数的 t 值，t 值来源于怀特异方差调整。这里高新技术行业的分类标准来源于中国科技部网站。

4.3.3　内生性处理

企业技术员工比例与企业债券信用利差之间可能存在一定的逆向因果关系，其原因在于债券信用利差越低，企业融资成本越小，可能会吸引更多的技术员工流入该企业。此外，模型（1）中可能遗漏有关的控制变量，即企业技术员工比例与信用利差的关系可能受到第三个变量的影响，比如税收。基于此，本部分将采取二种相关方法对企业技术员工的内生性进行控制。具体的，借鉴 Lin 等（2011）的研究。行业年度的均值变量能够很好地减弱这个内生性作用，所以，第一，采用同省市同年度同行业的平均技术员工比例（MTech1）替代企业技术员工比例（Tech）；第二，采用同地级市同年度同行业的平均技术员工比例（MTech2）替代企业技术员工比例（Tech）。表9的结果表明，无论是以 CS 还是 CS1 为因变量的回归，技术员工比例变量系数都在一定的水平上显著为正。

表9　　　　　　　　　　　　　　　　内生性处理结果

变量	（1）	（2）	（3）	（4）
	CS	CS1	CS	CS1
MTech1	0.013***	0.009**		
	（2.93）	（2.44）		
MTech2			0.009**	0.009**
			（2.43）	（2.45）
Size	−0.362***	−0.248***	−0.251***	−0.248***
	（−8.63）	（−7.25）	（−7.20）	（−7.26）
LEV	0.005	0.006*	0.006*	0.006*
	（1.43）	（1.92）	（1.82）	（1.86）

变量	（1）CS	（2）CS1	（3）CS	（4）CS1
Roa	−0.053***	−0.056***	−0.059***	−0.056***
	（−5.32）	（−6.83）	（−6.90）	（−6.80）
Cu_ass	0.003	0.002	0.003	0.003
	（1.19）	（1.12）	（1.21）	（1.21）
Cu_lia	0.006**	0.005**	0.005**	0.005**
	（2.29）	（2.34）	（2.37）	（2.31）
Matunie	0.057*	0.042*	0.031	0.041
	（1.91）	（1.69）	（1.23）	（1.63）
Credit	−0.134***	−0.186***	−0.188***	−0.186***
	（−2.74）	（−4.66）	（−4.65）	（−4.64）
LFFL	−0.097***	−0.081***	−0.068***	−0.079***
	（−3.22）	（−3.20）	（−2.64）	（−3.15）
Constant	6.928***	5.767***	5.746***	5.767***
	（9.90）	（9.18）	（9.20）	（9.17）
年度	控制	控制	控制	控制
行业	控制	控制	控制	控制
样本量	1,061	1,061	1,055	1,055
Adj_R^2	0.597	0.519	0.508	0.520

注：***、**与*分别表示系数在1%、5%与10%的显著性水平上显著。括号内为系数的t值，t值来源于怀特异方差调整。MTech1为同省市同年度同行业的平均技术员工比例，MTech2为同地级市同年度同行业的平均技术员工比例。

4.3.4 相关机制检验

为了进一步分析技术员工高比例对于债券信用利差的影响机制，本部分将从员工薪酬（Salary）与企业研发投入（R&D）两个角度进行分析。表10给出了相关回归分析结果，第（1）列是因变量为研发投入的回归结果，Tech系数在10%水平上显著为正。第（2）是因变量为员工薪酬的回归结果，Tech系数在1%水平上为正。上述结果说明，技术员工比例的增大，有利于增大企业的研发投入与员工薪酬，从而增大企业的资产波动，减少企业的现金持有量，最后导致企业的信用风险增大，即支持了假设H1a的理论分析。

表 10   技术员工议价能力影响债券信用利差机制分析

变量	（1） R&D	（2） Salary
Tech	0.001*	0.010***
	(1.71)	(5.63)
控制变量	控制	控制
Constant	0.015*	−0.256
	(1.93)	(−0.88)
样本量	850	563
Adj_R^2	0.361	0.457

注：***、**与*分别表示系数在1%、5%与10%的显著性水平上显著。括号内为系数的 t 值，t 值来源于怀特异方差调整。R&D 变量的构建则为企业的研发投入与年末总资产的比例。Salary 变量的构建为（现金流量表中支付给员工的薪酬–高管薪酬）与员工人数的比值。控制变量包括企业规模、企业杠杆、企业绩效、流动资产、流动负债以及行业时间变量。

5. 研究结论与局限

本文的研究结论表明技术员工比例与债券信用利差之间存在显著的正相关关系，通过一系列检验证实技术员工比例越高，越能体现出技术员工的谈判能力。另外，本文也对技术员工比例影响债券信用利差的机制进行了分析，结果发现技术员工的确有着一定的议价能力，即通过提高自身薪酬与 R&D 投入来满足自身需要，另外通过专利产出的回归分析，排除了技术员工比例通过专利产出影响债券信用利差这个路径对本文结论的干扰。最后，技术员工议价能力能够帮助传统的结构模型从企业异质性风险角度解释债券信用利差，即从企业内部员工构成角度进行了解释，从而为管理层对信用利差风险的管理提供了参考。

本文的研究结论也对企业人力资源管理有着一定的借鉴作用。对于企业来说，应该构建一个最优的技术员工比例，保证专利产出的最大化。技术员工比例过高会带来反噬效应，所以企业应该优化其内部人力资源配置，提高资源配置效率。

本文的研究设计也存在一定的缺陷。以技术员工比例度量技术员工的谈判能力这一方法可能存在一定的缺陷，后续应寻找其他的替代变量进行分析。

◎ 参考文献

[1] 李春涛，宋敏. 中国制造业企业的创新活动：所有制和 CEO 激励的作用[J]. 经济研究，2013(5).
[2] 林晚发，李国平，王海妹，刘蕾. 分析师预测与企业债券信用利差——基于 2008—2012 年中国企业债券数据[J]. 会计研究，2013(8).

[3]潘越,潘健平,戴亦一.公司诉讼风险、司法地方保护主义与企业创新[J].经济研究,2015(3).

[4]温军,冯根福.异质机构、企业性质与自主创新[J].经济研究,2012(5).

[5]袁建国,后青松,程晨.企业政治资源的诅咒效应——基于政治关联与企业技术创新的考察[J].管理世界,2015(1).

[6]詹宇波,张军.退出还是声张——中国制造业企业中的工人工资决定[J].管理世界,2015(3).

[7]张玲玲,郑秀榆,马俊,聂广礼,石勇.团队知识转移与共享"搭便车"行为的激励机制研究[J].科学学研究,2009(10).

[8]周宏,林晚发,李国平,王海妹.信息不对称与企业债券信用风险估价——基于2008—2011年中国企业债券数据[J].会计研究,2012(12).

[9]周燕,郭偲偲,张麒麟.内外双向因素与搭便车行为:社会网络的调节作用[J].管理科学,2015(5).

[10]Akcomak, I. S. , Weel, B. Social capital, innovation and growth: Evidence from Europe[J]. *Europe Economic Review*, 2009, 53(5).

[11]Becker, E. B. , Olson, C. A. The impact of strikes on shareholder equity[J]. *Industrial and Labor Relations Review*, 1986, 39(3).

[12]Berk, J. B. , Stanton, R. , Xechner, J. The human capital bankruptcy and capital structure[J]. *The Journal of Finance*, 2010, 65(3).

[13]Bronars, G. S. , Deere, D. R. Unionization and profitability: Evidence of spillover effect[J]. *Journal of Political Economy*, 1994, 102.

[14]Bronars, G. S. , Deere, D. R. The threat of unionization, the use of debt, and the preservation of shareholder wealth[J]. *Quarterly Journal of Economics*, 1991, 106(1).

[15]Campbell, J. Y. , Taksler, G. B. Equity volatility and corporate bond yields[J]. *Journal of Finance*, 2003, 58(6).

[16]Chava, S. , Oettl, A. , Subramanian, A. , Subramanian, A. K. Banking deregulation and Innovation[J]. *Journal of Financial Economics*, 2013, 109(3).

[17]Chen, T. K. , Liao, H. H. , Tsai, P. L. Internal liquidity risk in corporate bond yield spreads[J]. *Journal of Banking and Finance*, 2011, 35(4).

[18]Collin-Dufresne, P. , Goldstein, R. S. Do credit spreads reflect stationary leverage ratios[J]. *Journal of Finance*, 2001, 56(5).

[19]Duffie, D. , Lando, D. Term structure of credit spreads with incomplete accounting information[J]. *Econometrica*, 2001, 69(3).

[20]Dumont, M. , Rayp, G. , Willemé, P. Does internationalisation affect union bargaining power? An empirical study for five EU countries[J]. *Oxford Economic Papers*, 2006, 58(1).

[21]Dumont, M. , Rayp, G. , Willemé, P. The bargaining position of low-skilled and high-skilled workers in a globalising world[J]. *Labour Economics*, 2012, 19(3).

[22] Driessen, J. Is default event risk priced in corporate bonds[J]. *Review of Financial Studies*, 2005, 18(1).

[23] Harris, M., Raviv, A. The theory of capital structure[J]. *Journal of Finance*, 1991, 46 (1).

[24] Hilary, G. Organized labor and information asymmetry in the financial markets[J]. *Review of Accounting Studies*, 2006, 11(4).

[25] Klasa, S., Maxwell, W. F., Ortiz-Molina, H. The strategic use of corporate cash holdings in collective bargaining with labor unions[J]. *Journal of Financial Economics*, 2009, 92(3).

[26] Leland, H. E., Toft, K. B. Optimal capital structure, endogenous bankruptcy, and the term structure of credit spreads[J]. *Journal of Finance*, 1996, 51(3).

[27] Lin, C., Ma, Y., Malatesta, P., Xuan, Y. Corporate ownership structure and bank loan syndicate structure[J]. *Journal of Financial Economics*, 2011, 7(1).

[28] Longstaff, F., Schwartz, E. A simple approach to valuing risky fixed and floating rate debt[J]. *Journal of Finance*, 1995, 50(3).

[29] Merton, R. C. On the pricing of corporate debt: The risk structure of interest rates[J]. *Journal of Finance*, 1974, 29(2).

[30] Rupert, P., Stancanelli, E., Wasmer, E. Commuting, wages and bargaining power[J]. *Annals of Economics and Statistics*, 2009, 95.

[31] Vender, R., Gallaway, L. The economic effect of labor union revisited[J]. *Journal of Labor Research*, 2002, 23(1).

[32] Yao, Y., Zhong, N. H. Unions and worker's welfare in Chinese firms[J]. *Journal of Labor Economics*, 2013, 31(3).

Side effect of high-proportion technical employee:
Evidence based on bond market

Lin Wanfa[1] Liu Sulin[2]

(1, 2 Economics and Management School of Wuhan University, Wuhan, 430072)

Abstract: Intuitively, the proportion of the technical employees is positively related to scientific production and enterprise value. However, above conclusion ignores strong bargaining power and free rider problem of technical employees. (i. e. Side effect of high-proportion technical employee) To test the existence of such side effect, this paper analyzes how the proportion of technical employees influences bond credit spread based on bond data from listed companies in Chinese bond market from 2008 to 2014. Study shows that the proportion of technical employees is positively related to bond credit spread. After a series of robust test, this conclusion still holds and the existence of such side effect is verified. Furthermore, this paper also analyzes the reason of such side effect: high proportion of technical employees implies that technical employees have a certain degree of bargaining power, then they will require enterprises increase salaries and R&D input, thus influence capital return and cash flow, therefore increase credit spread. What's more, this paper discovers the inverted "U" curve between innovation output and proportion of technical employees, thus implies that there is free rider problem among technical employees. Above conclusions can help enterprises clearly recognize the influence of technical employees and promote reasonable allocation of human resources.

Key words: Technical employee; Bonds credit spread; Structural model; Patent output

专业主编：潘红波

管理者过度自信、产权性质与审计费用
——基于深沪上市公司的经验证据*

● 张淑惠[1] 陈珂莹[2] 王瑞雯[3]

（1，2，3 陕西师范大学国际商学院 西安 710119）

【摘 要】审计费用由审计人员对客户风险的评估、审计市场的竞争等因素决定，管理者过度自信会增大企业的财务错报风险，加大审计人员所面临的审计风险并最终影响到审计费用。在"所有者缺位"以及"内部人控制"的情形下，国有上市公司中管理者过度自信的心理倾向会更加严重。本文以2011—2015年深沪两市A股上市公司作为研究样本，实证检验了管理者过度自信对审计费用的影响，并且进一步检验产权性质的影响，探究不同产权性质下过度自信对审计费用影响程度的差异。研究结果表明：管理者过度自信与审计费用负相关；不同产权性质的企业，管理者过度自信对其审计费用的影响不同，国有上市公司管理者过度自信对审计费用的影响较非国有上市公司更强。该结论对于扩展审计费用理论研究视角，建立对过度自信的管理者进行有效的监督和矫正制度，以及提高国有上市公司独立审计服务质量均有积极意义。

【关键词】管理者过度自信 审计费用 产权性质

中图分类号：F239 文献标识码：A

1. 引言

上市公司审计对维持资本市场的稳定性以及保障资本市场资源配置功能的有效性至关重要。普遍认为，审计费用是参与审计业务的双方就审计服务而达成一致认可的价格，反映了审计服务提供方对此项审计业务潜在风险所要求的风险补偿，是审计师事务所与上市公司之间重要的经济联系。有关审计费用的问题一直是人们关注的焦点。现有研究发现，公司规模、业务经济的复杂性、行业类型、财务状况、会计师事务所自身特征均会对审计费用造成影响。但已有文献的研究大多将被审计单位的管理者视为同质，并且是建立在管理者是"理性人"的假设之上，忽略了现实中管理者行为、心理等因素对审计费用的影响。心理学大量的实验和研究表明，人们在不确定条件下制定的判断、决策常常伴随着过度自

---

* 通讯作者：陈珂莹，E-mail：cara666@ snnu. edu. cn。

信、损失厌恶、乐观主义和锚定效应等心理特征，其中最显著和最普遍的便是过度自信。一些心理学和经济学的研究发现，企业家、管理者等相对于一般人群更具有过度自信的性格特质。现有的大量文献均揭示了管理者过度自信的心理特征对企业投资、融资、股利政策等财务决策的影响。在我国，国有上市公司是上市公司的主体，在"所有者缺位"以及"内部人控制"的情形下，国有上市公司中管理者过度自信的心理倾向会更加严重，其认知偏差会导致诸多非理性财务行为的发生。那么，在不同产权性质的企业中，管理者过度自信会分别对审计师事务所收取的审计费用产生怎样的影响，这将是本文所探讨的问题。

因此，本文拟以深沪两市 A 股上市公司为样本，研究管理者过度自信与审计费用的关系，以及不同产权性质下，管理者过度自信对审计费用的影响，并进一步探讨实证结果的政策含义。

2. 文献回顾

Simunic 于 1980 年最早对审计费用的影响因素进行研究，他运用审计收费定价模型确定了审计风险、会计师事务所规模等审计费用的影响因素。自此以后，审计费用一直是审计理论研究的重要内容，国内外学者对这一领域均进行了深入研究。Taylor and Baker（1981）的研究表明，公司规模以及经济业务的复杂程度与审计费用之间存在显著正相关关系。Firth（1985）对新西兰上市公司的研究结果表明，公司规模、应收账款占总资产的比重与审计费用正相关。Menon 和 Withams（2001）在研究中发现存货占总资产的比例与审计费用之间存在正相关关系。诸如此类的早期研究主要集中于公司财务因素对审计费用的影响。之后，有研究开始关注公司治理对审计费用的影响。Abbott 等人（2003）的研究结果表明，审计委员会的构成与审计费用之间有显著的相关关系。蔡吉甫认为高管持股能够降低审计费用，董事会规模大小和审计费用之间存在显著的负相关关系。而 Sullivan（1999）认为，董事会结构及审计委员会特征并不会对审计费用产生直接影响。Carcello 等人（2002）认为，董事会的独立性、知识水平的专业程度以及工作勤勉度与审计费用显著正相关。罗俊亮等（2007）在研究中发现，董事会规模、董事长在股东单位兼职情况以及董事会持股比例与审计收费显著相关。此外，研究者还发现公司的行为特征也会对审计费用造成影响，例如企业盈余管理活动可能会对审计费用造成影响。Defond 等人（1998）的研究发现，被审计单位的可操控应计项目金额越高，审计师面临的诉讼风险越大，因而会要求较高的审计费用。赵国宇（2011）的研究证明，上市公司的盈余管理行为将会导致公司承担更高的审计费用。Johnson 等人（1995）通过对新西兰审计市场进行研究后得出结论，规模较大的审计师事务所会要求较高的审计费用。伍利娜（2003）对我国上市公司的研究结果也证明了这一点，作者通过对我国上市公司首次披露的 2000 年及 2001 年的审计收费数据进行研究，发现事务所规模和审计收费在我国也存在显著的相关性。朱小平和余谦（2004）的研究表明审计任期与审计收费具有显著相关性。因此，审计师事务所自身特征也会对审计费用产生影响。此外，有研究表明审计意见类型、审计准则以及相关法律环境的变化、工作效率的提升和供求关系的倾斜变动都会对审计费用产生影响。

由此可见，公司财务因素、公司治理因素、公司行为特征、审计师事务所特征等均会对审计费用造成影响。但是，我们发现目前关于审计费用的研究都忽略了管理者心理特征的影响。然而，心理学早期就关注到管理者的心理特征会对企业的决策行为产生影响。不同管理者个体的认知偏差会直接影响企业行为，其中，管理者过度自信认知偏差的影响尤为显著。已有研究表明，人并非是完全理性的，人群中有相当部分的个体是自我中心性的，总是会过分相信自己的认知及判断，对自身的知识、能力、决策及掌握的信息过度自信。在心理学家和经济学家看来，企业家、管理者等相对于一般人群更具有过度自信的性格特质。已有大量文献研究揭示了管理者过度自信能够对企业的投融资决策、股利政策等财务决策产生影响。因此，在非理性人假设之下，对管理者过度自信是否能够对审计费用造成影响进行探讨就显得十分必要。

3. 研究假设

3.1 管理者过度自信与审计费用

审计费用是由审计人员对客户风险的评估、审计市场的竞争以及审计人员与客户的沟通所决定的，它反映了审计师对于因潜在审计风险而要求的风险补偿。当确定审计定价时，审计人员要对客户的风险进行全方位的评估。为了降低审计风险，审计人员通常会增加审计证据的收集，从而将导致审计费用的增加。Simunic（1980）证明了当审计风险较大时，审计人员将要求收取更高的审计费用。此外，审计风险与审计费用之间的联系在现有实证文献中已得到了广泛验证（Bell et al.，2001；Hogan and Wilkins，2008；Krishnan et al.，2012；O'Keefe et al.，1994；Seetharaman et al.，2002）。

财务报告风险是影响审计定价的重要风险因素之一。风险越高，审计人员会要求更高的审计费用来弥补潜在的损失。过度自信的管理者通常会加速收益的确认，推后或者低估损失的确认，高估项目的预期未来现金流量，同时低估项目失败的风险和不利事件的可能性（Heaton，2002；Malmendier and Tate，2005）。因此我们认为，管理者过度自信会增大企业的财务错报风险，而财务报告错报风险的存在又使得审计人员所面临的审计风险加大。已有研究表明，管理者过度自信会增加审计师的审计风险（Johnson et al.，2013）。因此，在风险导向型审计模式下，审计人员会向存在潜在财务报告错报风险的被审计单位收取较高的审计费用。如果审计人员识别出管理者过度自信，那么审计人员会将这种风险因素考虑到他们的审计计划之中，并且会收取额外的费用来弥补由此增加的审计工作投入，以降低审计风险。不仅如此，企业的盈余管理行为也会对审计费用造成影响。由于过度自信的管理者常常会高估企业未来的收益，而低估企业当前面临的财务风险，一旦企业的实际经营绩效未能达到本期激励计划要求水平，在资本市场的压力下，为了避免因此对公司造成不利影响，过度自信的管理者也将有动机进行盈余管理。管理者进行盈余管理的动机越强，盈余管理力度越大，那么会计师事务所面临的诉讼风险也随之越大，故而审计收费就越高。

基于以上分析，我们提出假设1a：

假设1a：管理者过度自信与审计费用正相关。

172

审计是一项存在差异化的产品，客户可以根据其需要选择审计人员、审计范围以及审计质量（Ball et al.，2012）。已有研究发现，审计费用与审计时间正相关（Bell et al.，2001），并且管理者通常会与审计人员就审计计划、审计范围进行协商，以达到降低审计费用的目的（Emby and Davidson，1998）。一般而言，审计程序越简单，审计范围越小，审计费用也会越低。过度自信的管理者通常会对其公司的财务报告过分自信，从而忽视审计工作的重要性。因此，他们会就审计范围与审计人员进行协商，以花费更小的审计费用。通过缩小审计范围，过度自信的管理者也能够有效减少审计人员对于其激进会计决策的监督。审计范围的缩小以及对审计服务需求的减少将会削弱对公司财务报告相关反馈的需求，并且会增加更多盈余管理的机会。

基于以上分析，我们提出假设 1b：

假设 1b：管理者过度自信与审计费用负相关。

3.2 产权性质与审计费用

产权制度是现代企业制度的内核，不同产权性质下企业行为主体的激励效应和约束机制也存在重大差异（辛清泉等，2007）。在转轨经济的背景下，政府对经济显著控制而监督不足，这在国有上市公司中表现尤为显著。在国有上市公司中，所有者缺位的情况使得管理者难以被有效地监管和控制，再加上内部人控制导致管理者的自主决策权不断加大（黄莲琴、傅元略、屈耀辉，2011），因此，其更易表现出过度自信的心理特征，进而做出非理性的企业决策。另外，国有上市公司对管理者的高薪激励，在一定程度上也会催生过度自信这一心理特征（文芳、汤四新，2012）。唐蓓（2010）的研究发现，产权性质为国有的企业，其管理者过度自信所导致的行为偏向程度更高。而非国有上市公司不存在所有者缺位的情况，外部监管能得到充分落实，其过度自信的决策行为也能得到有效约束。因此，与非国有上市公司相比，国有企业的管理者往往更加表现出过度自信这一特征。

基于以上分析，我们提出假设 2：

假设 2：不同产权性质下，管理者过度自信对审计费用的影响不同。国有上市公司管理者过度自信对审计费用的影响较非国有上市公司更强。

4. 研究设计

4.1 数据来源与样本选择

本文以深沪两市中 2011 年至 2015 年的上市公司作为初始研究样本。数据主要来源于 CSMAR 数据库、RESSET 金融数据库以及 WIND 数据库。为保证结果的可靠性，本文剔除了如下样本：①剔除产权性质无法识别或缺失的样本；②剔除所有 ST，PT 的公司样本；③剔除金融保险业的上市公司样本；④剔除财务数据缺失的样本；⑤剔除在本年度 CEO 变更的公司样本；⑥剔除相关指标显示异常的公司样本。在以管理者薪酬比例作为管理者过度自信的替代变量时，我们共得到了 8508 个样本。在以企业盈余预告偏差作为管理者过度自信的替代变量时，我们共得到了 6004 个样本。此外，为剔除部分极端值对计量结果的影响，本文对主要连续变量在 1% 和 99% 分位上进行了 winsorize 缩尾处理。本文研究过程中，主要使用 Excel 2010 及 Stata12.0 统计软件对样本数据进行处理。

4.2 变量定义和设计

目前国内外文献对于管理者过度自信替代变量的选取，主要包括管理者持股变化情况、业绩预告偏差程度、管理者薪酬集中程度、国家统计局公布的企业景气指数等。出于数据的可获得性，我们采用管理者薪酬集中程度作为管理者过度自信的替代变量。Hayward 和 Hambrick（1997）通过研究发现管理者的薪酬水平与其他管理者的薪酬水平差距越大，其对企业的控制权越强，越容易产生过度自信心理。因此，本文采用"薪酬最高的前三名高管薪酬之和/全部管理者薪酬总和"来衡量薪酬差距，这一比例越大，管理层的过度自信的程度越高。此外，我们认为上市公司的业绩预告变化也可用来判断管理者是否过度自信。过度自信的管理者通常对企业盈利能力估计过于自信，故而会做出高于企业实际水平的业绩预告。所以，本文将所有三季度发布乐观业绩预告的上市公司作为样本（包括扭亏、续盈、略增以及预增），如果最终实际业绩与预告业绩不一致，存在负向差异，则将其管理者定义为过度自信管理者。最后，对于审计费用这一变量，本文采用了上市公司年报中审计费用的自然对数来表示。我们以迪博数据库中内部控制评价指数的自然对数作为内部控制质量的衡量变量。控制变量的定义如表 1 所示。

表1 变量定义和设计

变量名称	变量代码	变量定义
审计费用	Audit	审计费用的自然对数
管理者过度自信替代变量	Overcon1	管理者薪酬比例，用"薪酬最高的前三名高管薪酬之和/全部管理者薪酬合计"表示
	Overcon2	根据公司盈余预告偏差，若公司未能在年末实现其三季度盈余预告中披露的净利润预估值，则将该公司视为过度自信样本，OverCon2 = 1；否则，OverCon2 = 0
产权性质	State	若实际控制人为国家，则为 1，否则为 0
财务杠杆	Lev	年末资产负债率
总资产回报率	ROA	以（利润总额＋利息支出）/平均资产总额表示
存货水平	INVINT	以存货/总资产表示
应收账款水平	Rec	以应收账款/总资产表示
审计意见	OP	审计意见类型，当审计意见为非标意见时为 1，否则为 0
年度变量	Year-dummy	哑变量，如果样本属于某一年度为 1，否则为 0
行业变量	Ind-dummy	哑变量，如果样本属于某一行业为 1，否则为 0，行业划分标准参考证监会的行业分类标准

4.3 研究模型

为了验证假设 1，我们构建了如下模型(1)：

$$Audit_{i,t} = \alpha_0 + \alpha_1 Overcon_{i,t} + \alpha_2 Size_{i,t} + \alpha_3 Lev_{i,t} + \alpha_4 ROA_{i,t} + \alpha_5 INVINT_{i,t} + \alpha_6 Rec_{i,t} + \alpha_7 OP_{i,t} + Year\text{-}dummy + \varepsilon \tag{1}$$

为了验证假设 2，我们构建了如下模型(2)：

$$Audit_{i,t} = \alpha_0 + \alpha_1 Overcon_{i,t} + \alpha_2 State_{i,t} + \alpha_3 Overcon_{i,t} \times State_{i,t} + \alpha_4 Size_{i,t} + \alpha_5 Lev_{i,t} + \alpha_6 ROA_{i,t} + \alpha_7 INVINT_{i,t} + \alpha_9 OP_{i,t} + Year\text{-}dummy + \varepsilon \tag{2}$$

5. 实证结果分析

5.1 描述性统计

表 2 为主要变量描述性统计的结果。Audit 的均值为 13.59，最大值为 18.12，最小值为 9.21，说明审计师事务所对不同公司收取的审计费用差异较大。关于过度自信的衡量指标，Overcon1 的均值为 0.38，即样本企业平均高管薪酬集中度为 38%，说明用管理者薪酬比例来作为过度自信的替代变量时，薪酬最高的前三名高管对企业享有较强的控制权，高管薪酬集中度越高，管理者越可能呈现出过度自信的特点。Overcon2 的均值为 0.16，说明在以公司盈余预告偏差作为管理者过度自信的替代变量时，约 16% 的第三季度发布盈余预告的公司最终没有实现其先前预告中的净利润，这部分公司中，管理者可能会呈现出过度自信的特点。

表 2   主要变量的描述性统计

变量名称	样本观测量	平均数	标准差	中位数	最大值	最小值
Audit	8508	13.59	0.74	13.46	18.12	9.21
Overcon1	8508	0.38	0.13	0.36	0.80	0.14
Overcon2	6004	0.16	0.23	0	1	0
Lev	8508	0.46	0.22	0.46	0.98	0.03
ROA	8508	1.80	3.73	0.08	17.16	−10.06
OP	8508	0.03	0.17	0	1	0
INVINT	8508	0.18	0.17	0.13	0.77	0
Rec	8508	0.10	0.10	0.07	0.75	0

注：以上主要变量数据均来自于 CSMAR 数据库、RESSET 金融数据库以及 WIND 数据库。

当用管理者薪酬作为过度自信的替代变量时，我们按照其均值和中位数进一步将总样本分成过度自信程度低的样本(Low-Overcon1)及过度自信程度高(High-Overcon1)的样本。表 3 为分组描述性统计的结果。结果表明，过度自信程度高的样本的审计费用均值和中位数皆低于过度自信程度低的样本，并且通过了统计学显著性检验，这初步验证了假设 1b，说明过度自信的管理者试图降低审计费用，管理者自信程度与审计费用负相关。

表3　　　　　　　　　　　　　　　　　　单变量分组检验

变量名称	均值		T 值	中位数		Z 值
	Low-Overcon1	High-Overcon1		Low-Overcon1	High-Overcon1	Wilcoxson test
Auidt	13.6878	13.4726	13.887***	13.5278	13.3847	13.196***
Size	22.2323	21.7638	17.565***	21.9883	21.6359	16.197***
Lev	0.4767	0.4346	9.180***	0.4797	0.4305	9.254***
ROA	1.7781	1.8262	0.599	0.0819	0.0874	1.212
OP	0.0282	0.0321	−1.074	0	0	−1.074
INVINT	0.1745	0.1793	−1.359	0.1365	0.1283	1.281
Rec	0.1016	0.0942	3.494***	0.0718	0.0650	2.590***

注：***表示在1%的统计水平上显著，**表示在5%的统计水平上显著，*表示在10%的统计水平上显著。

5.2　相关性分析

在描述性统计的基础之上，我们对主要变量进行了相关性分析，结果如表4所示。各主要变量的相关系数均小于0.4，说明回归模型中各变量之间不存在严重的多重共线性问题，故可以对此问题建立多元回归模型进行分析。管理者过度自信的替代变量（Overcon1、Overcon2）均与审计费用（Audit）显著负相关，这验证了假设1b，说明管理者过度自信程度与审计费用负相关。

表4　　　　　　　　　　　　　　　　　主要变量的相关性分析

	Audit	Overcon1	Overcon2	State	Lev	ROA	OP	INVINT	Rec
Audit	1.000								
Overcon1	−0.167***	1.0000							
Overcon2	−0.061***	0.9032***	1.000						
State	0.257***	0.080***	0.059***	1.000					
Lev	0.304***	−0.087***	−0.012	0.251***	1.0000				
ROA	0.173***	0.024**	−0.072***	0.134***	−0.036***	1.0000			
OP	−0.044***	0.005	0.011	−0.029***	0.106***	−0.077***	1.000		
INVINT	0.029***	0.022**	−0.011	−0.027**	0.296***	−0.041***	−0.033***	1.000	
Rec	−0.085***	−0.061***	0.028**	−0.138***	−0.024**	−0.077***	−0.030***	−0.109***	1.000

注：***表示在1%的统计水平上显著，**表示在5%的统计水平上显著，*表示在10%的统计水平上显著。

5.3 多元回归分析

5.3.1 管理者过度自信与审计费用

多元回归分析的结果如表5所示。从表5中的结果可知，在控制了其他变量后，以管理者薪酬比例作为过度自信的替代变量的回归中，Overcon1的回归系数为-0.90，t 值为-14.51，在1%的水平上显著为负。以业绩预告偏差作为过度自信的替代变量的回归中，Overcon2的回归系数为-0.140，t 值为-4.44，同样在1%的水平上显著为负。这与前文相关分析的结果一致，进一步验证了假设1b，说明管理者过度自信程度与审计费用显著负相关。管理者过度自信程度越高，公司的审计费用越低。

表5　　　　　　　管理者过度自信对审计费用的影响的多元回归分析结果

变量	因变量为 Audit	
	（1）管理者薪酬比例	（2）业绩预告偏差
Constant	13.480*** （449.60）	13.117*** （558.65）
Overcon1	-0.900*** （-14.51）	
Overcon2		-0.140*** （-4.44）
Lev	1.120*** （29.49）	1.293*** （26.10）
ROA	0.035*** （14.63）	0.031*** （12.47）
OP	-0.299*** （-6.98）	-0.354*** （-6.46）
INVINT	-0.337*** （-7.28）	-0.483*** （-8.08）
Rec	-0.630*** （-9.27）	-0.597*** （-6.91）
年份	控制	控制
行业	控制	控制
调整 R^2	0.166	0.145
F 值	220.23	149.99
样本观测量	8508	6004

注：***表示在1%的统计水平上显著，**表示在5%的统计水平上显著，*表示在1%的统计水平上显著。

5.3.2 产权性质、管理者过度自信与审计费用

在上述分析研究的基础上，我们进一步增加对产权性质这一变量的考虑，通过在模型中加入代表产权性质的 State 的交乘项，将样本根据其产权性质的不同分为国有上市公司和非国有上市公司两类，以此验证假设 2。从表 6 的结果可知，当以管理者薪酬比例作为过度自信的替代变量时，Overcon1 的系数在 1% 的水平上显著为负，State 的系数在 1% 的水平上显著为正，管理者过度自信与产权性质的交乘项 Overcon1×State 的系数在 1% 的水平上显著为负。以业绩预告偏差作为管理者过度自信的替代变量时，Overcon2×State 的系数同样显著为负。因此，无论是以管理者持股比例还是以业绩预告偏差作为管理者过度自信的替代变量进行回归，产权性质的差异都会对管理者过度自信与审计费用的关系产生影响。研究结果表明，在国有上市公司中，管理者过度自信对审计费用的影响更为显著，而在非国有上市公司中，这种影响则较弱。这充分验证了假设 2：不同产权性质下，管理者过度自信对审计费用的影响不同。国有上市公司管理者过度自信对审计费用的影响较非国有上市公司更强。

表6　　　不同产权性质、管理者过度自信对审计费用影响的多元回归分析结果

变量	因变量为 Audit	
	(1)管理者薪酬比例	(2)业绩预告偏差
Constant	13.405*** (431.38)	13.050*** (483.89)
Overcon1	−0.871*** (−14.83)	
Overcon2		−0.134** (−3.38)
State	0.215*** (13.95)	0.258*** (13.03)
Overcon1×State	−0.747*** (−6.36)	
Overcon2×State		−0.194** (−2.43)
Lev	0.960*** (26.05)	1.100*** (22.81)
ROA	0.031*** (15.71)	0.026*** (11.84)

变量	因变量为 Audit	
	(1)管理者薪酬比例	(2)业绩预告偏差
OP	-0.258***	-0.304***
	(-5.68)	(-5.10)
iNVINT	-0.249***	-0.389***
	(-5.33)	(-6.49)
Rec	-0.439***	-0.413***
	(-5.86)	(-4.30)
年份	控制	控制
行业	控制	控制
调整 R^2	0.187	0.167
F 值	245.31	152.43
样本观测量	8508	6004

注：***表示在1%的统计水平上显著，**表示在5%的统计水平上显著，* 表示在10%的统计水平上显著。

5.3.3 稳健性分析

从多元回归分析的结果可以得出，F 值均在1%的统计水平上显著。我们在每次回归后发现方差膨胀因子 VIF 均近似为1，且均远小于10，这说明变量间不存在严重影响回归结果的多重共线性问题。此外，对主要变量进行的相关性分析结果也表明，自变量之间不存在严重的多重共线性问题。为了降低变量的非正态性和异方差性可能对回归结果产生的影响，本文还进行了稳健回归分析，结果与之前的结论一致。此外，我们又使用管理者持股比例的变化情况来衡量管理者过度自信。从分散风险的角度出发，企业管理者有理由购买其他企业的股票，过度自信的管理者对企业的业绩持乐观态度，他们有足够自信认为增持本企业的股票将获得超额市场回报。因此假如当年企业管理者持股数增加，且这一持股量的增加不是由于公司股权激励、送股配股等原因，那么便认定其为过度自信的样本，取值为1，否则为0。经过回归，结果与前述分析保持一致，说明本文的研究结论比较稳健可靠。

6. 结论

本文以2011年至2015年深沪两市 A 股主板上市公司作为研究样本，实证检验了管理者过度自信对审计师事务所收取审计费用的影响关系。研究结果表明，除公司财务、公司治理、公司行为特征、审计师事务所特征等因素之外，管理者的个人特质也会影响审计费用，而且这种影响在不同产权背景下的效应强弱不同。相对于已有的文献，本文的贡献在于：将心理学中的过度自信应用于审计费用的研究，在审计费用决定的理论框架中引入管理者个人特质因素，并进一步探讨了其对审计费用的作用机制和限制条件。通过实证分析为深入研究审计费用提供了经验证据，拓宽了审计费用研究的视野。

具体的，本文研究发现：(1)企业管理者特质显著影响企业的审计费用，管理者过度自信程度较高的公司支付的审计费用更低。究其原因，审计师事务所对相对过度自信管理者经营的企业会要求更高的风险溢价，但企业作为审计服务需求方，会因为过度自信而降低需求甚至主动规避审计师对其激进会计方法进行监督，而最终的价格由供需双方决定，管理者过度自信能够降低审计费用正说明目前我国的审计市场是买方主导的市场；(2)本文进一步延伸了对过度自信的机制研究，企业的产权结构决定了企业的治理结构以及企业管理者的过度自信情况，通过考察审计费用这一表征我们可以对产权性质对管理者过度自信的影响加以验证，并得出了明确的结果。该结论为分析不同所有制上市公司管理者的行为及治理与监管提供了有益的启示。国有上市公司的产权性质使得对过度自信的管理者难以进行有效的监督和矫正，因此，应当特别注意，通过完善国有上市公司的治理结构，建立起有效的管理者监督机制和考评机制，以提高国有上市公司对高质量独立审计服务的需求。

◎ 参考文献

[1]蔡吉甫. 公司治理、审计风险与审计费用关系研究[J]. 审计研究，2007(3).

[2]黄莲琴，傅元略. 管理者过度自信与公司融资策略的选择[J]. 福州大学报(社会科学版)，2010(4).

[3]罗俊亮，周园园，喻采平. 上市公司董事会特征对审计费用影响的实证研究[J]. 科技情报开发与经济，2007，17(36).

[4]唐蓓. 管理者过度自信对上市公司并购投资的影响[J]. 审计与经济研究，2010(25).

[5]文芳，汤四新. 薪酬激励与管理者过度自信——基于薪酬行为的研究[J]. 财经研究，2012，38(9).

[6]伍利娜. 盈余管理对审计费用影响分析——来自中国上市公司首次审计费用披露的证据[J]. 会计研究，2003(12).

[7]辛清泉，林斌，王彦超. 政府控制、经理薪酬与资本投资[J]. 经济研究，2007 (8).

[8]朱小平，余谦. 我国审计收费影响因素之实证分析[J]. 中国会计评论，2004，2(2).

[9]赵国宇. 盈余管理、关联交易与审计师特征[J]. 审计与经济研究，2011(4).

[10]Abbott, L. J., Parker, S., Peters, G. F., et al. The association between audit committee characteristics and audit fees[J]. *Auditing: A Journal of Practice & Theory*, 2011, 22 (2).

[11]Bell, T. B., et al. Auditors' perceived business risk and audit fees: Analysis and evidence[J]. *Journal of Accounting Research*, 2001, 39(1).

[12]Ball, R., Jayaraman, S., et al. Audited financial reporting and voluntary disclosure as complements: A test of the confirmation hypothesis [J]. *Journal of Accounting &*

Economics, 2012, 52(1).

[13]Carcello, J. V. , et al. Board characteristics and audit fees[J]. *Contemporary Accounting Research*, 2002, 19(3).

[14]Defond, M. L. , Jiambalvo, J. Factors related to auditor-client disagreements over income-increasing accounting methods[J]. *Contemporary Accounting Research*, 1993, 9(2).

[15]Emby, C. , Davidson, R. A. The effects of engagement factors on auditor independence: Canadian evidence[J]. *Journal of International Accounting Auditing & Taxation*, 1998, 7 (2).

[16] Heaton, J. B. Managerial optimism and corporate finance [J]. *Financial Management*, 2002, 31(2).

[17] Hogan, C. E. , Wilkins, M. S. Evidence on the audit risk model: Do auditors increase audit fees in the presence of internal control deficiencies [J]. *Contemporary Accounting Research*, 2008, 25(1).

[18]Johnson, E. N. , Walker, K. B. , Westergaard, E. Supplier concentration and pricing of audit services in New Zealand[J]. *Auditing A Journal of Practice & Theory*, 1995, 14(2).

[19] Johnson, E. N. , Kuhn, J. R. , Apostolou, B. , et al. Auditor perceptions of client narcissism as a fraud attitude risk factor[J]. *Auditing*, 2013, 32(1).

[20]Menon, K. , Williams, D. D. Long-term trends in audit fees[J]. *Auditing: A Journal of Practice and theory*, 2011, 20(1).

[21]Krishnan, G. V. , Pevzner, M. , Sengupta, P. How do auditors view managers' voluntary disclosure strategy? The effect of earnings guidance on audit fees[J]. *Journal of Accounting & Public Policy*, 2012, 31(5).

[22]Firth, M. An analysis of audit fees and their determinants in New Zealand[J]. *A Journal of practice and Theory*, 1985, 4(2).

[23]Malmendier, U. , Tate, G. CEO overconfidence and corporate investment[J]. *Journal of Finance*, 2005, 60(6).

[24] O'Keefe, T. B. , Dan, A. S. , Stein, M. T. The Production of audit services: Evidence from a major public accounting firm[J]. *Journal of Accounting Research*, 1994, 32(2).

[25] Dan, A. Simunic. The pricing of audit services: Theory and evidence [J]. *Journal of Accounting Research*, 1980, 18(1).

[26]Noel O'Sullivan. Board characteristics and audit pricing post-cadbury: A research note[J]. *European Accounting Review*, 1999, 8(2).

[27]Seetharaman, A. , Gul, F. A. , Lynn, S. G. Litigation risk and audit fees: Evidence from UK firms cross-listed on US markets[J]. *Journal of Accounting & Economics*, 2002, 33 (1).

[28] Taylor, M. E. , Baker, R. L. An analysis of the external audit fee [J]. *Accounting & Business Research*, 2016, 12(45).

Managerial overconfidence, state ownership and audit fees

—The empirical evidence from A-share listed companies

Zhang Shuhui[1]   Chen Keying[2]   Wang Ruiwen[3]

(1, 2, 3 International Business School of Shannxi Normal University, Xi'an, 710119)

Abstract: Audit fees are determined by the auditors' assessment of customer risk, the competition in the audit market and other factors, managerial overconfidence will increase the risk of financial misstatement, increase the audit risk faced by auditors and ultimately affect the audit costs. In the case of "absence of owner" and "insider control", the psychological tendency of managerial overconfidence in state-owned listed companies will become more serious. Using a sample of Shenzhen and Shanghai A-share listed companies in China stock market from 2011 to 2015, this paper theoretically analyzed and empirically examined the relationship between managerial overconfidence and audit fees. Furthermore, we add the factors of state ownership, to examine the relationship under different state ownership. We find robust evidence of a negative relationship between managerial overconfidence and audit fees; managerial overconfidence affects audit costs differently under different state ownership, the influence of managerial overconfidence of state-owned listed companies on audit fees is stronger than non-state-owned listed companies. This conclusion is of great significance to the expansion of the audit cost theory, the establishment of an effective supervision and correction system for the overconfident managers, and the improvement of the independent auditing service quality of the state-owned listed companies.

Key words: Managerial overconfidence; Audit fees; State ownership

责任编辑：路小静

互联网行业环境与企业竞争行动之间的协同演进[*]
——基于国内团购行业的案例研究

● 邓新明[1]　叶　珍[2]　王惠子[3]

（1，2，3 武汉大学经济与管理学院　武汉　430072）

【摘　要】本文基于战略-环境协同理论，以我国团购企业为例研究了互联网企业战略行动与行业环境之间的关系。为了清晰地呈现互联网企业成长过程中行动和环境的互动演进，本文根据团购行业的特征将其发展历程划分为三个阶段，并从丰富性、复杂性与动态性三个维度对行业环境进行度量，基于文献资料识别出企业在现实竞争中具体执行的竞争行动，包括能动型、反应型以及混合型三种行动类型。研究结果发现：在起步繁荣阶段，能动型行动大量被实施，环境的动态性提高；在行业的竞争洗牌阶段，环境的丰富性增加，能动型行动减少；反应型行动是互联网行业中最频繁执行的一类战略行动，大量的反应型行动会增加环境的丰富性和动态性；在行业平和稳定的阶段，环境的复杂性最低，丰富性最高，企业混合型行动频繁发生。

【关键词】环境-战略协同　竞争行动　动态演进　团购行业
中图分类号：F270　　　　文献标识码：A

1. 引言

在市场环境日益复杂、变化日益加速的动态竞争环境中，制定竞争战略所关注的重点是竞争互动(谢洪明，蓝海林等，2003；田志龙，邓新明，Hafsi，2007)。研究的对象是企业具体的竞争行动(Chen & Miller，1994；Chen & Hambrick，1995；Smith，Grimm & Gannon，1992)。然而，迄今为止对竞争互动的研究还缺乏对企业竞争行动选择与互动过

＊ 基金项目：竞争者分析、红皇后效应与企业绩效：组织间竞争对抗及其动态演进的驱动机制研究（项目批准号：71572132）；动态竞争条件下企业竞争互动及其与制度环境的协同演进与绩效影响研究（项目批准号：71272232）；武汉大学人文社会科学青年学者学术发展团队建设项目"新形势下中国企业的战略选择问题研究（Whu2016011）"。

通讯作者：邓新明，E-mail：xm_deng@ 163. com。

程的纵向数据剖析，从而使我们无法回答一些关键性问题：比如企业竞争行动是如何随时间演变的？这些策略是如何与行业环境协同发展的？事实上，组织战略行动与环境之间存在协同演进的动态影响过程：一方面，环境的演变刺激着企业的成长；另一方面，企业在熟悉和适应市场规则的同时，试图通过自身战略来影响现有的规则甚至制定新的规则，以创造更好的发展空间。在中国的转型制度环境中，企业战略明显地表现出与制度环境之间的协同演进，从而既带来了更好的企业绩效，又刺激了环境的良性发展（Meyer et al.，2009）。但是，迄今为止，有关企业竞争行动选择的研究并没有突出制度环境的作用，企业竞争行动的纵向演变过程规律如何？企业间的竞争互动过程与行业环境如何进行协同演进？这些问题还有待进一步研究。考虑到企业竞争行动选择的驱动力量不仅来自于竞争对手，还在一定程度上来自于制度环境（邓新明，田志龙，2010）。本文试图将行动与制度联系起来，基于纵向数据动态地分析竞争行动的选择过程与规律。

制度理论学者（McKelvey，1999；Kauffman，1993）认为对于环境与战略行动协同演进的研究，背景的选择至关重要，恰当的环境对数据收集乃至整个研究的成败起着关键的作用。那么什么样的背景才能够凸显出环境与战略之间的互动？在互联网蓬勃发展的今天，互联网相关行业（比如团购行业）在市场上扮演着越来越重要的角色，互联网行业具备动态性高、淘汰率高、市场准入门槛低等特点，同时企业竞争行动的实施非常密集，这为我们提供了非常好的组织行动与环境之间关系的研究素材。迄今为止，鲜有学者重点关注互联网行业环境与企业行动之间的协同演进问题。

协同演进实质上指的是企业的竞争性行动与环境之间双向复杂的相互影响与作用关系，且这种协同演进的动态关系在中国的转型制度环境中表现得尤为明显（Tan & Litschert，1994；Tan & Tan，2005）。在转型经济中，虽然市场机制发挥着一定作用，但是企业的发展在很大程度上仍然依赖非市场体系（如政府控制和社会网络等）来获取资源（Peng & Health，1996）。将"非市场"概念运用到企业层战略行动是战略管理研究领域出现的一种新趋势（Baron，1997，2010）。企业经常在动态竞争过程中将非市场与市场行动联系在一起，共同思考企业的战略选择，而竞争对手通常也会将多种非市场与市场行动交互使用以加大反击复杂度，从而形成非市场与市场环境的互动力量。因此，本研究在考察企业的竞争行动选择时，会综合考虑企业市场与非市场行动与环境的协同演进过程，这将有利于揭示企业间的竞争互动过程与中国互联网企业环境的协同演进路径和轨迹，因此具有显著的理论与创新价值。

2. 文献回顾

关于战略与环境之间的关系，学术界有很多相关的理论。种群生态理论提出战略对环境的影响非常有限，企业所做的一切对于环境的改变似乎都是徒劳（Hannan，1977）。只有环境对企业产生影响，企业所能做的只是适应环境（Freeman 1984）。然而，Astley 和 Van de Van（1983）提出企业要想得到好的结果，应在特定的环境下通过优化效率来适应环境，而没有办法影响和改变环境。企业行为理论则认为组织会对环境产生影响。Cyert 和 March（1953）从企业行动方式的角度出发，认为企业经理会利用环境中资源的比例来改变环境实施战略，以使企业在市场上立足。企业的成功在于能够合理运用环境产生核心竞争力(Lippman & Rumelt，1982；Winter，1987；Prahalad & Hamel，1990)。然而，核心竞争力是动态的，意味着企业的可持续竞争优势需要组织具备动态能力和人力资本，并保持一定的学习能力(Barney，1991)。

协同演进概念最先的提出者是生物学家 Ehrlich 和 Raven(1964)，后来被管理学者用来解释环境与组织相互作用的影响。Kauffman(1993)和 McKelvey(1999)认为不应将环境与组织的关系简单地视为一方决定另一方，而应根据时间条件具体分析，二者之间应存在协同演进的关系。此外，企业具备核心竞争力需要一定的学习能力(Barney，1991)。这种学习能力同时体现在环境对企业的影响和企业学习过程中由于实施行动而对环境产生的能动影响(Hedberg，1981)。组织内部和外部以一种双循环的学习关系来相互影响和调整(Lippman & Rumelt，1982；Winter，1987；Prahalad & Hamel，1990)。

Lewin 等(1999)构建了一个组织、产业和环境多层次协同演进的理论模型，在模型中，他们将环境细分为制度环境和超制度(extra institutional)环境，提出企业与产业之间、产业与超制度环境之间、企业与制度环境之间以及两种不同种类的制度环境之间都存在协同演进关系；Lichtenstein 和 McKelvey(2002)进一步将协同演进分解为水平和垂直两个方向、宏观和微观两个层面。同时，McKelvey(2002)提出了如何管理协同演进以及协同演进的速度等新的研究方向。

在环境的维度分类方面，Starbucks(1976)认为组织环境非常复杂，而且是多维度的。Aldrich(1979)在大量人口环境理论和资源依赖理论当中提炼出组织环境的六个维度：容量、动乱、稳定-不稳定性、相同-不同性、集中-分散度、一致-不一致性。Child(1972)将环境划分为保守性、多样性、复杂性三个维度，而更多的学者将环境划分为丰富性、动态性和复杂性三个维度(Jurkovich，1974；Pfeffer and Salancik，1978；Mintzberg，1979；Scott，1981)。本文也将沿袭这一分类方法，其中丰富性是指组织能否在环境中获得稳定发展和成长的支持(Starbuck，1976；Aldrich，1979)。Cyert 和 March(1963)提出环境中富余的资源可以帮助企业度过资源相对贫乏的困难时期。Bourgeois(1981)和 Chakravarthy(1982)认为企业可以在环境中得到一些保证组织创新的资源。Staw 和 Szwajkowski(1975)发现如果企业处在复杂度比较低的环境下可能会有一些非法行为。环境丰富性主要通过销售量增长、行业增长率和市场成长率等指标进行测量(Hoferand 和 Schendel，1978；Ansoff，1965)。Miles，Snow 和 Pfeffer(1974)以及 Jurkovich(1974)进一步提出需要将环境变化和不可预测的环境变化区别开来。动态性指的是难以预测的环境变动。环境的变动会使企业采取一些行动，比如说通过签订长期合约、纵向合并等来降低不确定性环境带来的风险(Galbraith，1973)。Aldrich(1976)认为环境中各因素的相互交叉影响使环境变得更加复杂。因为这种复杂的相互作用关系会使环境变得极为动荡，产生一些难以预料到的后果，这些后果是一开始发生改变时没有预料到的，关于动态性的测量主要是看环境中变化的难以预测性(Pfeffer & Salancik，1978)。随后 Child(1972)的研究指出复杂性是组织行动的异质性和丰富性。从资源依赖的角度来讲，组织运作过程中输入的资源种类越多或产品种类越多，组织环境的复杂性就越高。

在战略行动的分类上，Mile 和 Snow(1978)将战略行动划分为能动型、反应型和混合型战略。能动型战略的主要特征表现为企业高度的主动性，企业通过自身的各种创造性活动影响并改变环境。企业采取能动型行动创造出新的产品和服务，企业内部反对循规蹈矩，鼓励标新立异。然而，反应型战略则强调过去的成功，强化已有的优势，具有明显的"路径依赖"倾向。它表现为企业对环境的被动适应，通过积累性学习和对产品/服务的不断改进来强化在已有市场上的竞争优势。能动型和反应型两种战略行动体现了组织在不同环境条件下的战略调整。介于两种战略行动类型之间的是混合型战略行动，该战略行动力图在能动型行动和反应型行动当中找到平衡点，克服双方缺点并发扬各自的长处，大型组织的生存和发展大多依靠混合型战略行动。

3. 研究设计

3.1 变量的界定

3.1.1 行业环境的测量

行业环境的丰富性体现的是环境对企业成长的支持，通常选取企业的年成交额作为衡量环境丰富性的指标（Hofer and Schendel，1978；Ansoff，1965）。环境的复杂性可以用行业中企业的数量来测量（Starbuck，1976；柳士顺、凌文辁，2006），同一行业中参与竞争的企业数量是衡量环境复杂性的重要指标。行业中企业数量越多，说明企业需要面对更多的来自其他企业的影响，比如要与竞争企业争夺商家、消费者，要对竞争者的行动进行回应等，这使得行业环境的复杂性更大；竞争者数量较小时，企业面对的情形会相对简单一些，复杂性相应也会更小。环境的动态性反映了难以预测的环境变动，在动态的环境中企业通常会采取行动来应对不确定性，这些企业行动反过来又会增加或减弱环境的不可预测性，从而表现为环境动态性的变化。因此我们用企业执行的行动数量来体现环境的动态性。当企业行动发生得十分密集时，环境的不确定性增加，企业面对更加动态的环境；当企业行动密度降低时，环境的动态性也降低。

3.1.2 企业行动的测量

我们在梳理互联网企业竞争战略行动的过程中，基于谢洪明和蓝海林（2003）、张诚和林晓（2009）、田志龙和樊帅（2010）和邓新明（2010）对企业行动的分类，将互联网企业主要采取的市场行动和非市场行动归纳为：（1）市场行动：融资、推出新产品、推出新服务、市场扩张、价格促销、广告、投资、造势、合作、形象补救；（2）非市场行动：爱心互动、慈善捐赠、规则构建、行业联盟和媒体政府公关。其中展示企业创新性和主动性的行动有：推出新产品、推出新服务、爱心互动与慈善捐赠，因此这些行动被界定为能动型行动。基于被动适应外界环境的视角，我们将融资、市场扩张、广告、投资，造势、合作、形象补救、媒体政府公关界定为反应型行动。规则构建、行业联盟、价格促销被界定为混合型行动，因为这些行动的出发点存在一定的创新性和主动性，同时也存在适应外界环境的因素[①]。

---

① 为了确认分类的效度，我们分发一份问卷给6位专长为竞争策略与互联网行业的管理学者。回应者被要求依上述定义将各种行动归类为能动型、反应型与混合型行动。结果，15个项目的评分者信度是1.0，1个项目是0.87，仅有1项行动被错误归类。

3.2 案例行业的选择

本文选择团购行业的原因，一方面在于团购行业竞争活力强劲，一直吸引着市场和媒体的关注，使得团购企业的新闻数量庞大，能够提供丰富的研究资料；另一方面，我国团购行业从 2010 年初开始萌芽，2011 年 6 月数量达到峰值(5058 家团购企业)；之后在激烈的竞争与厮杀中，大量的团购企业"集体性"死亡，2013 年 12 月的时候市场上的团购企业已不到两百家。到 2014 年，国内团购市场基本上被几家大型团购网站分割，行业结构与竞争格局基本稳定。团购行业萌芽发展、竞争洗牌、平和稳定三个阶段的清晰划分将有助于本文深度分析不同阶段中环境与行动之间的协同演进关系。

表1　　　　　　　　　七家团购企业在不同发展阶段中行动数量频数表

	能动型行动				反应型行动								混合型行动		
	推出新产品	推出新服务	爱心互动	慈善捐赠	融资	市场扩张	广告	投资	造势	合作	形象补救	媒体政府公关	规则构建	行业联盟	价格促销
萌芽发展	16	14	3	1	13	6	7	4	25	9	10	5	13	2	1
竞争洗牌	24	23	9	5	10	3	1	2	29	19	9	2	14	4	8
平和稳定	22	21	6	1	5	3	3	6	44	37	3	2	13	1	58
	62	58	18	7	28	12	11	12	98	65	22	9	39	7	67
合计	145				257								113		

我们选取了团购行业当中存活至今的拉手网、美团网、大众点评网、糯米网(百度糯米网)、窝窝团、满座网和高朋网七家团购网站作为本文的案例研究对象，一是因为它们全程经历了团购发展的各个阶段，能够反映互联网企业发展过程；二是因为它们在团购行业发展历史上采取的战略行动种类全，数量多，相关新闻媒体披露的报道信息丰富，方便研究，不同阶段行动的频数见表 1。它们是中国团购企业的典型代表，在团购行业排名中位于前列(见表 2)，并且都经历了竞争洗牌阶段的"洗礼"。

表2　　　　　　2010—2015 年团购企业品牌排名(综合交易量、品牌知名度等)

企业名称	2010 年	2011 年	2012 年	2013 年	2014 年	2015 年
拉手网	1	1	4	4	4	4
美团网	2	2	1	1	1	1
大众点评网	4	5	3	2	2	2
糯米网	3	6	2	5	3	3
窝窝网	>10	3	5	3	5	5
满座网	5	4	6	7	10	10
高朋网	>10	>10	>10	6	7	7

4. 案例研究与发现

4.1 团购萌芽发展阶段

团购行业在我国刚刚兴起时（2010年1月至2010年12月），市场成交额仅为20亿元，相较于后来的年成交额（2011年的年成交额为110.8亿元，2012年的成交额为213.9亿元），这个时候环境的丰富性很低。由图1我们发现，企业的能动型行动最早发生在环境丰富性较低的时候，比如满座网在2010年3月份开启的一日多团的团购模式，拉手网也在这一时期多次发布新产品和新服务。在环境丰富性较低的时候，创新型行动是难能可贵的，因为创新型行动能够帮助企业更早地占有资源优势，后面的追随企业通过争抢领导者资源逐渐侵蚀领导者的资源优势。因此领导者需要通过持续创新不断拉开与跟随者的差距，整个过程将有利于社会福利的最大化（伍嘉文等，2015）。企业发起的能动型行动数量的增加会影响环境的动态性，使环境的不确定性增加即动态性加强。但从反应型行动的密度上看，在2010年6月至8月，企业采取了较为密集的反应型行动，在这期间团购企业先后融资成功并频繁向外界传递出对运营、盈利有信心的造势信息。资金和正面信息的支持对处于萌芽阶段的团购市场的鼓励无疑是巨大的，企业的创新行动随着环境丰富性的提升和竞争意识的增强不断显现出来——一方面新产品、新服务争相亮相市场，另一方面

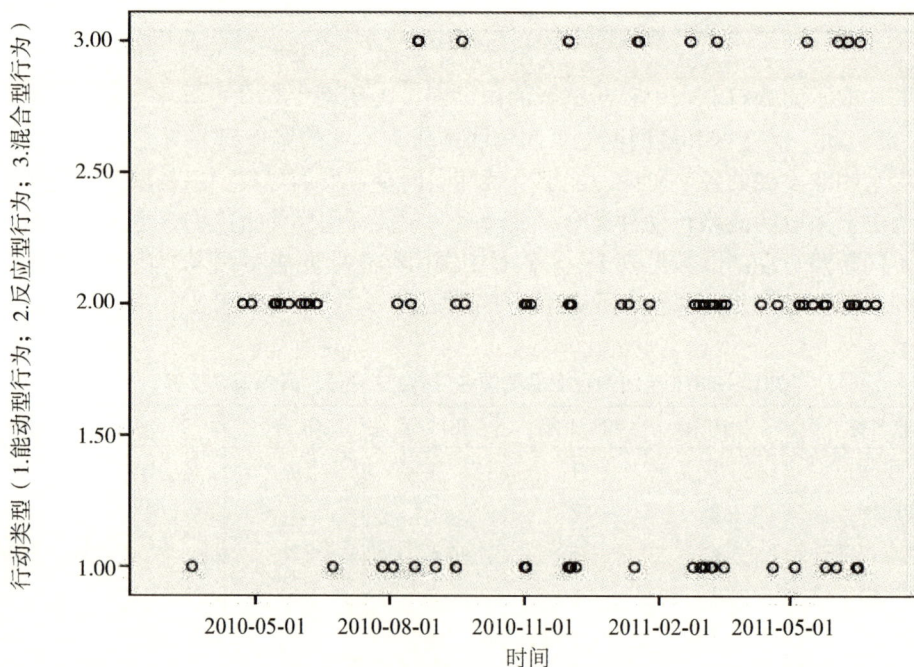

图1　行业萌芽发展阶段企业行动密度趋势图

188

也有像 2010 年 8 月多家网站自觉建立《中国团购网站诚信自律倡议书》，推出消费者保障体系，举办团购诚信建设峰会等混合型行动的发生。由此，在这一时间段，环境的丰富性和动态性都较最开始而言有所提升。

2010 年 6 月开始，行业内企业的数量快速增长，从 2010 年初的百余家企业，飞速增长到 2010 年 12 月的 4000 多家(见图 2)，企业数量的不断增加使得环境的复杂性不断提高，而在此期间行业年成交额相较于上一年度翻了四倍，说明环境的丰富性也急速上升，团购企业在这段时期采取密集的"顺势而行"的反应型行动和相对温和的混合型行动，减少了能动型行动的数量，因为在丰富性和复杂性快速增加的环境中，企业们面对不确定性时采取的能动型行动和反应型行动需要消耗的资源是不同的。能动型行动需要消耗企业更多的时间和精力去达到创新型行动举措，但是这个行动举措在市场上是否有效不能够被明确地预测，因此在丰富性和复杂性不断增强的环境中，企业会采取大量的反应型行动，做出对环境的"回应"，平稳、保守地应对环境的变化。而大量的反应型行动会使企业行动总量在这个区间达到第一阶段的最高值，即环境的动态性在这个时候达到了这一阶段的最高水平。

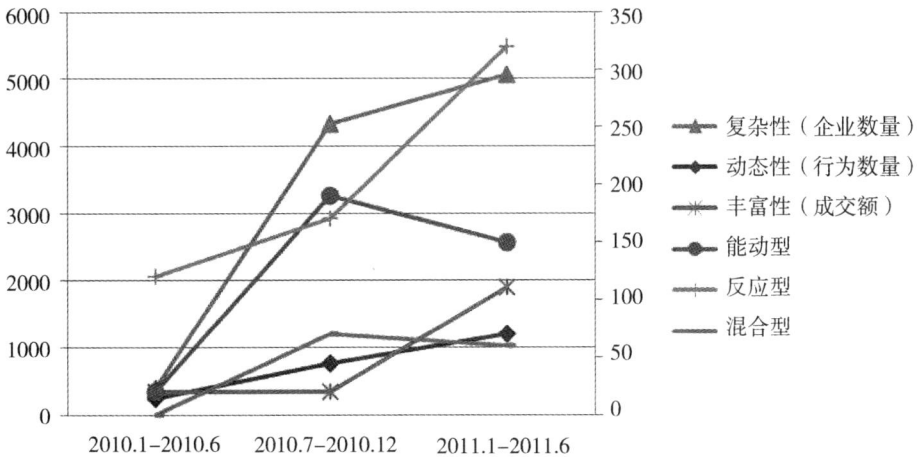

图 2　行业萌芽发展阶段环境和企业行动变化趋势图

注：图中代表环境变化的线条之间无大小关系，仅显示趋势；三种企业行动数量的走势为了在图中清晰显现，均乘以十，故可从图中对比行动数量的大小；图 5、图 7 同理。

第一阶段能动型行动为 34 次，其中行动次数最多的是拉手网和糯米网，这两个企业在这个阶段的市场表现也相对突出(2010 年 6 月团购行业企业营业额排名，七家企业中拉手网以 10771.2 万元排名第一，糯米网以 8569.6 万元排在第二位)。这与 Chen(1994)提到的在市场竞赛中企业要维持绩效的唯一方法是努力采取竞争行动(尤其是创新性竞争行动)获取短暂的寡占优势的观点一致。

结合图 1 和图 2 我们看到，在第一阶段，随着环境复杂性、动态性和丰富性的逐渐提高，反应型行动相比其他两种行动类型发生得更加频繁和稳定。我们在研究过程中发现，反应型行动虽然发生的数量最多，但主要集中在拉手网、美团网、窝窝团三家企业，且最

189

主要的行动类型是造势(见表1,25次),如2011年5月10日拉手网自爆将聘请葛优作为其形象代言人;5月12日美团网宣布公开运营数据,征集社会监督人;窝窝网自称获得两亿元的融资等。造势意味着企业释放的信息虽然会引起市场关注,但并不代表企业会真正付诸行动,这样的反应型行动容易实施,市场效果明显,因此企业会相对频繁地使用该类战略行动。这就导致了一方面行业环境动态性由于行动数量的增加而增强,另一方面通过造势吸引了更多的企业进入团购行业,导致环境的不确定性即环境复杂性提高(见图3)。如2011年3月美团网披露2010年网站销售额达到2.3亿元人民币,如此高额的销售业绩吸引人们纷纷摩拳擦掌也想进入团购行业分一杯羹。

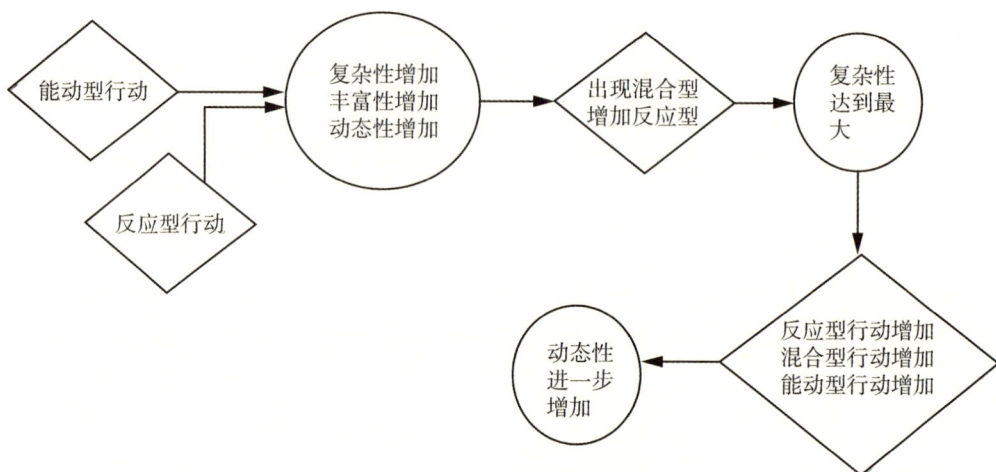

图3 行业萌芽发展阶段的环境与行动协同演进示意图
注:菱形表示企业行动,圆形表示环境。

在这一阶段,虽然混合型行动发生的频数最少,但由图1可以发现随着环境丰富性、复杂性和动态性的逐渐提高,混合型行动的密度也在增加,其中规则构建行为发生得最为频繁(见表1,13次)。随着企业对团购网站的探索和对团购行业规则的不断构建,行业内企业的行动有了规则的约束,行业表现会更加规范,这将帮助行业逐渐获得市场信任,带来环境丰富性的逐渐提高。

4.2 竞争洗牌阶段

竞争洗牌阶段最大的特点是团购企业的数量经历了极大的变动。团购行业遇到的问题在这一阶段集中爆发,尽管成交额在不断扩大,但企业融资问题、产品质量问题、售后服务问题,以及诚信问题,都使团购企业面临着严峻的考验。团购行业经历过近乎疯狂的"雨后春笋"成长阶段后,很多企业名存实亡;还有些企业在竞争激烈下不顾自身死活也要跟竞争对手竞争到底。种种近乎病态的行为也给团购行业带来了一场巨大的风暴。2011年6月团购企业数量在5000多家的时候,环境不确定性极高,企业之间激烈的竞争使能动型行动相较于反应型行动和混合型行动而言发生的密度更小,这说明在环境复杂性极高的情况下团购企业偏好稳健的行动类型，顺势的反应型行动相对耗费的企业资源更少，风险较小(这一阶段"公布运营数据""宣布盈利""谣传上市"等造势行为发生得最多)。这与一些学者提出的企业通过追求行动新奇性可以提高其竞争地位(Ferrier et al., 1998)和企业绩效(Young et al., 1996)的观点不同。我们认为导致结论差异的主要原因在于团购行业本身的特性，作为一个新兴产业，团购行业的顾客对先动者的忠诚度还很弱，市场技术和顾客需求的不确定性和"非连续性"(discontinuities)往往导致行动创新者的决策错误，而不那么主动创新的行动者反而可以从先动者的错误中吸取教训，不再犯先动者曾经犯过的错误(Lieberman & Montgomery, 1988)。

到2011年12月的时候，团购企业的数量在短短的半年时间内减少至不到3500家，相应的，企业经历了一段历时约半年的密集能动型和反应型行动阶段。随着市场丰富性的持续上升，当环境的复杂性下降到一定程度时，企业又回归到一定水平的创新发展。我们可以从图4中看到2011年以后企业的能动型行动数量增加。

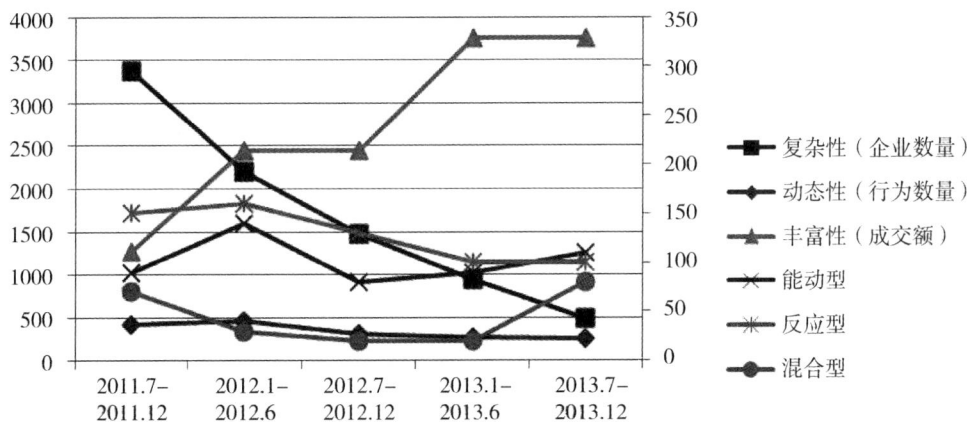

图4 行业竞争洗牌阶段环境和企业行动变化趋势图

此外，我们发现竞争洗牌阶段团购企业的三种行动类型的数量从2012年6月至2013年6月有所下降，我们认为这是因为一方面之前激烈竞争下企业行动的影响还能够维持一段时间；另一方面行业内企业整体实力在企业采取密集的反应型行动和能动型行动后有所损伤，大家都需要一段时间的调整和恢复。这段时间行动数量的下降导致环境的复杂性和动态性都有所减少，而环境的丰富性依旧在不断增长。行业的萌芽和快速成长阶段，环境的丰富性会不断加强，而复杂性和动态性会有着较大的起伏波动，这说明在环境与企业行动关联程度上，环境的复杂性和动态性与企业行动联系更为紧密，而环境的丰富性则是随着行业逐步发展较为稳定地变化(见图5)。

2013年6月，环境的动态性和复杂性都处于较低的位置，但仍具有高水平的丰富性，对于存活下来的团购企业来说，这样的环境能够支持企业的创新行动，但此时留在团购行业中的企业刚刚经历了一场腥风血雨，还没有完全恢复元气。在这样的情况下采取大量的能动型行动可能会耗费过多的人力、物力和时间，相较而言较为中和且具有一定创新性的

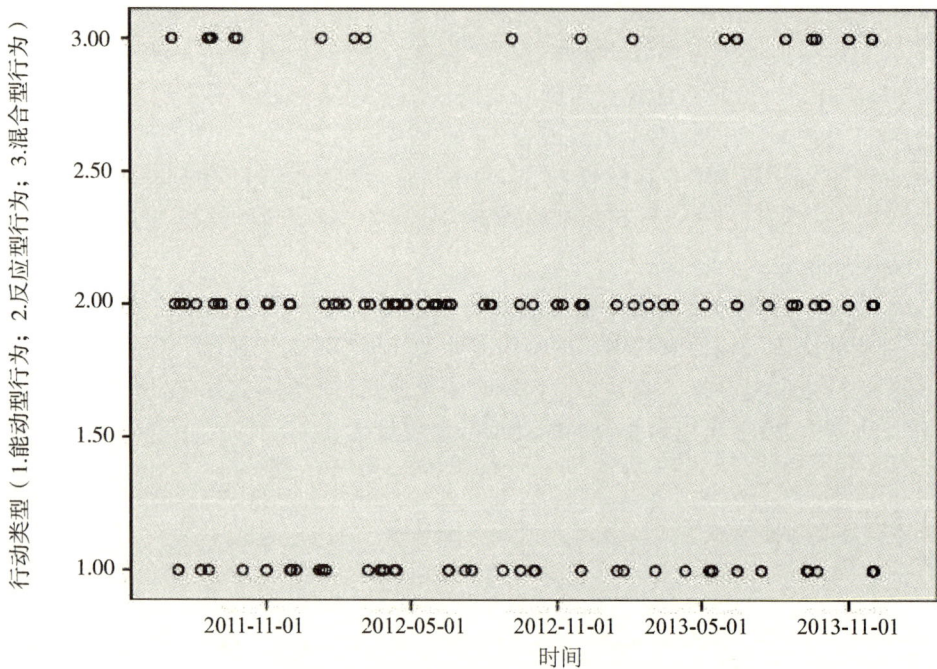

图 5　行业竞争洗牌阶段企业行动趋势图

混合型行动更为适宜，因而被企业更多地采用，如 2014 年 7 月 15 日大众点评网推出行业内首份《O2O 广告价值模型报告》，就是将创新性和稳健性相结合的行动。此时混合型行动的实施增加了环境的动态性，并在进一步完善行业规范，提出行业发展意见的同时，为行业发展提供了支持，导致环境丰富性的增加。随着市场上具有创新性的混合型行动和能动型行动的大量增加，这些创新性行动初次在市场上施行，无论是消费者给予的回应还是竞争对手给予的反应都会给市场的不确定性加码，因此环境动态性会上升（见图 6）。

　　总而言之，在第二阶段团购行业内经历了一个"大起大落"的过程，团购企业采取"稳健"反应型行动的数量高于能动型行动数量（见表 1，其中有 19 次合作行为和 29 次造势行为，说明在这个阶段企业的行动特点是"抱团"和"只打雷不下雨"），我们看到在此阶段，只要是环境的丰富性不断上升，企业就有创新的动力，反过来具有创新性的能动型行动和混合型行动又能够增加环境的丰富性，环境的丰富性与创新性行动相互作用，协同影响着彼此。

4.3　行业平和稳定阶段

　　在行业平和稳定阶段，团购企业面临的是一个已经经历过风雨的市场，此时行业内企业的数量达到最低水平，即环境的复杂性降到最低，市场中的竞争对手已经非常明晰，企业之间彼此已经相当了解。由于在前两个阶段对竞争对手的行动特点积累了经验，现在企业之间的竞争互动会更加慎重和理性。团购行业在风雨中受到的质疑也在剩下的团购企业

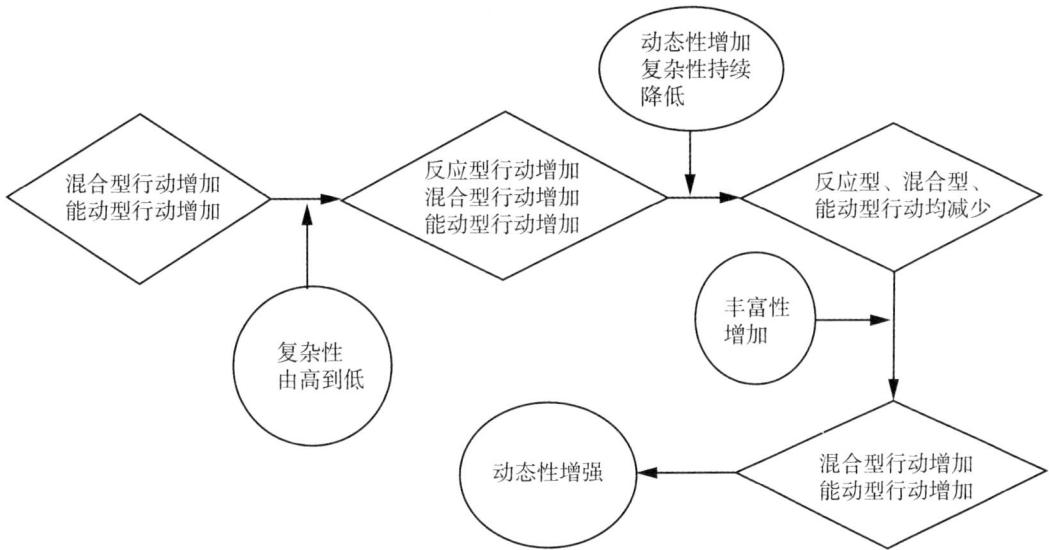

图 6　行业竞争洗牌阶段的环境与行动协同演进示意图

顽强地表现中逐渐平息。环境的丰富性进一步提高，在这种相对稳定的环境中，企业发现采取适中的混合型行动，如进行价格促销，会更加适宜。在这一阶段，幸存下来的企业采取了大量的有创新形式的促销行动，如利用"女生节""开学季""火锅节"等噱头来制造价格促销专场。从图7和图8可以发现，2014年6月后，企业的能动型行动和反应型行动的数量都有所下降，而混合型行动数量快速上升。说明在第三阶段企业的战略行动选择较为稳健，这一阶段由于竞争对手彼此相互了解的程度增强，一方采取能动型行动进行创新可能会被竞争对手快速模仿，从而影响创新性行动带给企业的绩效提升。Lieberman 和 Montgomery(1988)认为市场技术和顾客需求的不确定性和"非连续性"(discontinuities)往往导致行动创新者的决策错误，因此企业会对投入-产出比进行权衡，选择采取具有一定能动型的，但又比较稳健的混合型行动。

　　此阶段表现突出的企业是美团网、大众点评网和糯米网，它们都经历了竞争洗牌阶段的"洗礼"，说明这些企业都很强大且实力不相上下。环境的丰富性给了企业实施能动型行动的动力，所以能动型行动发生的密度保持在比较均匀的水平。但如果这时单纯采取能动型行动可能并不足以打破已经相对稳定的格局，反而会耗费企业更多资源；企业也不敢随意在三足鼎立的情况下采取能动性的举措，因为创新产品很可能快速遭到实力相当对手的效仿。因此企业在保持一定创新表现的同时也要关注反应型行动和混合型行动。我们发现，虽然在这一阶段行业中的主要企业只剩下了美团网、大众点评网、糯米网，但从行动数量上看(见表1)，行动数量比前两个阶段都要大：能动型行动仍然以稳定的密度发生；反应型行动在这一阶段发生的密度大且较均匀(见图8)，其中出现频率较高的行为是合作行为和造势行为(见表1，分别是44次和37次)。

　　混合型行动在第三阶段的发生频率最大(见表1，72次)，密集出现在2015年。其中

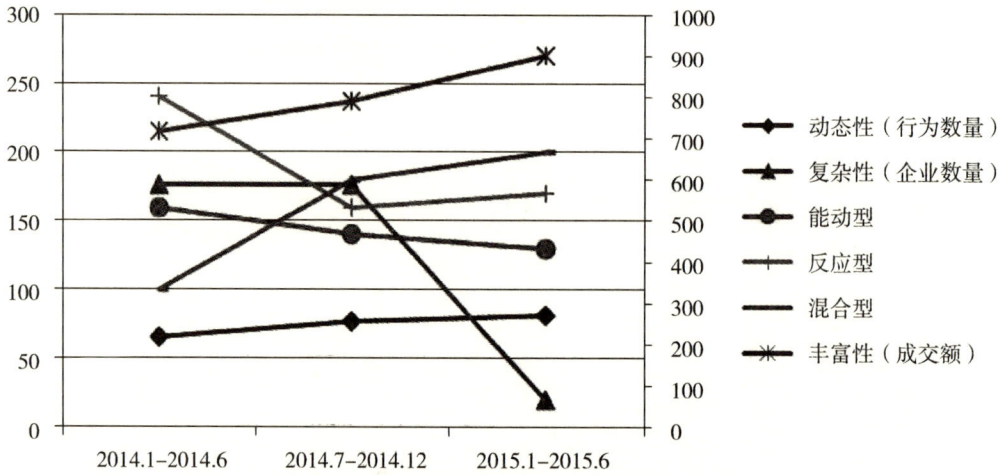

图 7　行业竞争洗牌阶段环境和企业行动变化趋势图

图例：
- 动态性（行为数量）
- 复杂性（企业数量）
- 能动型
- 反应型
- 混合型
- 丰富性（成交额）

X轴标签：2014.1–2014.6　2014.7–2014.12　2015.1–2015.6

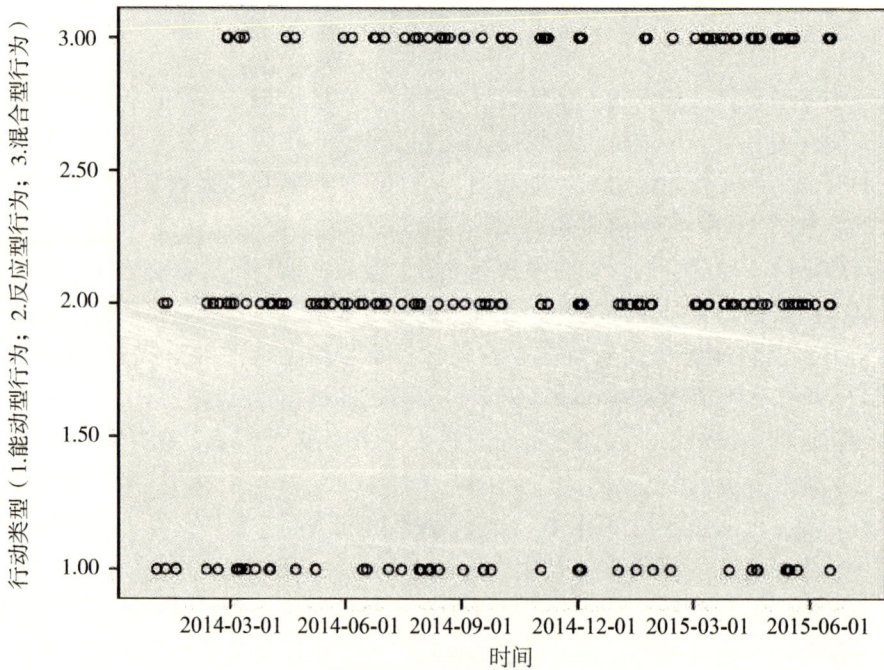

图 8　行业平和稳定阶段企业行动趋势图

Y轴：行动类型（1.能动型行为；2.反应型行为；3.混合型行为）

X轴：时间　2014-03-01　2014-06-01　2014-09-01　2014-12-01　2015-03-01　2015-06-01

价格促销实施最为频繁(58 次)，但与传统的价格战不同，团购企业在传统价格战的基础上增加了具有创新性的噱头，每当一家企业实施一次行动都会引起其他企业的反应，如2015 年 3 月 3 日满座网推出"闺蜜节"活动，3 月 4 日美团网宣布推出成立五周年大型促销活动回馈用户一直以来的支持。糯米网同日全面针对"3·7 女生节"推出了"宠爱自己、任性有理"的系列女生尊享主题活动，大众点评网也发出"不管女生节还是妇女节，跟着大众的点评走准没错"的倡议来迎合市场热点进行价格促销。在这一阶段，行动发生的数量增多种类减少，所选择的行为容易施行，吸引了更多的消费者。行业平和稳定阶段的环境与行动协同演进示意图见图9。

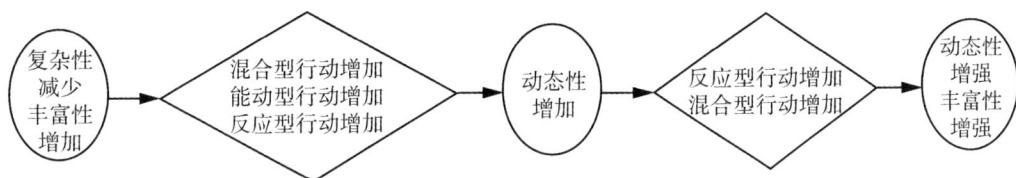

图9　行业平和稳定阶段的环境与行动协同演进示意图

4.4　团购发展三个阶段环境与企业行动的总述

纵观团购行业迄今为止的发展历程，从图10中我们发现，能动型行动的走势与环境动态性的走势基本一致，但是能动型行动的变化先于环境动态性的变化，这是因为能动型

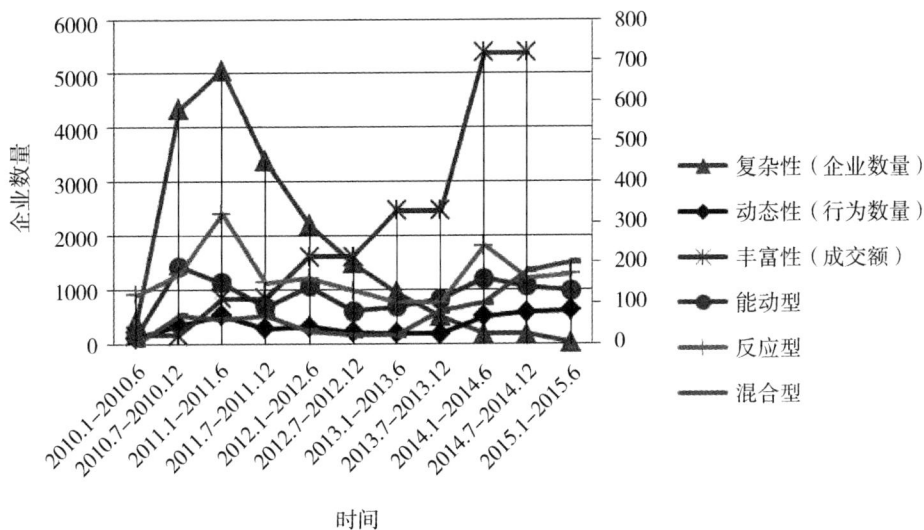

图10　团购行业环境三种特征与企业行动频数变动图①

行动具有创新性，行动发生后的市场表现和竞争对手的反应都是未知的，企业采取此类战略行动会给市场带来新的影响，增强环境的不确定性导致环境动态性增强。而对于混合型

---

①　由于每半年的企业行动数量相对于企业数量和年成交额较小，为了更清晰地分析不同行动数量与环境之间存在的协同演进关系，我们将每个时期的企业行动数量都放大了十倍，以显示出数量上的波动，从而更加利于找出它们与环境之间的关系。

行动，前两个阶段环境复杂性的减弱和丰富性的不断增强，都没有带来混合型行动数量上明显的波动，但是在第三个阶段当环境的丰富性高达一定程度且环境的复杂性低到一定程度时，混合型行动就被广泛使用，并对环境产生动态性增加的影响，这是因为在环境的丰富性已经达到一定水平的情况下，市场环境已经逐步稳定平和，企业对能动型行动的依赖逐渐降低，通过混合型行动就能达到维持市场竞争优势的目的。高水平的环境丰富性使企业有动力不断采取行动参与竞争，因此环境的动态性增强。

表3给出了不同阶段企业主要行动类型对环境的影响，我们可以看到虽然企业在各个阶段采取的主要行动会有所变化，但是数量最多的还是反应型行动。即使是在行业的兴起阶段，企业也会大量采取"顺势而为""察言观色"的反应型行动来应对环境的变化。然而反应型行动对环境的影响会因为企业所处的阶段不同而发生变化。具体来说，在萌芽发展阶段市场的复杂性较低，这个时期市场占有率高的企业，如拉手网、美团网的反应型行动可能较突出地影响环境的丰富性。而在接下来的阶段虽然整体反应型行动会影响环境的动态性和丰富性，但个体企业采取的反应型行动对环境的复杂性影响变得比较微弱。总的来看，能动型行动保持在稳定的高水平，说明对像团购行业这样较为新兴的行业来说，创新的能动型行动非常重要，拉手网、糯米网、大众点评网都在发展的各个阶段当中采取了密集的能动型行动。企业能动型行动对环境动态性的影响显著。

表3　　　　　　　　　不同阶段企业行动的主要类型及其对环境的影响

企业	萌芽发展阶段	对行业环境的影响	竞争洗牌阶段	对行业环境的影响	平和稳定阶段	对行业环境的影响
拉手网	能动和混合	推动创新，增加动态性	能动	新产品创新，增加动态性	混合	影响微弱
美团网	反应	对丰富性增强	能动与反应兼具	对丰富性、动态性和复杂性都有影响	反应和混合	稳定
大众点评网	反应	影响微弱	能动与混合	大量创新，增加丰富性和动态性	反应和混合	稳定
糯米网	能动	推动创新，动态性增强	反应	丰富性增加	混合	稳定
窝窝团	反应和混合	加强市场信心，丰富性和动态性增强	混合	加强市场信心，增强丰富性和动态性	反应	影响微弱
满座网	反应	加强市场信心，丰富性增强	反应	影响微弱	反应	影响微弱
高朋网	反应	加强市场信心，丰富性增强	反应	影响微弱	能动	影响微弱

虽然在前两个阶段混合型行动出现的频数不高，但是在平和稳定阶段，企业采取混合

型行动的数量一下子爆发出来，超越了反应型行动的数量。我们可以在图 11 中清晰地看到第三阶段混合型行动高密度地发生。并且我们可以预测，随着环境丰富性和动态性的增加，企业面临的环境会趋于成熟和稳定，未来团购企业竞争中，混合型行动的数量会保持在一个较高的水平，从而导致环境的动态性也会在较长一段时间内维持在高水平。

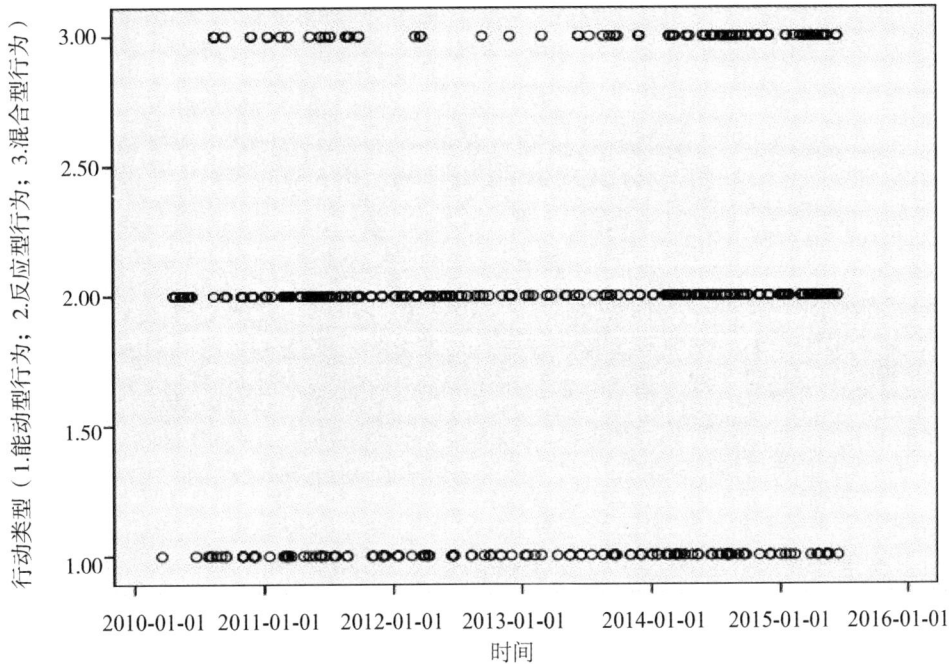

图 11　三阶段企业行动趋势总图

5. 结论与启示

5.1　研究结论

　　本研究在环境-战略协同演进研究的基础上，以七家团购企业为例探索了互联网行业环境与企业行动之间的协同关系。发现当环境的丰富性较低时，能动型行动的发生会同时带动环境丰富性、复杂性和动态性的变化。而当环境丰富性达到一定水平后，不管环境复杂性和动态性如何变化，互联网企业能动型行动的发生都保持在一个相对稳定的水平。这说明互联网企业的生存需要丰富的环境条件予以支持，一旦环境有了培育"创新性"的土壤，"创新"将是互联网行业中企业需要持续追寻和探索的方向。

　　当环境复杂性急剧下降时，做到"稳"便是企业在行业中生存的法则，因此反应型行动是主要的企业行动。当市场中企业大量实施反应型行动，而减少能动型行动和混合型行动时，环境的动态性逐渐降低；稳健的反应型行动和混合型行动会增加环境的丰富性。

随着环境复杂性的降低和动态性的增强，混合型行动会大量发生，因为一方面企业还需要稳健地增长，另一方面在动态环境的影响下企业需要一些创新举措来保持竞争优势。而混合型行动的施行反过来会增加环境的动态性。

5.2　研究贡献

我们的研究贡献在于以下几个方面。第一，本文的研究证实了互联网行业环境与企业行动之间存在着协同演进的关系，企业所处的环境特征会影响企业战略行动的选择，反过来战略行动的选择又会改变环境特征并推动其发展。应该说我们的研究进一步验证了以往学者的观点，并推动了环境协同理论的发展与应用；第二，本文通过对行业发展阶段的划分，实现了对环境和行动的纵向关系变革的深度剖析，为企业在不断变化的市场环境中通过选择正确的战略行为获得发展提供了实际的指导；第三，本文通过对具体竞争行动的划分，细致考察了在特定环境中企业在遭遇到竞争对手的战略行动时会如何应对，该研究很好地将宏观制度环境与微观企业行动进行了关联，从而在一定程度上对动态竞争理论进行了重要延伸；第四，关注中国的互联网行业具有理论和现实的重要性，中国研究背景使得我们可以考察在制度不完善的环境中企业是如何实现行动与环境的协同演进的。把战略环境协同的文献由西方背景延伸到制度环境不发达的新兴经济体，扩展了环境协同理论的适用边界；同时非市场战略行动的加入进一步丰富了我们对环境和企业非市场行动之间关系的认识。

5.3　研究启示

本研究为互联网企业在市场环境变动的情况下如何实施战略行动提供了启示：第一，行业环境和企业行动之间存在相互影响协同演进的关系；第二，创新是互联网企业必不可少的一部分，但能动型行动的实施对企业的发展作用取决于环境当前的特征。在环境的丰富性达到一定高的水平后，仍花费大量的人力物力去采取能动型行动是不可取的；第三，在行业环境的复杂性急剧下降时，反应型行动是企业实施最频繁的战略行动，说明企业在所处环境动荡、不确定性高的情况下，需要顺势而为，尽量去适应外界环境的发展。反应型行动作为互联网企业实施最为频繁的行动，能反向作用于环境，增加环境的丰富性，降低环境的动态性；第四，混合型行动介于能动型行动和反应型行动之间，在低复杂性、高丰富性的环境下相对温和又具有一定创新性的混合型行动被更多地采用，因此随着行业步入较为稳定的发展阶段，企业应考虑多采取混合型行动。

本文在环境-战略理论的基础上，以中国七家团购网站作为研究案例，探索性地开展了对互联网行业环境与企业行动之间关系的研究。我们的研究选取的是互联网众多行业中的团购行业，虽能它们代表着一定数量的互联网企业，但随着当今互联网行业不断地壮大，互联网蔓延到社会生活的各个方面，研究结果可能并不适用于解释和预测其他互联网行业中企业战略行动与环境之间的关系。此外，虽在环境特征的识别和企业行动的归类上我们反复推敲，力图客观，但难免可能的疏漏。本文为研究互联网行业的环境与企业行动的关系迈出了探索性的一步，也为日后在此方向进行实证研究提供了一定的基础。

◎ **参考文献**

[1] 邓新明，田志龙．组织环境与战略关系研究：市场导向与制度导向[J]．管理学报，2010，7(12)．

[2] 邓新明，叶珍，许洋．企业竞争行动与绩效的关联性研究——基于市场与非市场的综合视角[J]．南开管理评论，2015(4)．

[3] 邓新明．企业竞争行为的回应预测研究[J]．南开管理评论，2010，13(2)．

[4] 柳士顺，凌文辁．论组织战略与组织环境的协同演进[J]．企业经济，2006(1)．

[5] 陆园园，薛镭．企业转型中的环境—战略协同演进——基于中国9个重要机床企业的案例研究[J]．科学学与科学技术管理，2010，31(9)．

[6] 田志龙，邓新明，Taeb Hafsi．企业市场行为、非市场行为与竞争互动——基于中国家电行业的案例研究[J]．管理世界，2007(8)．

[7] 伍嘉文，后锐，谢颖欣．基于多跟随者Stackelberg博弈的企业创新行为研究[J]．科技管理研究，2015(7)．

[8] 谢洪明，蓝海林，叶广宇，等．动态竞争：中国主要彩电企业的实证研究[J]．管理世界，2003(4)．

[9] 张诚，林晓．技术创新扩散中的动态竞争：基于百度和谷歌(中国)的实证研究[J]．中国软科学，2009(12)．

[10] Allen, N. J. , Meyer, J. P. Organizational socialization tactics：A longitudinal analysis of links to newcomers' commitment and role orientation[J]．*Academy of Management Journal*，1990，33(4)．

[11] Ansoff, H. I. *Corporate strategy：An analytic approach to business policy for growth and expansion*[M]．New York：McGraw-Hill，1965．

[12] Astley, W. G. , Ven, A. H. V. D. Central perspectives and debates in organization theory[J]．*Administrative Science Quarterly*，1983，28(2)．

[13] Aldrich H. *Organizations and environments*[M]．CA：Stanford University Press，2008．

[14] Barney, J. Firm resources and sustained competitive advantage[J]．*Journal of Management*，1991，17(1)：99-120．

[15] Baron, D. P. *Business and its environment*. 6th ed. [M]．Upper Saddle River，NJ：Pearson Prentice Hall，2010．

[16] Baron, D. P. Integrated strategy, trade policy, and global competition[J]．*California Management Review*，1997，39(39)．

[17] McKelvey, B. Complexity theory in organization science：Seizing the promise or becoming a fad[J]．*Emergence Complexity & Organization*，2010(1)．

[18] Bourgeois, L. J. On the measurement of organizational slack[J]．*Academy of Management Review*，1981，6(1)．

[19] Chakravarthy, B. S. Adaptation：A promising metaphor for strategic management[J]．

Academy of Management Review, 1982, 7(1).

[20] Chen, M. J. , Hambrick, D. C. Speed, stealth, and selective attack: How small firms differ from large firms in competitive behavior [J]. *Academy Of Management Journal*, 1995, 38(2).

[21] Child, J. Organizational structure, environment and performance: The role of strategic choice[J]. *Sociology*, 1972, 6(1).

[22] Crawford, G. C. , Mckelvey, B. , Lichtenstein, B. B. The empirical reality of entrepreneurship: How power law distributed outcomes call for new theory and method[J]. *Journal of Business Venturing Insights*, 2014, 1.

[23] Cyert, R. M. , March, J. G. A behavioral theory of the firm [J]. *Journal of Marketing Research*, 1964, 1(1).

[24] Cyert, R. M. , March, J. G. A behavioral theory of the firm[J]. *Social Science Electronic Publishing*, 1963, 17(S2).

[25] Dunnette, M. D. , Hough, L. M. Handbook of industrial and organizational psychology[J]. *Administrative Science Quarterly*, 1992, 51(S1).

[26] Ehrlich, P. R. , Raven, P. H. Butterflies and plants: A study in evolution[J]. *Evolution*, 1964, 18(4).

[27] Galbraith, J. R. *Designing complex organizations*[M]. MA: Addison-Wesley, 1973.

[28] Geissler, C. , Krys, C. *The challenges of strategic management in the twenty-first century*[M]. Wiesbaden: Scenario-based Strategic Planning, 2013.

[29] Hardy, C. Organizations: Rational, natural and open systems[J]. *Academy of Management Review*, 2003, 8 (2), 340 -342.

[30] Hedberg, B. How organizations learn and unlearn//P. Nystrom & W. Starbuck. *Handbook of organization design*[M]. New York: Oxford University Press, 1981.

[31] Heyns, B. , Hauser, R. M. Socioeconomic background and educational performance[J]. *American Journal of Sociology*, 1976, 85(1).

[32] Jurkovich, R. A core typology of organizational environments[J]. *Administrative Science Quarterly*, 1974, 19(3).

[33] Katz, D. , Kahn, R. L. The social psychology of organizing[J]. *Administrative Science Quarterly*, 1979(4).

[34] Kauffman, S. A. The origins of order: Self organization and selection in evolution[J]. *Journal of Evolutionary Biology*, 1993, 13(1).

[35] Koza, M. P. , Lewin, A. Y. The coevolution of network alliances: A longitudinal analysis of an international professional service network[J]. *Organization Science*, 1999, 10(5).

[36] Lippman, S. A. , Rumelt, R. P. Uncertain imitability: An analysis of interfirm differences in efficiency under competition[J]. *Bell Journal of Economics*, 1982, 13(2).

[37] Miles, R. E. , Snow, C. C. , Jeffrey, P. Organization-environment: Concepts and issues [J]. *Industrial Relations A Journal of Economy & Society*, 2008, 13(3).

[38] Miles, R. E. , Snow, C. C. , Meyer, A. D. , et al. Organizational strategy, structure, and process[J]. *Administrative Science Quarterly*, 1978, 3(3).

[39] Miller, D. , Chen, M. J. Sources and consequences of competitive inertia: A study of the U. S. Airline industry[J]. *Administrative Science Quarterly*, 1994, 39(1).

[40] Pfeffer, J. , Salancik, G. R. The external control of organizations: A resource dependence perspective[J]. *Economic Journal*, 1978, 4(2).

[41] Prahalad, C. K. , Hamel, G. The core competency of the corporation [J]. *Harvard Business Review*, 1990, 68(3).

[42] Schendel, D. , Hofer, C. W. *Strategic management: A new view of business policy and planning*[M]. Boston, MA: Little Brown, 1979.

[43] Shaffer, B. , Quasney, T. J. , Grimm, C. M. Firm level performance implications of nonmarket actions[J]. *Business & Society*, 2000, 39(39).

[44] Smith, K. G. , Grimm, C. M. , Gannon, M. J. *Dynamics of competitive strategy.* [M]. Newbury Park, CA: Sage Publications, 1992.

[45] Staw, B. M. , Szwajkowski, E. The scarcity-munificence component of organizational environments and the commission of illegal acts[J]. *Administrative Science Quarterly*, 2010, 20(3).

[46] Tan, J. , Litsschert, R. J. Environment-strategy relationship and its performance implications: An empirical study of the chinese electronics industry [J]. *Strategic Management Journal*, 1994, 15(1).

[47] Tan, J. , Litsschert, R. J. Environment-strategy relationship and its performance implications: An empirical study of the chinese electronics industry [J]. *Strategic Management Journal*, 1994, 15(1).

[48] Tan, J. Peng, M. Organization slack and firm performance during economic transitions: Two studies from the emerging economy [J]. *Strategic Management Journal*, 2003, 24 (13).

[49] Winter, S. Knowledge and competence in strategic assets//D. J. Teece. *The competitive challenge: strategies for industrial innovation and renewal* [M]. Cambridge, MA: Ballinger, 1987.

Synergistic evolution of environment-action relationship in internet industry: A study of Chinese group-buying industry

Deng Xinming[1]   Ye Zhen[2]   Wang Huizi[3]

(1, 2, 3 Economics and Management School of Wuhan University, Wuhan, 430072)

Abstract: Based on strategic synergy theory, this article studies environment-action relationship of internet firms, by taking Chinese group-buying industry as an example. In order to clearly present the interactive evolution of the environment and actions during the growth of internet firms, this article divides the development process of the group-buying industry into three stages according to their characteristics and defines environment's characteristics as diversity, complexity and dynamism. Based on previous literature, we distinguishthe specific competitive actions in the real competition and categorized them into three categories: active, responsive and combined actions. The results show that in the initial stage of prosperity, a large number of active actions are implemented and the dynamics of the environment increases. In the competitive shuffling stage of the industry, environmental diversity increases and active actions reduce. Responsive actions become the most frequent used strategic actions in the internet industry, leading to the increase of the environment diversity and dynamism. In the mature and stable industry stage, environment complexity reaches the lowest point but diversity remain a high level and combined actions occur frequently. The lowest complexity and highest diversity of the environment led to a large number of combined actions.

Key words: Environment-action relationship; Competitive action; Synergistic evolution; Group-buying industry

专业主编：曾伏娥

中国旅游产业健康度水平特征动态研究[*]

——基于 2001—2015 年面板数据的实证分析

● 时朋飞¹　邓志伟²　孙建超³　梁嘉欣⁴

（1，2，3 武汉大学经济与管理学院　武汉　430072；4 波莫纳学院经济学院　克莱蒙特　94118）

【摘　要】 本文基于旅游产业健康的三大维度建立了旅游产业健康度评价指标体系，借助熵值法和多元线性目标法建构了旅游产业健康度评价模型，运用建构的模型对我国旅游产业 2001—2015 年健康度特征和规律进行分析，同时结合灰色 GM（1.1）模型对我国旅游产业健康度未来 15 年变化轨迹进行预测。结果表明：（1）2001—2015 年我国旅游产业健康度已由不健康阶段过渡到健康阶段，但健康度曲线存在明显的规律性波动，表明我国旅游产业尚不成熟，且还没有形成长效的稳定发展机制；（2）旅游产业规模健康度增长强劲，而效益健康度出现较大幅度起伏，模式健康度持续走低，说明我国旅游产业仍依靠较为粗放的方式发展，发展质量和效率不高；（3）2016—2030 年我国旅游产业运行较为平稳，继续向着更高健康阶段演化，与旅游业三步走战略目标基本吻合。

【关键词】　中国旅游产业　健康度　演化特征

中图分类号：F592.7(67)　　　　　文献标识码：A

1. 引言

　　经过改革开放以来近 40 年发展，我国旅游业已全面融入国家战略体系，成为国民经济战略性支柱产业；其在推动贫困地区脱贫致富、促进经济转型发展、改善生态环境等方面发挥了重要作用。与此同时，旅游业健康发展也成为国家关注的焦点。2009 年《国务院关于加快发展旅游业的意见》提出，以内涵式发展方式，促进旅游业健康发展，2013 年《国民旅游休闲纲要》提出，推进具有中国特色的国民旅游休闲体系建设，促进旅游休闲产业健康发展，2014 年《关于促进旅游业改革发展的若干意见》中共 6 次提到促进旅游业健康发展，2015、2016、2017 年全国旅游工作会议分别从 515 战略、五大发展理念、旅

　　* 本文受到国家社科基金重点项目：美丽中国建设与旅游业健康发展（14AJY024）；湖北省人民政府智力成果采购项目：加快湖北省健康产业发展研究（HBZD-2017-06）的资助。

　　通讯作者：孙建超，E-mail：694647959@qq.com。

游强国等方面强调引导旅游业持续健康发展。科学评估中国旅游产业健康水平，及时诊断旅游产业中所存在的短板与问题，有助于把握我国旅游产业发展特点，预测旅游产业发展趋势，进而有利于采取合理措施提升我国旅游产业发展质量，助推建设高度集约型的世界旅游强国。

健康度，是衡量机体健康程度的一个量化指标，表征人体的健康状况。国内外学者最早将健康度引入自然生态系统，多是基于聚类分析法、模糊数学法、质量指数法等数学模型对水体、植物、荒漠、湿地、海岛等系统的健康进行定量分析和评价，以促进自然生态系统的平衡性与多样性（Leopole，1941；Woodwell，1967）。随着可持续发展理念不断被认知和接受，健康度应用也由纯自然系统转向社会—自然复合系统，大部分学者主要运用能值评价法、压力—状态—响应（PSR）模型、集对分析等方法从生命力、生活态、生态势和生机度等方面对城市、农业生态系统的健康进行全面剖析，以促进人地关系协调（Karr，1993；Rapport，1995；Schaeffer 等，1998）。进入 21 世纪之后，关于健康度的研究不再囿于纯自然生态系统和社会—自然复合系统，某些纯社会系统的健康度研究也受到高度关注，主要涉及企业健康度、产业健康度、市场健康度、品牌健康度、信息系统健康度和高校专业健康度等多个方面（楼瑜，2008；王方雄等，2010；张建坤，2012），尤其是企业健康度成为研究热点（楼瑜，2008）。产业健康度在近几年开始得到较多关注，相关研究集中在煤炭业、房地产业、金融业等方面（徐心茹等，2017；张振鹏和刘小旭，2017；葛和平和吴福象，2017），而关于旅游产业健康度的研究较少。国外学者多是运用旅游地生命周期理论来剖析旅游景观生命力（Agarwal，2002；Yaniv 等，2003），而国内学者侧重研究旅游竞争力、旅游质量、旅游可持续发展（高园，2016；王红艳和马耀峰，2016；黄松等，2017），这些研究虽涉及旅游业健康的问题域，但还不是从产业视角来研究其健康，当前仅有吴承照（2009）和闫友斌（2015）从旅游产业规模、旅游产业竞争力、旅游结构合理性等方面分别对上海和全国旅游产业健康度进行测算，但两者的研究更侧重于对旅游产业结构和旅游经济总体规模健康的测评，而不是对旅游产业进行全方位、综合视角的剖析。

纵览国内外学者关于健康度的研究，可知，一方面，健康度概念及评价方法在各类自然系统、自然—社会系统、纯社会系统中得到广泛应用，体现出对系统问题的全面分析思维；另一方面，健康度评价指标更加全面、评价方法更加多元、评价模型更加复杂，体现出研究范式更加科学。然而，健康度研究还存在以下不足：（1）研究领域仍集中在自然以及自然—社会系统，对社会系统中的行业、产业等健康度关注不足；（2）旅游产业健康度研究尚处在起步阶段，存在旅游产业健康内涵尚未界定、评价指标体系尚不成熟、评价方法尚未统一等诸多问题。

在经济新常态的背景下，我国旅游产业健康度现状如何、旅游产业健康度如何测度、旅游产业健康度未来发展趋势怎样，已成为当前迫切需要研究的课题。鉴于此，本文尝试科学界定旅游产业健康的内涵、特征、维度，基于解构的维度构建多维评价模型，运用构建的模型对 2001—2015 年我国旅游产业健康度进行实证研究，并引入灰色系统分析法预测我国旅游产业未来 15 年的健康度情况，以期透视我国旅游产业发展的全景概貌，把握我国旅游产业发展态势与规律，进而为我国旅游产业转型发展和提质增效提供一定借鉴参考。

2. 旅游产业健康的内涵、特征与维度

2.1 旅游产业健康的内涵界定

WHO 对健康的定义是：健全的生理、心理和社会生存状态，而不仅仅是没有疾病或不受伤害。Woodwell（1967）首次论述了生态系统健康的内涵，即指生态系统是没有疾病的，且具有稳定性、平衡性、复杂性，同时具备较大发展空间。Costanza 和 Mageau（1999）认为健康的生态系统不受疾病困扰，对压力有抵抗性和恢复力。Schaeffer（1998）认为，生态系统健康就是生态系统没有处于疾病状态，而生态系统疾病是指生态系统组织受到损害或减弱。Colin（1997）认为健康的城市生态系统是指系统中的自然环境、人工环境、居住者及社会等方面的健康。Hancock（2000）认为健康的城市生态系统应包括城市人群、城市经济文化、居住环境、自然环境、其他生物等五个方面。当前关于生态系统健康尚未形成统一定义，但上述文献中健康内涵主要有两个特点：一是，突出系统稳定性、持续性以及自我调节和恢复能力；二是，健康不只考量系统一个方面，往往涉及经济、社会、文化、生态多个方面的综合分析。鉴于此，本文将旅游产业健康定义为：旅游产业在自身稳定、有序的内部结构基础上，通过整合各种资源达到平稳、持续、协调、高效运行的状态，并表现出强劲的竞争力和顽强的生命力。

2.2 旅游产业健康的特征分析

从旅游产业健康的内涵出发将其特征概括为：（1）系统稳定性，旅游产业不存在失调症状，即旅游产业总体平稳有序发展，产业规模不断壮大，产业结构持续优化；（2）系统活力性，旅游产业存在较大的发展潜力和空间，即旅游产业向着良性协调方向发展，旅游产业效益不断提高、年均增长率维持在中高速度，形成集约型发展模式；（3）系统恢复性，旅游产业应具有迅速走出低谷的能力，即在面对国际大环境、国内行业环境不利或者突发事件（地震、海啸、流感等）时，旅游产业能有效应对并可以较快复苏；（4）系统依赖性，旅游产业发展需要生态环境、经济社会等系统支撑，即旅游产业发展应与生态环境、社会经济达到高水平耦合协调。

2.3 旅游产业健康的维度解构

基于旅游产业健康的内涵和基本特征，本文将旅游产业健康分解为三个维度：一是现实健康，反映旅游产业发展现状，是旅游产业健康情况最直接的体现，也是旅游产业健康发展的基础；二是潜在健康，表征旅游产业发展质量水平和后续发展能力，是评判旅游产业发展效益和未来发展潜力的重要参考；三是支撑环境健康，体现旅游产业发展所依赖的环境质量，良好的自然环境和优越的社会环境将对旅游产业发展起到较大促进作用，反之，会抑制旅游产业发展。

3. 旅游产业健康度指标体系与评价模型构建

3.1 旅游产业健康度测量的指标体系

本文在遵循科学性、系统性、层次性以及可操作性原则的基础上，结合诸多学者对旅游业竞争力（Dwyer and Kim，2003；Gomezelj and Mihalic，2008；）和旅游可持续发展（Larry and Chulwon，2003；Enright and Newton，2004）指标体系的既有研究成果，基于旅游产业健康三个维度构建旅游产业健康度指标体系。该指标体系包括三大子系统（现实健康度、潜在健康度、支撑环境健康度）和40项具体指标（见表1）。现实健康度由规模健康度、行业健康度和结构健康度三个层面构成，其中旅游规模健康度主要通过旅游收入、旅游人次数等指标体现；行业健康度主要涉及旅游业三大支柱行业的相关指标；结构健康度主要涉及旅游业总收入分别占GDP总量和第三产业比重、旅行社营业总收入和星级饭店营业总收入分别占旅游总收入比重等四个指标。潜在旅游健康度由速度健康度、效益健康度、生产要素健康度、模式健康度等四个方面构成，其中速度健康度可从国内与国际旅游收入、接待人数增长率来评价；效益健康度可从旅行社全员劳动生产率、旅行社利润率、星级饭店全员劳动生产率、星级饭店利润率等指标来反映；生产要素健康度可从旅游从业人员数、旅游院校旅游专业在校生数量、旅游企业固定资产等指标来测量；模式健康度则通过要素质量、产业增长方式等指标进行测度。支撑环境健康度由社会经济环境健康度和自然环境健康度构成，其中社会经济环境健康度主要涉及影响旅游业发展的经济水平、消费能力、基础设施等方面的指标；自然环境健康度主要考虑与旅游关系密切的森林植被覆盖率、三废处理率等指标。

表1   旅游产业健康度评价指标体系

目标层	准则层	指标层		权重
A 旅游产业健康度	B1 现实健康度	C1 规模健康度	D1 旅游总收入	0.02619
			D2 国内旅游收入	0.02183
			D3 旅游外汇收入	0.02337
			D4 国内旅游接待人数	0.02026
			D5 入境旅游人数	0.01998
			D6 出境旅游人数	0.03940
		C2 行业健康度	D7 星级饭店数量	0.02148
			D8 旅行社数量	0.02555
			D9 游客周转量	0.02822
			D10 星级饭店营业总收入	0.0281
			D11 旅行社营业总收入	0.01891

目标层	准则层		指标层	权重
A 旅游产业健康度	B1 现实健康度	C3 结构健康度	D12 旅游业总收入占 GDP 的比重	0.02655
			D13 旅游业总收入占第三产业的比重	0.02679
			D14 旅行社营业总收入占旅游总收入的比重	0.02694
			D15 星级饭店营业总收入占旅游总收入的比重	0.02151
	B2 潜在健康度	C4 速度健康度	D16 国内旅游收入增长率	0.02491
			D17 国际旅游收入增长率	0.02409
			D18 国内旅游接待人数增长率	0.02011
			D19 国际旅游接待人数增长率	0.02381
		C5 效益健康度	D20 旅行社全员劳动生产率	0.02727
			D21 旅行社利润率	0.03454
			D22 星级饭店全员劳动生产率	0.02847
			D23 星级饭店利润率	0.02181
		C6 生产要素健康度	D24 旅游从业人员数	0.03101
			D25 旅游院校旅游专业在校生数量	0.02373
			D26 旅游企业固定资产	0.03536
		C7 模式健康度	D27 旅游总收入增长率/旅游接待总人数增长率	0.01146
			D28 旅游收入总值/全社会旅游固定资产投资	0.02906
			D29 旅游收入总值/旅游直接从业人员总数	0.02891
			D30 旅游总收入增长率/全社会旅游固定资产投资增长率	0.02490
	B3 支撑环境健康度	C8 社会经济环境健康度	D31 GDP 总量	0.02382
			D32 城镇居民人均年可支配收入	0.01258
			D33 农村居民人均年可支配收入	0.02136
			D34 城市化水平	0.02993
			D35 交通网络密度	0.02231
		C9 自然生态环境健康度	D36 森林覆盖率	0.02368
			D37 建城区绿化覆盖率	0.02981
			D37 城市生活垃圾无害化处理率	0.01906
			D38 生活污水无害化处理率	0.02671
			D39 工业固体废物综合利用率	0.02622

3.2 指标体系权重

目前赋权法分为主观赋权法和客观赋权法。为了确保评价结果的科学性、正确性以及客观性，本文采用客观赋权法中的熵值赋权法。熵值赋权法具有两大优势：一是赋权过程具有透明性、可再现性；二是权重避免人为因素干扰，权重具有较高可信度（安传艳，2014）。其具体赋权步骤如下：

（1）对原始数据进行标准化处理，其计算公式如下：

$$Y_i = \frac{X_i - X_{min}}{X_{max} - X_{min}} \tag{1}$$

（2）计算第 j 项指标下第 i 个年份占该项指标的比重：

$$P_{ij} = X_{ij} / \sum_{i=1}^{n} X_{ij} \tag{2}$$

其中，i 表示年份，j 表示指标，i 和 j 的取值范围都是从 1 到 n，P_{ij} 表示 X_{ij} 指标的比重，X_{ij} 表示 i 年份 j 指标的值。

（3）计算第 j 项指标的熵值：

$$e_j = -K \sum_{i=1}^{n} P_{ij} ln P_{ij}, \ K > 0, \ k = 1/ln(n) \tag{3}$$

其中，e_j 是第 j 项的熵值。

（4）计算第 j 项指标的差异性系数：

$$d_j = 1 - e_j \tag{4}$$

其中，d_j 表示第 j 项指标的差异性系数。

（5）计算指标 j 的信息权重：

$$W_j = d_j / \sum_{j=1}^{n} d_j \tag{5}$$

其中，W_j 表示该项指标的权重。

3.3 评价方法的确定及评价标准

由各单项指标在本层次的权重乘以单项指标无量纲化值可以得到每个指标的评价值。

$$Q_k = I_k \times R_k \tag{6}$$

其中，Q_k 表示各项指标的健康度，I_k 表示各项指标的标准化值，R_k 表示各项指标的权重。

为了更加科学地反映旅游产业健康度，本文采用综合评分法，即多目标线性加权法，来分别计算旅游产业不同层次和综合健康度，具体公式如下：

$$Y = \sum_{h=1}^{p} \left\{ \sum_{i=1}^{m} \left[\sum_{j=1}^{n} \left(\sum_{k=1}^{l} I_k \times R_k \right) U_j \right] w_i \right\} V_h \times 10 \tag{7}$$

式中，Y 表示某一维度或总体健康度，U_j 表示单项指标在上一层次的综合权重，W_i 表示现实健康度、潜在健康度、支撑环境健康度等维度的权重，V_h 表示三个维度的综合权重。

为更加科学地衡量和评判 2001 年以来我国旅游产业发展的健康程度，本文在参考国内外相关专家学者对此所做研究基础上（Rapport，1995；刘佳雪等，2010；鲁小波等，2017），并结合我国旅游产业实际情况，按照评价得分从高到低、从优到劣依次排序，将旅游产业健康度划分为健康、较健康、亚健康、不健康、极不健康 5 个等级，采用非等间距阈值，与健康等级对应的阈值分别为≥0.8，[0.7，0.8)，[0.5，0.7)，[0.3，0.5)，<0.3。具体的划分标准详见表 2 所示。

表 2   旅游产业健康度等级评判标准

旅游产业健康度	评价等级	评语
0.8~1.0	I 级	健康
0.7~0.8	II 级	较健康
0.5~0.7	III 级	亚健康
0.3~0.5	IV 级	不健康
0~0.3	V 级	极不健康

3.4 健康度预测模型确定

灰色系统理论主要对现实生活中"部分信息明确、部分信息未知"的"小样本、贫信息"不确定系统的未来发展提出预测。灰色系统理论认为客观系统所表现出来的迹象尽管是复杂多变的，但其发展变化有着自己的客观规律。该理论已在工程控制、经济管理、社会系统等领域广泛应用（王璐等，2016）。基于灰色系统理论的灰色预测法，按预测对象特征可分为数列预测、灾变预测、拓扑预测等类型。数列预测即对某一指标的发展变化情况做定量预测，其预测结果是该指标在未来各时刻的具体数值。目前基于灰色系统理论使用最广泛的预测模型是 GM(1，N) 的特例 GM(1，1)，它是基于一阶常微分方程建立的。具体步骤如下：

（1）设时间序列 $Xn = \{X_n(1)，X_n(2)，\cdots，X_n(n)\}$ 有 n 个观测值，通过对原始序列进行累加生成新序列 $X_1 = \{X_1(1)，X_1(2)，\cdots，X_1(n)\}$，则 GM(1，1) 模型相应的微分方程为：

$$\frac{\mathrm{d}X_1}{\mathrm{d}t} + a X_1 = \mu$$

式中：α 为发展灰数；μ 为内生控制灰数。

（2）设 β 为待估参数向量；$\beta = [\alpha/\mu]$，可利用最小二乘法求解，$\beta = (B^T B - 1) B^T Y$。求解微分方程，即可得到预测模型：

$$x_1^T \hat{X}_1(k + 1) = \left[x_n(1) - \frac{\mu}{a} \right] \mathrm{e}^{-ak} + \frac{\mu}{a} k = (1，2，3，\cdots，n)$$

（3）对灰色预测公式进行精确度检验。原始数据减去递减还原结果与原始数据的比值（相对误差）不超过 2%，就可以认为模型拟合精度较高，进而可计算出该项指标的预测值，否则需要通过分析残差序列，对公式进行重新修正。

4. 我国旅游产业健康度实证测评

4.1 数据来源

考虑到数据的连续性和可获取性，本文选取自 2001 年以来连续 15 年与旅游产业相关的 40 项评价指标的数据作为测算对象，原始统计数据大部分来自《中国旅游统计年鉴》（2001—2015 年）、《中国统计年鉴》（2001—2015 年），部分数据来源于《国民经济和社会发展统计公报》（2001—2015 年），数据准确可靠。

4.2 指标体系权重计算

指标体系的权重直接关系到旅游产业健康程度，因此需要计算出 40 项指标的权重系数。首先利用公式（1）将连续 15 年的数据进行标准化处理，然后将标准化数据的平均值代入公式（2）、（3）、（4）、（5），可计算出每个指标的权重，具体计算结果如表 1 所示。

4.3 旅游产业健康度测算与分析

旅游产业健康度不仅可以通过健康度评价指标体系中的各项指标来反映，而且应从多个角度综合反映其整体情况。因此，首先借助公式（6）可计算出我国旅游产业连续 15 年40 项指标的评价值，然后利用公式（7）可计算出我国旅游产业连续 15 年的现实健康度、潜在健康度、支撑环境健康度等三个维度的评价值，最后同样利用公式（7）得出我国旅游产业连续 15 年的健康度评价值。具体计算结果分别如图 1、图 2、图 3、图 4 所示。

4.3.1 现实健康度分析

现实健康是旅游产业发展情况最直接的体现和反映，是过去和现在旅游产业发展的结果，也是旅游产业持续稳定发展的重要影响因子。因此，促进旅游产业健康发展，应对现实健康度进行分析。

由图 1 可知，我国旅游产业现实健康度总体上处于小幅度波动增长态势，表明我国旅游产业发展现状较好。结构健康度从 2001 年至 2015 年一直维持在高位，但呈现逐渐下滑状态，这与旅游产业占 GDP 比重和第三产业比重出现阶段性滑落以及旅行社、星级酒店营业收入占旅游总收入持续下跌关系密切。行业健康度呈现低位缓慢增长趋势，表明支撑旅游业的三大行业发展速度平稳。规模健康度出现强势上扬态势，主要是因为国内旅游规模和出境旅游规模的迅速扩大弥补了因非典疫情、金融危机等突发事件带来的入境旅游规模相对缩小的情况，这一点也从实践角度佐证了国内旅游对于我国旅游产业的重要性，值得关注的是入境旅游市场在近几年一直不温不火，甚至 2011、2012 年入境旅游人次数又出现连续负增长，这将直接影响我国建设世界性旅游强国。总之，我国旅游产业现实健康度在不断提高，规模健康度贡献值已超越结构健康度稳居第一位，行业健康度居第二位但贡献较小，结构健康度贡献值由第一位已逐渐滑落到末位。

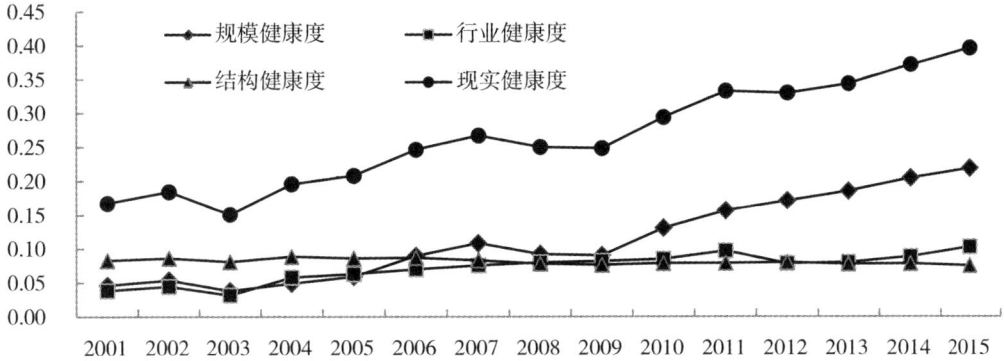

图1 2001—2015年我国旅游产业现实健康度

4.3.2 潜在健康度分析

旅游产业健康度评估除进行旅游产业现状业绩测算外，还需对旅游产业潜在发展能力进行测度。潜在健康度是指区域旅游发展逐渐累积而形成的一种潜在能力，并能在一定条件下实现由量变到质变，由内隐到外现的成功转化。这一能力是产业未来发展的支持和保障，是对旅游发展前景和后续能力的一种综合测度。因此，测评旅游产业健康发展，应对潜在健康度进行分析。

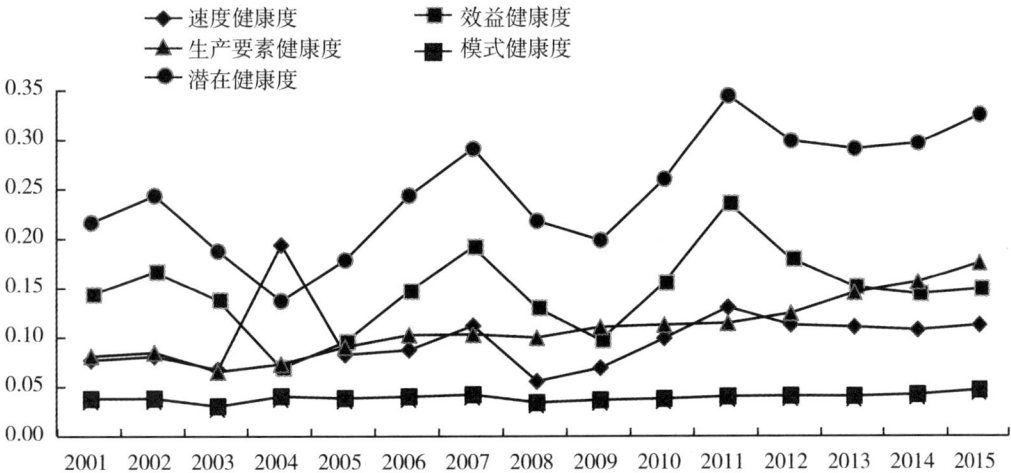

图2 2001—2015年我国旅游产业潜在健康度

由图2可知，我国旅游产业潜在健康度呈现规律性的波动起伏，即增长与跌落间歇性出现，且间隔时间在不断延长，同时在2002、2007、2011年出现三个峰值，在2004、2009、2013年出现三个谷值，表明我国旅游产业稳定性欠佳，但自组织恢复和调控能力较强。如在2008年金融危机、冰雪灾害、汶川地震等事件叠加影响下，我国旅游产业出现较大起落，但国家通过出台《国务院关于加快发展旅游业的意见》等系列文件，对旅游业积极引导，再加上国内旅游异军突起，使我国旅游业迅速走出危机，这一点同时也证明我国旅游业要想避免产业忽冷忽热、大起大落的现象，应建立稳定增长的内在机制。效益健康度变化幅度较大，且2002、2007、2011年之后处于大幅度下降态势，说明旅游企业尤其是旅行社行业和星级饭店行业较为脆弱且盈利能力、水平较低；结合相关指标数据可知，旅行社全员劳动生产率在提升过程中利润率徘徊不前，星级饭店全员劳动生产率增长缓慢且其利润率出现持续负增长，表明旅游企业过分注重数量、规模扩大而不重视发展质量提升，这与中小旅行社数量庞大且多通过不合理的旅游定价来扩大市场份额以及星级酒店在"八项规定"和"六项禁令"出台后没有对生产经营做出适合大众化的调整紧密相关。生产要素健康度从2001年至2015年一直处在增长状态，已经超过效益健康度居第二位，表明旅游业人才、金融等支持政策已对我国旅游产业发展产生较大影响。速度健康度曲线变化较为复杂，变化程度较为剧烈，2003年和2008年分别由于非典和金融危机跌入谷值，2004年又迅速反弹达到峰值，对潜在健康度贡献值突升至第二位；2009—2015年呈现先增长后下降的趋势，表明我国旅游产业具有一定抗击风险能力但总体较为脆弱。模式健康度总体上在缓慢上升，但一直位居末尾；结合所设指标可知，我国旅游产业发展方式仍属于依靠大量劳动力和较高资本投入的数量型扩张增长模式，技术和创新等要素驱动力不足，导致旅游产品创新力度小、产品质量低和项目重复建设，进而致使地区间旅游产品趋同化现象较为严重。

4.3.3 支撑环境健康度分析

外在环境对于旅游发展有着至关重要的影响。一方面，我国大部分区域是依赖其整体环境质量来发展旅游业的；另一方面，随着旅游业的发展和全域旅游理念的出现，资源环境质量本身已成为旅游吸引要素而促进区域旅游业发展。因此，自然与社会经济环境质量本身也是旅游产业健康度评价的关键因素。

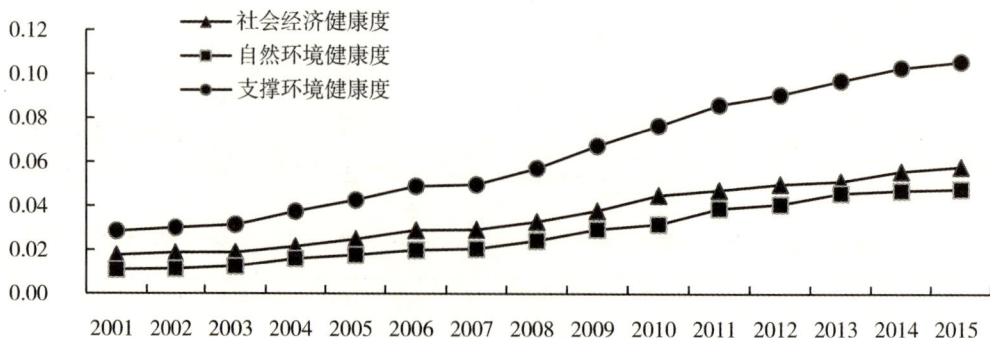

图3　2001—2015年我国旅游产业支撑环境健康度

由图3可知，我国旅游产业支撑环境健康度总体上处于增长趋势，表明支撑旅游产业发展的社会经济环境和自然生态环境在不断优化。社会经济健康度自2001年至2015年一直处在明显增长态势，这与我国经济保持中高速增长、新型城镇化不断推进、居民生活质量不断提升密切相关。自然环境健康度也在不断提高，主要原因在于我国深入贯彻落实科学发展观，推进人与自然协调发展以及我国不断将生态文明建设融入经济、政治、文化、社会建设的各个方面，推进美丽中国建设。然而，社会经济发展的评价值一直高于生态环境评价值，一方面表明社会经济发展为生态环境改善提供了资金保障和物质支撑，另一方面也反映出我国生态环境建设一直滞后于社会经济发展。

4.3.4 旅游产业健康度综合测评

旅游产业健康度是衡量旅游业发展健康与否的重要指标，评价体系涉及现实健康度、潜在健康度、支撑环境健康度三个维度。因此，评价旅游产业健康度，需要对三个维度进行综合分析。

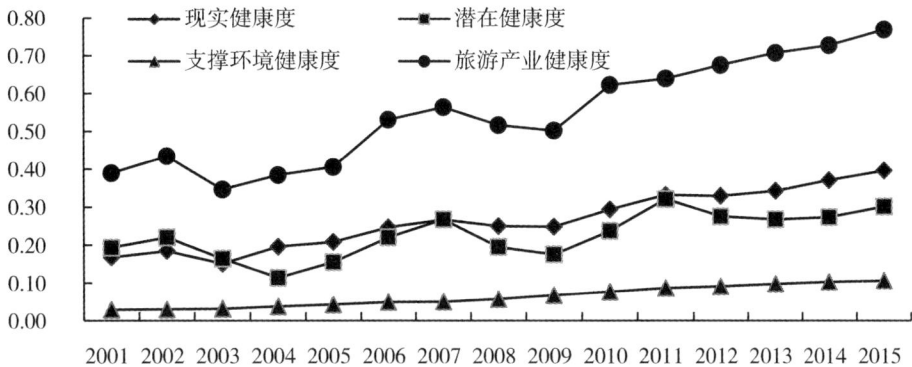

图4　2001—2015年我国旅游产业健康度

由图4可知，我国旅游产业健康度总体上处在波动上升态势，变化呈现规律性，2001—2006年和2007—2015年都表现出增长-下滑-增长的趋势，表明旅游产业发展弹性较大，即当面临严峻的发展环境时，我国旅游产业虽受较大影响，但在政府强有力的宏观调控下，旅游业在短期内迅速恢复。现实健康度贡献值最大，潜在健康度次之，且潜在健康度长期低于现实健康度，表明旅游产业发展尚处在粗放型发展阶段，发展后劲不足。支撑环境健康度稳步增长，贡献度不断增大，说明支撑环境将对旅游产业健康发展产生越来越重要的影响。

基于表2的评判标准和2001—2015年的旅游健康度的测量值，本文得出如下评判结果。（1）从2001—2005年，我国旅游产业发展处于不健康状态。从2001—2002年，我国旅游产业综合健康度逐步提升，2003年由于受到非典疫情影响，旅游产业发展跌入低谷，但在2004年我国入境旅游和国内旅游全面恢复到2003年"非典"之前的增长轨迹，到2005年旅游产业又有突破性发展，三大旅游市场人次数均呈现两位数增幅。（2）从2006—2010年，我国旅游产业健康度呈现上升趋势但总体仍处于亚健康状态。其中2006—2007年旅游产业继续稳步发展，三大市场保持稳定增长；2008—2009年旅游产业连续遭受金融危机和各种突发事件、不利因素的冲击，增速明显放缓，尤其是入境旅游规模呈现连续两年缩小，然而2008年奥运会和相关举措，以及密集的促进旅游旅游发展的政策，使得这两年的健康度值达到0.50左右，明显高于2001—2005年的值。2010年，我国旅游产业明显复苏，入境旅游市场实现恢复增长，国内和出境旅游市场继续加速增长。

（3）2011—2015年我国旅游产业进入较为健康状态且健康度呈逐年上升趋势。这与旅游产业现代治理体系初步建立密不可分。十二五期间，我国建立了国务院旅游工作部际联席会议制度，出台了《国民旅游休闲纲要（2013—2020年）》、《国务院关于促进旅游业改革发展的若干意见》等文件，尤其是《中华人民共和国旅游法》公布实施，为旅游产业加快发展提供了良好的法制环境。

4.4 旅游产业健康度预测分析

基于灰色GM(1.1)预测模型，借助DPS9.50分析软件，取2001—2015年我国旅游产业健康度评价值作为分析数据，将预测参数进行设置即残差数列类型为生成数列残差，预测时间长度为15，残差重复建模次数为5，进而得到旅游产业健康度预测结果（见图5）。

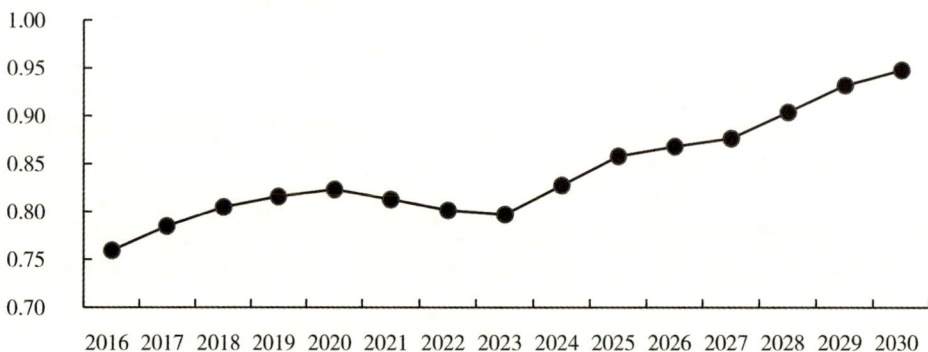

图5　2016—2030年我国旅游产业健康度预测值

由图5可知，我国旅游产业健康度未来15年的发展轨迹将大致延续2001—2015年的变化特征，基本上呈现一定幅度的上升发展趋势，但具有明显的波动性，即2020年至2023年出现小幅度下降。预测结果显示：（1）到2020年旅游产业健康度达到0.80以上，进入健康的中级阶段，与我国2017年全国旅游工作会议提出的旅游三步走战略中第一步目标（到2020年建成比较集约型旅游大国）一致；（2）2021—2025年，我国旅游产业健康度变化呈现"U"形，即先下降再上升，但整体健康度维持在0.80以上；（3）2025年以后，我国旅游产业健康度呈现平稳增长态势，健康度由2025年的0.85迅速提升到2030年的0.95，进入健康的高级阶段，这与旅游三步走战略中第二步目标（到2030年建成较高集约型旅游大国）相吻合。

5. 结论与讨论

本文在既有关于健康度文献梳理的基础上，结合旅游产业特点，界定了旅游产业健康的内涵，提出了旅游产业健康的特征，并基于其内涵和特征将旅游产业健康分解为三个维度，丰富了旅游产业健康研究的理论内容。同时本文科学合理地构建了旅游产业健康度评价模型，运用构建的模型对我国旅游产业 2001—2015 年的健康度特征演化规律进行了实证研究，同时结合 GM(1.1)模型预测了 2016—2030 年我国旅游产业健康度变化轨迹，得出如下结论：(1)我国旅游产业健康度在 2001 年以来的 15 年间总体上处于波动上升态势，健康度由不健康过渡到亚健康最终进入健康阶段；(2)旅游产业现实健康度总体上处在波动增长态势，潜在健康度呈现规律性波动起伏，支撑环境健康度呈现持续增长态势，表明我国旅游产业发展具有一定波动性；(3)旅游产业规模健康度处在持续上扬过程中，效益健康度出现大幅度波动，模式健康度则持续走低，表明我国旅游产业发展质量较低，仍处在粗放型发展阶段；(4)我国旅游产业未来 15 年运行总体"较为景气"，基本上呈现一定幅度上升发展趋势，从 2016 年的健康中级阶段演化到 2030 年的健康高级阶段，与国家制定的旅游业三步走战略目标基本一致。

本文基于熵值法、多元线性目标法对我国旅游产业 2001—2015 年的健康度特征演化规律进行了定量研究，突破了以旅游产业结构健康和旅游规模健康作为研究内容的局限性；运用灰色 GM(1.1)模型对其未来健康度给予预测，不仅有利于深入把握我国旅游产业健康度发展的规律及特征，同时可为我国未来旅游产业转型发展、提质增效提供决策依据。但由于灰色预测模型中部分原始序列随机性较大，可能会对预测结果的精确度产生一定影响，进而导致预测数据未能完全反映我国旅游产业未来的发展情况。在对我国旅游产业健康度进行分析和预测的基础上，探究影响旅游产业健康度的因素和提出提升旅游产业健康度水平的规范性建议成为今后研究的方向。

◎ **参考文献**

[1]安传艳. 基于熵权法的河南省城市旅游竞争为分析[J]. 重庆师范大学学报(自然科学版)，2014(1).

[2]葛和平，吴福象. 垂直专业化、核心技术创新与自主品牌创建——基于产业集群中我国本土企业创新行为视角[J]. 济南大学学报(社会科学版)，2017(3).

[3]高原. 旅游活动中人类"自我实现"的途径——深生态理念下对旅游可持续发展的反思[J]. 理论月刊，2016(6).

[4]黄松，李燕林，戴平娟. 智慧旅游城市旅游竞争力评价[J]. 地理学报，2017(2).

[5]刘佳雪，沙润，周年兴. 南京江心洲旅游景观健康评价[J]. 地理研究，2010(4).

[6]鲁小波，陈晓颖，王万山，等. 基于利益相关者的自然保护区生态旅游健康度评价方法[J]. 干旱区资源与环境，2017(4).

[7]楼瑜. 创新型企业成长健康度评价研究[D]. 哈尔滨：哈尔滨工程大学，2008.

[8]吴承照，马林志. 上海旅游产业结构健康指数及其应用研究[J]. 同济大学学报(社会科学版)，2009(2).

[9]王方雄，马凯，徐惠民. 基于 ArcEngine 的海洋生态系统健康评价信息系统研究[J]. 海洋开发与管理，2010(5).

[10]王红艳，马耀峰．基于空间错位理论的陕西省旅游资源与入境旅游质量研究[J]．干旱区资源与环境，2016(10)．

[11]王璐，沙秀艳，薛颖．改进的 GM(1.1)灰色预测模型及其应用[J]．统计与决策，2016(10)．

[12]徐心茹，金晓斌，张志宏，等．基于县域尺度的中国住宅用地市场健康度研究[J]．地理研究，2017(1)．

[13]闫友斌，王建军．我国旅游产业健康度测评研究[J]．湘潭大学学报(哲学社会科学版)，2015(5)．

[14]张建坤．房地产开发企业健康评价体系与实证分析[J]．东南大学学报(哲学社会科学版)，2012(1)．

[15]张蕴萍．公平竞争审查视野下中国政府规制治理体系的构建[J]．理论学刊，2017(5)．

[16]Agarwal，S. Restructuring seaside tourism：The resort lifecycle [J]．*Annals of Tourism Research*，2002(2)．

[17]Colin,M. Indicators of urban ecosystems health[C/OL]．Ottawa：International development research centre，1997．[2007-11-05]．http：//www.idrc.ca/ecohealth/indicators.html.

[18]Costanza，R.，Mageau，M. What is a healthy ecosystem？[J]．*Journal of Aquatic Ecology*，1999(1)．

[19]Dwyer,L.，Kim，C. Destination competitiveness：Determinants and indicators[J]．*Current Issues in Tourism*，2003(5)．

[20]Enright,M. J.，Newton，J. Tourism destination competitiveness：Aquantitative approach[J]．*Tourism Management*，2004(6)．

[21]Gomezelj,D.，Mihalic，T. Destination competitiveness：Applying different model, the case of Slovenia[J]．*Tourism Management*，2008(2)．

[22]Hancock，T. Urban ecosystem and human health[R]．*The Seminar on CIID-IDRC and Urban Development in Latin America，Montevideo，Uruguay*，2000．

[23]Karr，J. R. Defining and assessment ecological integrity：Beyond water quality [J]．*Environmental Toxicology and Chemistry*，1993(12)．

[24]Larry，D.，Chulwon，K. Destination competitiveness：Determinants and indicators[J]．*Current Issues in Tourism*，2003(5)．

[25]Leopole，A. Wilderness as a land laboratory[J]．*Living Wilderness*，1941(2)．

[26]Rapport，D. J. Ecosystem health：Exploring the territory[J]．*Ecosystem Health*，1995(1)．

[27]Schaeffer，D. J.，Gaudet，C.，Karr，J. R. Evaluating landscape health：Integrating societal goals and biophysical process[J]．*Journal of Environmental Management*，1998(3)．

[28]Woodwell，G. M. Radiation and the patterns of nature[J]．*Science*，1967(3774)．

[29]Yaniv，P.，Richard，B.，David，A. The core of heritage tourism[J]．*Annals of Tourism Research*，2003(1)．

A dynamic study on the characteristics of the health level of tourism industry in China

—Empirical analysis based on panel data from 2001 to 2015

Shi Pengfei[1] Deng Zhiwei[2] Sun Jianchao[3] Liang Jiaxin[4]

(1, 2, 3 Economics and Management College of Wuhan University, Wuhan, 430072;

4 Economics School of Pomona College, Clermont, 94118)

Abstract: The tourism industry health degree valuation index system is put forward based on the three dimensions of tourism industry health, and the evaluation model of tourism industry health is constructed by means of entropy method and multiple linear objective method. This paper analyzes the characteristics and regularity of China's tourism industry health degree from 2001 to 2015 by using the constructed model, and predicts the changes of China's tourism industry health degree in the next 15 years with the GM (1.1) model. The result shows that: (1) Health degree of China's tourism industry has jump into healthy stage from 2001 to 2015, but the health degree curve appears obviously regular fluctuation, which indicates that China's tourism industry is still not mature and have not form a stable long-term development mechanism; (2) The scale healthy degree of the tourism industry grows strongly, and the benefits healthy degree appears larger fluctuation, and mode health degree is continued to decline, which mean that China's tourism industry still depends on extensive development approach that quality and efficiency of the development are not high; (3) China's tourism industry is relatively stable operation from 2016 to 2030, continuing to evolve towards the advanced stage of health degree, which is in line with the three step strategic objectives of tourism industry.

Key words: Chinese; Tourism industry; Health degree; Evolution characteristics

专业主编: 曾伏娥